U0806944

义和团运动研究丛书
主编　胡卫清　刘家峰

西班牙报纸所载义和团运动资料汇编

田小龙　编译

山东大学出版社
SHANDONG UNIVERSITY PRESS
·济南·

图书在版编目(CIP)数据

西班牙报纸所载义和团运动资料汇编/田小龙编译
.—济南:山东大学出版社,2023.11
(义和团运动研究丛书 / 胡卫清,刘家峰主编)
ISBN 978-7-5607-7857-0

Ⅰ.①西… Ⅱ.①田… Ⅲ.①义和团运动—史料—汇编 Ⅳ.①K256.706

中国国家版本馆 CIP 数据核字(2023)第 102792 号

责任编辑 肖世伟
封面设计 王秋忆

西班牙报纸所载义和团运动资料汇编
XIBANYA BAOZHI SUO ZAI YIHETUAN YUNDONG ZILIAO HUIBIAN

出版发行 山东大学出版社
社　　址 山东省济南市山大南路 20 号
邮政编码 250100
发行热线 (0531)88363008
经　　销 新华书店
印　　刷 济南乾丰云印刷科技有限公司
规　　格 720 毫米×1000 毫米 1/16
　　　　 20.25 印张 340 千字
版　　次 2023 年 11 月第 1 版
印　　次 2023 年 11 月第 1 次印刷
定　　价 80.00 元

版权所有 侵权必究

前　言

西班牙作为老牌殖民主义国家，1898年美西战争结束后，完全失去其在美洲（古巴与波多黎各）与亚洲（菲律宾）的殖民地。在1900年北京使馆区被困期间，西班牙并未对华宣战，但它在八国联军侵华战争中并非完全隐身。例如，西班牙官方虽未派兵来华，然而其王室成员——马德里公爵、安茹公爵海梅·德·波旁（Jaime de Borbón，1870—1931）加入俄军，在攻占北塘要塞的战斗中表现突出，并被授勋；又如，《辛丑条约》是在西班牙公使馆的食堂中签订的，并由西班牙驻清国公使葛络干（Bernardo Jacinto Cólogan y Cólogan，1847—1921）主持签约仪式。如此点滴，令我们在义和团运动的研究中无法也不能忽视西班牙的存在。

受山东大学历史文化学院刘家峰教授的委托，我挑选了两份1900—1901年在西班牙出版的报刊，对其所刊载的与义和团运动以及与同时期清国相关的报道与评论进行翻译，以期能够丰富义和团运动的研究史料。两份报纸为《马德里官方通讯日报》（*Diario Oficial de Avisos de Madrid*）与《军事信报》（*La Correspondencia Militar*），均为西班牙语。选择两份报纸的原因为，《马德里官方通讯日报》是官方性质的，除了援引各国的电报之外，还发表了许多社论，而这在一定程度上代表了西班牙官方的态度；《军事信报》的编辑与顾问以军人居多，对军事的分析比较到位，在巴黎有特约通讯社［法布拉通讯社（Fabra），即现在西班牙埃菲社（EFE）的前身]。

在使馆区被围期间，外界无法得到使馆区的消息，因此各报刊在此期间对使馆区的命运做出了许多猜想与臆测。此外，由于战争时期信息渠道不畅，各报刊对战况与慈禧太后和光绪皇帝的命运等也进行了一些猜想，其中诸多报道与史实不符。然而本着实事求是的原则，也需要将其翻译出来，因为这是报刊中明确提到的内容，恰恰反证了当时的信息沟通不畅以及局势的混乱。

此外，回首百廿年前那风云激荡的时刻，八国联军侵华战争使中国成为列强的角力场。此时，大英帝国深陷第二次布尔战争的泥沼，难以自拔；法俄同盟无形中为德奥两国套上了枷锁，标志着俾斯麦的欧洲政策全面破产；而发生在摩洛哥的一些龃龉，使法国与德国逐渐对立；俄国境内不断爆发的运动与势力的东扩与南下，在激化了国内矛盾的同时，也与英国和日本发生了冲突；而美国在取代西班牙占领菲律宾群岛之后，也想在东亚大陆分一杯羹。这场战争将列强贪婪的本性与虚伪的面孔展现得淋漓尽致：在派兵数量上，列强意见不一；在统帅推举上，列强貌合神离；德国力图重新划分势力范围；俄国悍然出兵东北；法国在云南、广西屡次挑衅，妄图将两地纳入其势力范围，与印度支那相连。凡此种种，不胜枚举。我所选取的两份报纸里面有不少内容涉及上述方面，或可丰富相关研究史料。

然而，这场战争也将中华儿女奋勇抗战与百折不挠的精神谱写在壮丽的历史华章中，使列强知道瓜分中国是一件不可能的事情。我有幸能够通过本次翻译较为系统地学习了这一段历史史实的知识。

本书的翻译力求忠实于原文，同时采用“归化”的翻译策略，力图让外语文本的译文更加贴近读者，符合中文的语言习惯。此外,书中还添加了一些简要的注释。由于原文牵涉西班牙语等多个语种,加上诸外语的语法结构与中文不同,译文中不足、不当甚至错讹之处在所难免。此外,有些地名等专名由于无法查实或拼写错误,无法正确地回译为中文,敬希读者批评指正,以便译者今后能够进一步完善译文。

最后,本译著的完成要特别感谢山东大学历史文化学院刘家峰教授的指导。感谢同事张蔷副教授在法语内容翻译上给予的帮助。感谢山东大学出版社的支持。感谢家人的陪伴与鼓励,没有你们给我的动力,我无法顺利地完成这部译著。

译者

2021年1月25日

目　录

《马德里官方通讯日报》
(*Diario Oficial de Avisos de Madrid*)

《军事信报》
(*La Correspondencia Militar*)

《马德里官方通讯日报》

（*Diario Oficial de Avisos de Madrid*）

1900 年 6 月

19000602

义和团与清军作战，清军损失 1 名标统、数名官员及 70 名士兵。列强照会清政府，要求派遣军队保护使馆区。

19000604

欧洲驻华媒体已刊发关于清国形势的评论文章，认为拳民引发的暴动导致清朝形势极度危急。法国、日本的海军陆战队已随战舰登陆天津。

19000605

北京近郊的拳民“暴动”已达到惊人的规模。在击败前来镇压的清军后，拳民夺取并烧毁卢汉铁路上的卢沟桥火车站，并导致一名法国籍火车司机受伤。拳民在保定府缴获一列火车，并切断了所有电报线路。

发自上海的电报称，俄国将派遣 20000 名驻扎于旅顺口的士兵在大沽口登陆。

义和团“乱军”迅速遍布清国北部所有省份。情势如此危急，以至于在北京的俄国公使向其政府发电报，请求将所有战备值班的战舰派遣至大沽。

清政府对列强驻华代表表示赞赏，随即调遣大量军队至拳民所在之处。然而，清政府担心叛乱会导致全民厌战。

19000606－1

最近几封来自北京的电报显示，情势有些许好转。大量清军占领了被拳民破坏的地方，好似欧洲与非洲的军队已出现在清国首都一样。停泊在大沽的数艘战舰组成了一支国际舰队。

事实上，俄国在大沽停泊着五艘铁甲战舰及两艘鱼雷艇，英国停泊着两艘铁甲舰，法国、德国、意大利与日本各停泊着一艘铁甲舰。

19000606－2

来自天津的电报显示，日前该城的渣打银行发生火灾，火势在极短的时间变得极其猛烈。

在这场火灾被扑灭的同时，另一个规模稍逊的银行也突发大火，短时间内便化为灰烬。

两场火灾均为同一伙罪犯所为。

19000608

清国的情况进一步恶化。

这种恶化，不仅归因于拳民引发的动荡，而且也归因于可能会有所行动的欧洲人把问题复杂化。

上海的《每日邮报》通讯员发电报确认，2000 名哥萨克骑兵已经出发，向北京进军。

英国舆论谴责政府在俄国行动面前不作为。

英国的帝国主义者认为，放任俄国的行为即为损害其爱国主义的罪行。

发自天津的电文称，日前守卫北京至天津段铁路（京奉铁路）的清军与义和团拳民之间爆发了一场战斗。

清军遭受了一些损失，但是能够撤退到由自己控制的阵地。

19000611

英国人与布尔人的争端造成英国利益受损，而这在最近七八个月已警示了欧洲列强。现今清国问题又被摆上桌面，其严重性使列强的政府首脑均对时局产生了极大的恐惧。

此时，拳民的暴动的确影响了外国与清帝国的经济与政治利益，故外国向清国派遣海陆武装以维护上述利益。列强在得知慈禧太后暗中支持暴动者后纷纷表示抗议，并为维护自身利益而派驻军队。拳民肆意破坏遇到的任何事物。同时，清国镇压拳民的军队自开战之时，要么逃跑，要么变为拳民的同伙。

上述内容即近 24 小时内发自北京、天津及清帝国其余城市的大量长电文之概述。

最令人惊讶的两则消息为拳民猛攻天津及数名英国传教士被杀害。

19000612

近 24 小时内清朝问题急剧恶化。因为除了拳民已占领京津之间地区以外，清军对拳民的进攻宛若一场可笑的演习。有鉴于此，欧洲列强与日、美武装介入。由于各列强仍未就如何武装介入达成一致，目前尽可能地暗中支持清政府。

美国政府授意更多美军登陆并攻击“暴民”。据说一支俄军为废黜慈禧太后，在列强的授意下向北京进军。慈禧太后是一切的始作俑者，除了对抗的俄国拳民之外，还命令清政府全力对抗欧、美、日在天津与大沽的军队。

清军与拳民在清国水域将与外国海军陆战队发生武装冲突。

19000613

清帝国自身原因与复杂的国际问题导致遍布清帝国的危机愈发危急。

据信，列强就清国问题分成两派，一派是拳民与慈禧太后仿佛恰巧成为其政治工具的俄国。

显然，俄国得到法国的帮助并暗中勾结德国。

另一派则相应地包含英国、美国、意大利与日本。

倘若英国人不与布尔人开战，用不了多久，两派之间就会爆发激烈的武装冲突，而广袤的清帝国将会成为战场。然而，由于在清国大量的商业及政治利益变得岌岌可危，英国便无法成为在清国事务中占据主导地位的列强。至少英国现在无法派遣急需的 200000 名士兵，这些军人现在忙于追击克留格尔、博塔与其余的南非联邦军。

至于美国，除了接受它的诸多兄弟国家[①]的援助外，既没做好参战准备，也不想受到俄国人与清国人以及法国人和德国人的牵连。

说到意大利，这是个无关痛痒的国家。对英国人来说是一个绝佳的盟友，但是自己做不成什么事，更遑论自己主导事务了。

因此，拳民与清政府军仍在上演一场后果极难预料的丑剧，因为这将以大量的鲜血与废墟为代价。

如若大家不摒弃利己主义与特殊目的，列强间将不会尽早达成一致。对列强来说，仍然有时间采取联合行动来重建秩序。否则，清政府将灭亡于令人恐惧的混乱之中，而俄罗斯帝国得以从中牟利，因为在亚洲唯一可以对抗俄国野心勃勃的征服与统治欲望的国家，现如今因张伯伦[②]的政策在南非徒劳地投入大军，去消灭那为数不多且使世上最宏伟的帝国不得安宁的布尔人。

19000615－1

京津及京畿地区的问题已到危急关头，列强担心其在华利益化为乌有，旋即达成了临时协定：为重建秩序而采取国际性武装介入行动。

协议即成，便可用冷静的手段来着手进行分解清帝国的行动，以此避免各国间产生冲突。

面对北京及其周边地区如此混乱的形势，俄国或许会同意与其余列强一起镇压“暴民”，借此可以避免与其他列强的严重冲突，尤其是日本，因为日本十分嫉妒俄国。

首先，约10000名士兵组成的国际联军与32艘欧洲、美国及日本的战舰负责剿灭拳民、维持清军军纪以及废黜慈禧太后，即导致清国发生这一切的罪魁祸首。

一旦上述问题解决，列强代表会议将处理清国事件的善后问题。

19000615－2

在一次重要的由爱丽舍宫的主人——总统卢贝先生领导的法国最高行政法院会议上，法国同意在清国问题上与其他列强达成一致，且驻扎在

---

① 此处指代英国、日本等国。

② 约瑟夫·张伯伦，第二次布尔战争期间负责英国军务。

大沽的法国军队之行动只与其他列强的军队保持一致。

19000617－1

在由拳民与清军持续发起的如此恐怖与残忍的行动面前，欧洲列强、美国与日本坚决就强力对抗该行动达成一致。

清国情势如此危急，以至于日本对欧洲列强在清国境内的所作所为横生醋意与不信任。值得一提的是俄国人，在此时赞同削弱英国在国际事务中的主导地位。而俄国的确这么做了，向清国南部派遣了一支惩罚性部队。这支南征军将彰显其在其余列强军队中的核心地位。

几千名俄国皇帝①的军人如今或许在北京、天津及清国其他城市活动；在旅顺口集结了另一支意欲占领清帝国南部几个城市的军队。所有负责重建秩序的联军均承认俄国皇帝尼古拉二世派驻北京的外交大臣为联军的指挥官。

19000617－2

伦敦的报刊刊登了清国皇帝的一份诏书，通过该诏书向欧洲列强特别是英国求救。此外，清政府向列强请求扫除清国境内的压力②，并把清国中央政府护送至上海、南京及其余其欲前往之城市。

同时，清国皇帝也请求废黜慈禧太后及其臣工，并由列强对清国加以保护及管理。列强可收取特殊关税、港口及电报费用，此外也可将其认为适宜的改革引入清国，进而肢解清国。

19000619－1

法国外交部长德尔卡塞③于昨日在国会针对欧洲列强对清国的态度

---

① 原文用的 Czar，即沙皇，然而 1721 年沙皇这个词就不再使用。

② 指义和团。

③ 即泰奥菲勒·德尔卡塞(Théophile Delcassé，1852.3.1—1923.2.22)，于 1898 年 6 月至 1906 年及 1914—1915 年两度担任法兰西第三共和国外交部长。任内调停美西战争，贯彻其一贯反德之立场，与英国交好，改善与意大利的关系并加强法俄同盟的建设，扭转了法国外交的孤立局面，被德皇威廉二世称为“对德国最危险的法国人”。

发布了极其明确的声明，尤其强调了法国政府在面临这一远东地区正在发生的重大事件时希望担当的角色。

在对使全世界忧心忡忡的这次"叛乱"进行简述之后，德尔卡塞补充道，该行为是一场针对西方文明的全面战争。他说："危难中的群体[①]对列强之应对措施给出启示，团结稳定是个人人身安全的保证。清政府在平叛中的无能表现预示着新的严重冲突的出现。我已命令我国在远东的所有军事力量，或在必要情况之下命令其他力量，与外交使团的每一个人保持频繁联系，得知仍未就协议达成一致……在最后一封给清政府的函电中，我们声明清政府应对我们同胞的生命安全负责。我们不在乎得不到一丁点征服带来的红利，也将尽全力采取行动。"

在此次照会结束之时，我们收到一封无法验明真伪的电报，电文说日本在北京的公使被杀。如若属实，这将使形势进一步恶化。

A. 塞西

1900年6月13日

19000619－2

在传出慈禧太后不再阻挠联军入境剿灭"拳民"并重建秩序的信息之后，今天有一条让我们惊诧不已的消息：两位名不见经传的将军，在面临一支在北京周围及远郊凭借完好的堑壕工事抵御来自欧、亚、美三大洲联军的清军之时，率领军队从天津出发。这支部队有3000多人，装备有多门大炮。

这条奇怪的命令乃是出于各国镇压"拳乱"与重建清帝国秩序的忧虑，即不论清国人情愿与否，均会军事占领并肆意分割清帝国领土。（是极好的依据）

清国危机最新的趋势或许会导致些许极为不幸的事件，诸如一场因清国广袤的领土与数以亿计的居民而导致的长期战争，这会导致血流成河；国际贸易将遭受巨大损失，直到相关列强完全从清国危机中摆脱出来；强烈希望瓜分清帝国的列强将不得不投入更多的人力与金钱。当瓜分清帝国的时刻来临之际，列强相互之间甚至无甚了解，或许会爆发激烈的国际冲突。

---

① 指被包围在北京使馆区的西方人士。

19000619－3

由于连接京津间的铁路被切断，联军的武装力量仍未到达清国首都。同时，联军在半路遇到了约 2000 名拥有步枪的拳民。

拳民在廊坊[①]阻击由 2044 名联军士兵组成的行军队伍，这支队伍多由英、德两国军人组成。

联军受阻于激烈的战斗，直到英军携带的马克沁重机枪投入战斗，战斗的激烈程度达到顶点。

显然，拳民不善战斗，因为在两个小时的激烈交火后，拳民开始撤退，并在战场上留下了三十余具尸体。

尽管国际联军获胜，由于惧怕大量敌人反击，还是保持高度戒备并修筑工事，与此同时，来自天津的援军抵达。

稍晚得知，那支联军部队在北京周围遭遇 Tungfechriang[②] 将军领导的大批清军阻击，两军大战。

与此同时，越来越多的联军聚集在天津。因此，不久之后将有一支配备相应数量炮兵的军队(10000 人)向清国首都进军。

与拳民同名的团体[③]共有 400 万拳民，根据最近的消息，该团体拥有所有秘密社团的支持，这些社团拥有数以百万计的成员。

通过观察，比起其他列强，清国人尤其痛恨日本人。这便证实他们并不满足于杀害日本领事馆的高级官员，而是在之后烧毁了日本领事馆。

据很多人说，俄日就有关清国的事务结为同盟，也有很多人说还有英日同盟。

19000620

根据最近的消息，清国局势仍然危急。"叛乱"规模急速扩大，列强应强势介入。

拳民的放肆行为无以复加。最近他们烧毁了皇帝与大臣避暑的宫

---

① 原文为 Lang Tang，但查无此地，疑是廊坊。

② 查无此人，疑是董福祥(Tung Fuhsiang)。

③ 即义和团。

殿[①]及寓所。传教活动与海关也饱受威胁。

在长江流域也已开始出现反英运动。

在如此危局面前清政府不仅不阻止“叛乱者”的恶行,还不向身处危难中的外国人提供任何援助。

19000621

由于连接北京的电报线路被切断,女王[②]同欧洲其他列强的首脑一样,因北京城可能正在发生的事情而处在不安之中,一点信息也得不到。

鉴于在北京有超过 10 万名武装的清国人且完全处于“叛乱”状态,恐怕那些外国人即为数不多的守在相应公使馆与领事馆的各国武装力量,或许已成为某次猛烈攻击的受害者。

负责终止危急局面的国际联军仍停留于京津之间的路上。他们既不知道铁路什么时候能修好,也不知道清军是否为了同样的目的,与拳民合流来阻挡联军前进的步伐。因此,无法估计联军到达被完全封闭且被壕沟及现代炮台防护的清国首都的日期。

清国“叛乱者”的屠杀仍在继续。他们烧杀抢掠,对基督徒更是为所欲为。

19000622

被认为毫无用处的清国人之行为从未停止让我们感到惊奇:出于对欧、亚、美强国的极度不信任,他们突然变得好战起来,尝试与欧洲人交战。

总而言之,外国海军陆战队的几个小分队完全能够在北京平息大众的骚动、重建秩序并救出所有在猛攻下幸存的公使与领事。

然而,这次却事与愿违。根据已被证实的消息,清国人对首都的使馆区进行包围甚至焚烧某些使馆的事实,或许意味着清国会准备好变被动为主动,并能尽全力反击以将清国人“文明化”为借口的外国的干涉与掠夺。被派遣到清国的与其说是传教士,不如说是政治或贸易代表。他们非但不传播基督教的信仰,反而为了这些所谓的传教士的所属国尽力谋求割让土地、开采矿山、修建铁路,设立银行机构或至少是建立航海或煤炭补给站。

---

① 此处存疑,不知是指畅春园、团河行宫还是指其他的行宫。

② 维多利亚女王。

这种行动是如此漫长与艰难，以至于以清国百姓的劳苦奔波而结束。在他们中间，始终流传着一句话，那就是“对外战争”。

这些能够又好又快地负责清国局势的欧洲各国政府分别是圣彼得堡的政府、柏林的政府与巴黎的政府。[①] 太意外了！这些国家已就全力进行联合行动达成协议，而这是能够成功挽救那些在清帝国影响范围内重要的商业与政治利益的唯一方法。

由于没有方法破解为恢复远东现状而达成的俄、德、法三国同盟，英国、美国及日本的同盟便在清国危机中退居次位。英、美、日三国将不得不在清国遵循俄、德、法三国同盟制定的规则。不论以何种方式瓜分清国，应如法国所愿，也就是依据现状。

我们今天收到的消息，比之前收到的更加令人震惊。今日的消息，充斥着谋杀、包围、火灾以及与国际联军的冲突等字眼，上述事件之结果可以被我们无视。最严重的消息则是一万名清军士兵四散溃逃，并加入拳民的组织，这无疑会加强拳民的力量。拳民现已散布于帝国西南部的一些地区，尽管拳民面临着联军三十余艘战舰的炮击，仍敢于攻打天津、上海、大沽及其余被外国人占领的地方。

19000623

清国人最终会聚集在一起。如果可能的话，他们将不分国籍地把所有的外国人赶出他们的国土。

不论是欧洲、亚洲还是美洲的国家，从此刻开始，便是所有清国子民的敌人。对他们来说，必须把这些外国人都驱赶出去，最好是消灭他们。

西方国家的欲望，更准确地说，是掠夺，使远东陷入灾难之中。而在这场灾难里，已然血流成河。

在大沽，这场军事、政治悲剧的第一幕业已上演。列强通过发动战争，将广袤的中原完全变成废墟。列强在瓜分清帝国时，贪婪地霸占掠夺最好的那块土地。列强是无法被宽恕的，终将以分道扬镳收场。

清国人对外国的蹂躏产生厌恶，因此在大沽用武力回击。也就是说，清国人用炮火向发出强有力的最后通牒的各国军舰予以回击。各国在最后通牒中要求清政府在大沽口炮台的各个据点投降。

联军的炮击与清军的坚守导致了长达七小时的血战。显而易见，战斗

---

① 指代俄国、德国与法国政府。

以几个据点变为废墟、其余据点被登陆的联军占领而告一段落。

尽管英勇的清军顽强抵抗，国际联军的伤亡数量实在是没什么可说的。经过七小时地狱般的炮击，联军约20人战死、60人受伤，伤亡人数相比之前有所下降。无烟火药、下濑火药、黄色火药与其他现代爆炸物制成的炮弹把大沽最重要的两个据点化为灰烬，将400名清军炸得死无全尸。

以上是截至撰写上述文字之时，关于炮击大沽口炮台据点的情形，这使清国的危机转变为激烈的武装冲突。

所有同日本与美国联合起来的欧陆列强已准备好在大沽为各自国家的受害者复仇，并紧急派遣了正式的远征军：俄国10000人，英国也派出了同样数量的军队，日本3000人，德国、法国与意大利也都派出了2000人。

如若清国人在失去一切的情况下仍坚持抵抗，而外国人继续在清帝国为所欲为，那么拥有四亿人的帝国与七个强大的列强之间的战争将会是另一个结果。然而，我们对该结果能否实现表示疑惑，因为甚至清国人自己都无法在如此艰难的战争面前结成必要的同盟，而联军却认为解决该问题需要逐字逐句地研究他们之间的协定。

在我们看来，将会发生的事情或许是在清国境内集结50000—60000名联军士兵，联军将努力攻占目前仍由清国人驻守的重要港口；此外，占领通向港口及北京的铁路、在北京建立临时政府，并在之后召开一次国际议会会议。在这次会议上，列强将会对清帝国的命运进行最终的裁决。

先前各国就武装介入清国事务达成了全方位的协议。倘若上述协议破裂（这或许是最容易发生的），谁能够预测接下来将发生什么？

清国人对抗强敌获胜的可能性几乎甚至连想都不用想。

在联军穿过清帝国要害地区的紧要关头，除了只能相信野心勃勃的列强间因如何瓜分清国而产生的分歧（迟早会来的）之外，不能相信他们自己。此外，俄国、英国与日本将永远不会就远东问题达成一致。

19000624

巴黎来信

清国发生的大事

情势危急

八日前，清国的局势便已变得极度危急。据信，由舰队司令西摩尔率领的、自天津出发的2300名士兵已由铁路抵达距离北京不远的廊坊，本可以最晚于周五或周六抵达清国首都，剿灭清军和拳民。据说，清军已做好准备，阻挡联军入城。此时，使馆区被能够犯下一切暴行的人潮围困。但是，不得不在此强调一下执政的慈禧太后，畏惧于国家不断累积的危机，早已向各列强代表承诺提供全方位的安全保护。总之，通过情报机构的确认与协议的签署，列强将不会耽搁太久，在外交上使清国服从，甚至在必要的条件下采取必要的压制手段。

事情已经呈现出另一种态势。若西摩尔司令只在通往北京的行军之路上遇到清军，可通过完全消灭他们的方式开辟道路。但是，联军将会陷入这个叛乱的国度之中，抵抗联军的拳民承受不住猛烈的攻击，而是会在第一声枪响之时就四散退却，并在另一个地点重新集结。拳民的叛乱得到了帝国政府军的支持，他们企图为自由而战，恨透了"那些外国怪物"。那些居住于西摩尔司令率军前往廊坊的必经之路的城镇的居民竭力切断了从天津抵达这些地方的道路。根据最新的电文，需要用两三周的时间来重新安装被毁坏的铁轨，因为拳民不仅毁坏了桥梁，而且破坏了大段铁轨。

西摩尔司令害怕廊坊城内没有补给，进而需要援军。那么，北京发生了什么？

一份来自上海的电文称，现在北京城已由10万清军防守，城门紧闭。董福祥将军声明，将不会有任何一支联军军队进入清国神圣的首都。或许其中有些许夸张的意味，但是如果不是事实的话，他为什么不否认自己的话呢？然而，一封来自香港的电报提到北京所有的外国使馆均被摧毁，德国公使已被杀害。

这是真的吗？我们已向德国外务大臣与德国使馆进行求证，他们回复说目前一切未知。但是，那封可怕的电报使我们产生了非常不安的想法。

北京与天津，甚至与大沽，一直有一条电报线。这条电报线经过直隶、山东、南直隶、南京与上海等地，在上海还有一条连通日本，经过香港、印度和红海连接欧洲的英国电报线。

香港除了利用上海的电报线以及上海至天津的陆地电报系统来与天津及北京联系外，别无其他获取信息的途径。

因此，香港怎能拥有一则连上海都没有的信息呢？香港怎么能比上海对北京发生的事情掌握得更细致呢？或许大家知道，在京港之间可能有一条直接通信的线路。不过这就有点离谱了，因为俯瞰地图，两地间相距2200公里，是清帝国境内任何道路的两倍长。

这使我们认为，来自香港且信息来源是英国的电文是不可信的。然而，尽管如此，清国的情势还是极为严重的。

A. 塞西

1900年6月18日

19000625

巴黎来信

法国在清国

外交部长德尔卡塞先生在国会上关于清国事务的陈词成功吸引了所有人，甚至英国媒体对此也直言不讳。据《每日电讯报》报道，德尔卡塞先生突出介绍了列强为改变现状与解决后续的清国政治问题而达成的最佳协议。

《泰晤士报》和《每日电讯报》预计，事件的真正解决方法将基于英俄间真诚而完备的协议。《英文虎报》报道，德尔卡塞先生在陈词中令人钦佩地用一幅平静而清晰的画面来描绘清国现状。

但仅满足于说得好是不够的，现在有必要采取行动。因为直至现在，言语无法发挥出和行动一样的力量。

有人已命令两三艘巡洋舰准备起航，而几天前它们就应该起航了。如果军舰不起航，要一支海军有什么用呢？四个月之前，毕盛先生[1]知会法国政府应相机行事，采取一切可能的方式来应对危机，然而我们如今还在一边准备一边观望态势。德·拉尼桑[2]先生在等什么？当谈及国家最高利益之时，最高利益总是将我们的个人事务排除在外。但是德·拉尼桑先生必须明白，法国在清国占据着特殊地位，如若该地位意味着优势，也应该取得相应的回报。

在清国，法国是天主教传教人员的保护者。我们应了解这些新的主题："那些传教士在清国要做什么？清国人也不向他们求助。为传教事业殉难的人将会上天堂。传教士们还想要什么？"

总之，说到传教，甘必大[3]曾说，反教主义是不会被输出的[4]。不了解远东与东方[5]的传教影响，将是一种不可饶恕的愚昧。

自从德国放弃所谓的"文化斗争"[6]政策以来，德国政府渴望在土耳其、清国甚至是一切激发传教士宗教热情的地方充当基督教徒、新教徒或天主教徒的保护者这一角色。的确，从中看出德国实力增强，也能看到其对工商业明显的促进作用。为不被□□(此处漫漶不清)传教事业放弃，法国也必须做出同样的斗争。

① 即斯蒂芬·让·玛丽·毕盛(Stephen Jean Marie Pichon，1857.8.10—1933.9.18)。义和团运动与八国联军侵华战争期间担任法兰西第三共和国驻华公使，后于1906—1911年、1913年以及1917—1920年三度出任法兰西第三共和国外交部长。

② 即让·马里·安托万·德·拉尼桑(Jean Marie Antoine Louis de Lanessan，1843.7.13—1919.11.7)，法兰西第三共和国政治家、博物学家。义和团运动与八国联军侵华战争期间，拉尼桑担任法兰西第三共和国海军部长。

③ 即莱昂·甘必大(Léon Gambetta，1838.4.2—1882.12.31)，法国共和派政治家，1879—1881年任众议院议长，1881—1882年担任法国总理兼外交部长，推行殖民主义政策，主张对德战争。

④ 原文为 artículo de exportación，即"出口商品"。

⑤ 原文为"en el Extremo Oriente como en Oriente"，即"在远东与东方"。

⑥ 文化斗争，德语为 Kulturkampf，字面含义为"文化的斗争"，即普鲁士王国与罗马天主教会在19世纪70年代的政治角力。此为普鲁士王国首相俾斯麦于1871—1878年颁布的政策，目的是减少罗马天主教会对普鲁士的影响。然而，该政策最终失败。

莱杜霍夫斯基[①]枢机主教，即受到俾斯麦亲王残酷对待的原波兹南教区[②]大主教，被罗马教廷任命为传教事业的保护者，故其在教廷对德国的宗教政策中变得异常活跃。法国没有像□□(此处漫漶不清)那样不能饶恕的敌人，真正的敌人是追随霍亨索伦家族的朝臣。莱杜霍夫斯基正是那个自伟大的枢机主教拉维热里耶[③]逝世之后，为将迦太基教区留给一位意大利主教而工作的人；他也是那个不停地向教宗利奥十三世努力阐明教皇国的利益除德国外无人庇护的人。

他说："法国在家打击迫害天主教，怎么可能在外保护天主教的利益？"

为了反制莱杜霍夫斯基枢机主教的行动，法国必须在梵蒂冈拥有一位极其强硬而敏锐的代表。

但勒菲弗尔·德·贝艾纳[④]先生已被尼萨[⑤]先生取代。尼萨先生或许在谈判中有更多经验，然而他就像个聋子，从不停止经常压低声音小声说话这种无礼的行为。

---

① 即米切斯瓦夫·哈尔卡·莱杜霍夫斯基(Mieczysław Halka-Ledó chowski，1822.10.29—1902.7.22)，曾任波兹南大主教，1875 年 3 月被任命为枢机主教，1892 年任传信部(拉丁语为 Sacra Congregatio de Propaganda Fide。现为万民福音部，拉丁语为 Congregatio pro Gentium Evangelizatione)部长，直至逝世。

② 波兹南教区属于普鲁士教省。"文化斗争"期间，普鲁士政府禁止莱杜霍夫斯基大主教在波森省(普鲁士王国的一个省，首府为波兹南)使用波兰语进行教学。莱杜霍夫斯基大主教发出抗议，命令高等教育机构的宗教教师在上层阶级的教学中使用德语，而在下层阶级的教学中保留波兰语。宗教教职人员听从了大主教的命令，随后被普鲁士政府罢免。然而，莱杜霍夫斯基大主教拒绝将格涅兹诺(Gniezno，与波兹南同属普鲁士教省)和波兹南神学院的控制权移交给普鲁士当局，最终导致两所神学院关闭。在多次对这些违法活动进行处罚之后，普鲁士政府要求其辞职并将其关押。1875 年 3 月，莱杜霍夫斯基被教宗任命为枢机主教，故其被释放并被驱逐。

③ 即查尔斯·马丁·阿勒芒·拉维热里耶(Charles Martial Allemand Lavigerie，1825.10.31—1892.11.26)，在非洲成立非洲传教会，1882 年 3 月 27 日被任命为教宗利奥十三世的枢机主教，一生反对奴隶制以及对非洲的瓜分与殖民。

④ 即爱德华·勒菲弗尔·皮尼厄·德·贝艾纳伯爵(Comte Édouard Lefebvre de Béhaine，1829.3.31—1897.2.22)，于 1882—1896 年担任法兰西第三共和国驻教廷大使。

⑤ 即弗朗索瓦·奥古斯特·阿芒·尼萨(François Auguste Armand Nisard，1841.5.13—1925.10.18)，法兰西第三共和国外交官。1898 年 12 月至 1904 年 7 月任法兰西第三共和国驻教廷大使。而前任驻教廷大使为欧仁·雷内·波贝尔(Eugène René Poubelle，1831.4.15—1907.7.15)，他在 1896—1898 年担任该职务，因此原文的信息有错误。

在清国传教为了什么呢？德国给了我们一个良好的示范。

为报道最近的混乱而在报刊新闻中多次提到的安治泰神父[①]与福若瑟神父[②]在1879年前往清国，得以在山东向众多清国人宣讲教义，1886年安治泰神父被任命为主教般的宗座代牧。

在那时，我们随时随地见到的、与我们作对的英国人开始理解李鸿章与慈禧太后，为摆脱法国对传教的保护权，最好的方式是直接与圣座联系，并在北京请求建立教宗使节官邸。

勒菲弗尔·德·贝艾纳先生反对类似的计划，因而该计划被推迟。

1887年，安治泰阁下来到欧洲，在没有罗马教廷介入的情况下便将山东南境代牧区置于德国的保护之下。四年之后，又向德国外交部申请护照，而在那之前，居住于清国的传教士一直向法国申请护照。

几个月之后，两位德国神父在山东被杀害[③]，德皇威廉二世以此事件为由，命令棣德利[④]海军司令的部队登陆胶州湾，在清国竖起德国国旗。

过了几个月，威廉二世也延续同样的政策，在巴勒斯坦尽力驱逐我们，而法国耗费了大量的财富与人力才占领那里。

让我们回到这个有趣的问题上。当信奉路德宗的强大的德国努力夺取法国利益的时候，保护天主教传教使命的列强的局势也不是那么无关紧要。

19000626

请完全无视正在清国发生的事情，因为当一些电文试图证明西摩尔司令指挥的军队已经到达北京时，有人却证明这支军队无法向清国的首都挺进，因此它已经回到了天津——此次征途的起点。其他电文指出，西摩尔司令已被围困在京津之间的道路上(也有些电文试图证明他已被杀害)。大家谁也不知道司令身处何方，是否活着或者是否与拳民有过交锋。

---

① 即约翰·巴普蒂斯特·安泽尔(Johann Baptistvon Anzer，1851.5.16—1903.11.24)，1880年到达山东并在山东南部传教，于1886年成为山东南境代牧区的宗座代牧。通过德国使馆向清政府要求官阶，并于1894年获赐二品顶戴。

② 也被称作“圣福若瑟”，即约瑟夫·弗赖纳德梅兹(Josef Freinademetz，1852.4.15—1908.1.28)，1881年到达山东，后在鲁南教区传教27年，直至病逝。

③ 指曹州教案(巨野教案)。

④ 即艾尔内斯特·奥托·冯·迪德里克斯(Ernst Otto von Diederichs，1843.9.7—1918.3.8)，1897年11月14日率领德国海军占领青岛，后担任驻青岛德军司令。

我们对北京发生的事情也知之甚少(因为通信依然中断),既不知道外国使馆是否被烧毁,也不知道各国外交人员是否还活着。

天津最近总是与战争、炮击和火灾相联系。我们今天宁愿回避一切评论,等待官方的电文,以便为我们说明关于清国的局势,而不是用一种混乱而矛盾的方法来解读清国的形势。

19000627—1

伦敦的报纸刊登了以下关于天津的消息:

拳民约有15000人。

租界内大量拳民的头领①焚烧了建筑物。

清国人在天津的城墙上架设大炮,并不停地轰击人群。

所有领馆均被摧毁,外国人只得去衙门避难。

清国军队均装备了步枪与性能卓越的大炮;而负责协助的军队所配备的武器就显得不尽如人意了,但显然他们相信可以凭借人海战术获胜。

俄国人在火车站建造大量的堡垒来防御清军。

外国人离开了长江沿岸,纷纷奔赴上海及日本。然而,由于缺乏外国军队,上海的局势仍然紧张。

19000627—2

据昨日在华盛顿收到的消息,美国第九步兵团将于今明两日下午自马尼拉启程前往清国。

根据形势发展,有理由相信,美国将向清国派遣另一个驻扎在菲律宾的步兵团。

19000628

尽管我们仍如昨日一样刊登关于北京的官方消息,但是我们依然可以看出外国人在清国的形势日趋恶化。清政府首脑、官员与将领的机要通信

① 即大师兄。

都受到了持续的干扰。

值得一提的是,连接圣彼得堡、柏林、伦敦与巴黎等地的电报线路没有被干扰。这意味着清国或许出现了非常紧急的状况,也说明了欧洲交战各国官方的或与官方联系密切的报纸均持续宣称各国缔结的关于远东局势的协约业已履行这一事实。各国政府只有一个目标,即重建中华帝国的秩序。列强需要在达成目标期间搁置争议、切忌敏感,直至达成该目标。此外,列强应将棘手的清国问题的解决方案放在最后讨论。

正如我们前文所说,现在一点关于北京的官方信息也没有。

19000629

我们一直收不到关于北京的消息,让我们将视角转移到天津。天津的形势可以用下面几行字来概括:

一支由25000名军人与45门重炮及速射炮组成的清军于6月21日突袭了外国领馆区。在长时间的炮火猛轰之下,领馆区几乎成为废墟。

由端郡王指挥的攻击非常猛烈,但是被外国人击退。然而,外国人的伤亡也超过百人。

清国军队受到阻击,遭受了一定的伤亡。然而,这对阻击清国军队与坚守要塞的外国人来说是不够的。要塞的守卫者不仅缺少弹药,更缺少人员补充,急需援军。如若不然,均将死于屠刀之下。

一些半官方性质的电报证实,天津的所有租界均已变为一堆堆烟雾弥漫的废墟。一个美军排(由约50名美国海军陆战队士兵组成)在救援同伴时全部阵亡,甚至连中尉排长都未能幸免。

其他重要的电文则确认称,美国驻天津领事馆的领事及另外几位传教士被杀害。

清国针对外国人的叛乱活动以惊人的速度逐渐扩展到沿海地区,迫使在华有利益及侨民的列强不得不抓紧派遣大规模的特遣队甚至是真正的军队前往清国。由于形势迫在眉睫,为避免对外国人的大屠杀,同时重建受损的设施,至少还需要10000名联军士兵,因为我们认为在清国受损设施的完全重建是一项非常难的任务。清国人已不再对欧洲人带给他们的恐惧感到害怕,可以依靠人海战术对欧洲人予以坚决回击。

倘若联军无法给清国人一个惨痛的教训,不教清国人如何尊重外国人,在大沽、天津以及从天津到北京的路上发生的事情将不再是个例。

所有结盟的列强,尤其是俄国、日本、英国以及派遣军队规模较小的法国、德国、美国、奥匈帝国、意大利及荷兰等，业已做好迎接大战的准备。俄国出动了在西伯利亚部署的所有步兵攻打清国。英国派出一支印裔部队与清国作战，日本派出15000人，法国派出4000名海军陆战队士兵，德国派出3000人，意大利派出2000人，奥匈帝国派出2000人。根据最近电文的分析，美国所有准备好的、可以调遣的军队，均为菲律宾群岛的美国占领军。

英国不希望成为清国严峻冲突的背景板，据说想要调遣大量在南非的身经百战的部队，由基奇纳伯爵[①]指挥，或许也会由罗伯茨伯爵[②]本人亲自指挥。

海军力量方面，在一个月之内，联军将会在东方海域部署超过350艘军舰。

19000630－1

随着时间的推移，清国问题愈发严重。如若列强不抓紧一点为解决最坏的情况而采取行动，清国所有的外国人将会陷入被残忍消灭的危险之中。

因此，结盟的列强完全有必要一分钟也不耽搁地派遣大规模的军事力量，如俄军、日军或英军。

最重要的问题是尽早拯救外国人的生命。如果可能的话，也要去保护成千上万的外国人在清国拥有的财产。

万一俄国、日本与英国成为需要全力以赴对付清国"叛乱者"的国家，它们将会失去重要的时间。每一天都意味着受害者、围困、火灾及其他残酷行径的增加或减少，而这些狂暴行径都是清国人的"杰作"。

外国人在清国遇到的严重情况，如在天津发生的事情，以及从天津到北京的路上消灭西摩尔司令率领的1700名士兵等，均令国际社会感到不安，而这是不可饶恕的。

情势日趋紧急，我们仍然对北京发生了什么、西摩尔将军的举措、援军的情况及北京的使馆区与外交人员的情况等一无所知。而我们对天津就有足够的了解，那里有大量的受害者与废墟，上演着一幕幕人间惨剧。

---

① 即霍雷肖·赫伯特·基奇纳，第一代基奇纳伯爵(Horatio Herbert Kitchener，1st Earl Kitchener，1850.6.24—1916.6.5)，英国陆军元帅，曾参与第二次布尔战争与第一次世界大战，曾任英国陆军大臣。

② 即弗雷德里克·斯雷·罗伯茨(Frederick Sleigh Roberts，1st Earl Roberts，1832.9.30—1914.11.14)，第一代罗伯茨伯爵，英国陆军元帅，曾参与第二次布尔战争，后任英国陆军总司令。

相反，东方的新闻让我们最大限度地了解了清国正在发生的惨剧。

为了扭转清国的形势，需要两样东西：抵达清国的强大的陆海联军与李鸿章的调度。李鸿章的调度可使清国将军完成使命，使清军与拳民剥离开并将拳民交由联军处置，从而重建清国秩序。

然而，列强急需在清国集中联军，以给拳民与清军致命一击。不论怎样催促李鸿章在其同胞面前公开地施展其杰出的外交能力与影响，仍需时日。不过，这些时间或许能够使得清国人摧毁清国境内一切外国的东西。

由于情势紧迫，最行之有效的方法或许就是为重建秩序、避免悲剧，在第一时间准许日本派遣 40000 名军人入华。

19000630－2

俄国的《新闻报》不仅为向清国派遣海军的重要性辩护，而且呼吁为由英国鼓动的清国骚动尽快画上休止符。

报道说："清国宫廷内部的变革是英国特工的杰作，这些特工欲将大量对外国人有利而仇视清国人民的改革措施引入清廷。"

19000630－3

在《每日新闻报》的观点中，由俄国做出的关于列强向清国增兵的解释已变成"为了清国自身的利益，为了战胜叛乱者与重建正常秩序"，而这应被清廷接受，并当作解决目前冲突的一个方案。

19000630－4

一份由德国报纸[①]刊登的研究证明，清国的组织结构使得朝廷的权力如此至高无上，以致全民皆等待其救援。攻陷北京将会成为清国全面崩溃的标志。

如若联军攻陷清国首都，将会迫使清国皇帝抛弃祖先的陵墓、祖先的牌位、人民与军队。整个国家自上而下都充满沮丧并会发生大规模骚乱。清国将会陷入巨大的危机之中，局势将变得极端危险。

---

① 原文为□r□issinge Zeitung。第二个德语单词是"报纸"的意思。

1900 年 7 月

19000701

通过最近 24 小时内收到的关于远东的电文的信息，我们得知清国抗击外国的起义业已遍布整个北方与中部各省，并波及南方的省份，甚至与东京[①]接壤的边境地区也有举事的苗头。

尽管对官方消息仍一无所知，我们依然收到大量来源可靠的关于北京的消息：在清国首都，各国外交官员、领事馆与约 400 名各国海军陆战队士兵均得以保全，不得不说是万幸。我们现在终于可以平静下来了。

所有的电文，其中还有一些极其可信的电文，提到了之前的电文中未曾提及的一条新消息：尽管北京的使馆区仍被大量不遵从慈禧太后命令的清国军队围攻与炮轰，使馆区仍未被攻陷，只是被紧紧地包围起来，直到里面的外国人因饥饿而投降。

西摩尔司令与他的联军依然音讯全无。一些电文猜测，他们已到达北京，并通过强攻占领了北京城的一些区域；其他电文则猜测他们已在开赴北京或撤回天津之前，抑或在两个城市之间被歼灭。

让我们把视线转回天津城。大约由 4000 人组成的第二支联军救援部队已经到达，这支部队几乎都是俄国人或日本人。

第二批救援部队已于三天前从大沽出发，能够轻易抵达天津，攻击并击退正在围困陷入窘境中的外国人的清国军队。这些外国人共计约 3000 人，他们英勇地抵抗包围他们的清国大军。

---

① 东京（越南语：Đông Kinh），河内的旧称。法国人控制越南北方以后，便用这个名字称呼整个越南北方地区与广州湾。广州湾在 1899 年 11 月因法国与清政府签订《中法互订广州湾租界条约》而成为法国租借之土地。湛江是广州湾地区的首府，1900 年法国将其租借的广州湾地区划入印度支那的东京地区。

正如我们所料，天津解围的消息已在欧洲流传开来，很多国家都将找到借口，来保护那个清帝国海滨城市的侨民，因此将会向那里投送强大的兵力。各国军队将在天津集结，一日可抵大沽，并能组建一支可以向北京进军的真正的军队，攻占北京，无所畏惧，一路凯歌。

19000702－1

目前收到了几封特别的电报。电文称，来自大沽的、规模4000人的第二支联军救援部队经过鏖战，已击败20000余名围困天津的清军与拳民，并解除了天津之围。

该消息还未得到官方确认。不过，如果是真实的，将会直接从信息源头传给欧洲和美国。

仿佛获胜的联军部队由5000人组成。这支军队奉命支援现况不明的西摩尔海军司令的部队。

此时在塘沽或许已集结约8000名联军士兵，集结人数也逐渐增多。因此，短时间内便可集结一支大军奔赴天津或任何需要去的地方。

说到北京的情况，我们依然持续收到一些特别的电报，证明各国外交人员与使馆仍然安然无恙。伦敦的《泰晤士报》刚刚刊登一条来自其香港分社的电文，电文称李鸿章正式确认联军进入北京。

从英国首都得到的消息证实，香港与上海的银行均收到电报，电报说6月25日天津之围被从大沽出发的第二支联军救援部队解围。

尽管针对天津近郊的军事行动取得了较好的结果，列强的媒体依然坚持呼吁各国政府抓紧继续派遣军队奔赴清国，不再派遣特遣队或小型部队，而是大规模的正规军。因为这是一场针对外国人的暴乱，约20万名清国人参与其中，这里面既包括清国正规军，也包括拳民，而这些人均配备现代武器，受过俄国与德国的军事操练。治标没有用，最好趁早治本，给清国人致命一击，让白人再次征服并统治他们。白人已经给了他们太多“恩惠”，这场战争过后，他们马上要失去这些“恩惠”了。

外国媒体补充道，由于各国平均分配利益的缘故，这次危机已经到了极其严重的地步。因此，有必要让联军迅速采取雷霆手段，一定要用极其强力的手段来解决此次危机。

在各参加重建远东相关地区秩序的国家看来，重建清国的秩序与保护成千上万仍在清国的外国人的生命安全，是为了不再让如此惨痛的悲剧重演。这次危机除了导致血流成河，还耗费了大量金钱；除了导致清国的混乱，还将使列强饱受无法直接在清国经营势力范围的痛苦。

19000702－2

英国媒体收到的来自上海的消息声明，6 月 26 日，清廷向各国的使领馆提出了以下条件：

外国战舰不得靠近大沽炮台与武库。

海军陆战队不得在陆上操练。

不允许外国派遣任何巡逻小队。总督将负责保护各国相应的据点。

上述条件被认为是最后通牒，如若不能被接受，可能预示着清政府上层与外国人之间关系的破裂。

19000702－3

自芝罘发出的电文说，俄国人作为天津城武库的保护者，正遭受极大的危险。一支救援他们的军队在距离天津 3 英里的地点陷入埋伏，不得不与敌人展开白刃战，一番血战后得以撤回出发地。

这支军队最终得以继续出发，但是清国军队故伎重施。周六，清国军队炮击武库。直到被俄国军队歼灭，清国军队的大炮才哑火。

19000703

毋庸置疑，天津解围的好消息现已被证实。6 月 23 日夜，联军在一次精彩的战斗中，击退了围城的清国军队，造成清军几百人的伤亡。而解围部队伤亡极少，几乎可以忽略不计。法国驻上海总领事馆及其余国家在清帝国的外交代表向清政府正式提出外交照会。

天津城的救援部队越来越多，联军人数达到 8000 人。根据伦敦《每日邮报》刊登的来自上海的电文，解围援军已与西摩尔海军司令的部队会师，击碎了日前关于其部队情况的谣言。然而，我们要提醒读者的是，在收到大量相似的信息之时，不应盲目相信，要先将其搁置一段时间并等待官方或多种渠道证实其真伪。

西摩尔与天津城的遭遇将使联军的指挥官更加谨慎地对待清国发生

的一切。也就是说，在清国行军的联军并没有像英国人在布尔战争中一开始的表现一样，而英国人当时付出了高昂的代价[①]。

将小规模部队或特遣队远程投送至拥有大量敌人的地区这种策略，对维护派兵国家的利益来说非常有限。众所周知，清国军队拥有最先进的武器，并能同强大的外国人作战并歼灭他们。而我们一直在重复着的这种机制会受到各方的非议与谴责，因为这意味着在极短的时间内会产生大量减员。

西摩尔将军仅率领 2000 士兵，带着八天的补给，每人带着 150 发子弹去夺取北京那样的城池。京畿周围，甚至与从海滨到北京间的铁路一样，拳民与清军如蚂蚁般遍布各处。他们完全陷入叛乱状态，甚至得到慈禧太后的暗中帮助。这是一个极度疯狂的行为，他们当时或许能够完全消灭西摩尔统率的部队。

希望我们的读者记得，这相同的一幕在英国刚刚跟南非荷兰人[②]开战时，曾经在南非发生过。英国的指挥官诸如梅图恩[③]男爵、加塔克雷[④]将军、怀特[⑤]将军以及布勒[⑥]，在前线冒冒失失，犯下没有全力迎击那些勇敢的布尔人的错误，使得成千上万的不列颠军人减员。鏖战依然在继续，并将持续很长时间。

大错已然铸成，却在清国再次出现，并激发了他们在这里消灭敌人的

① 第二次布尔战争中，布尔人在第一阶段兵分两路：一路向东进攻纳塔尔，分割并包围两个主要的英军据点——莱迪史密斯(Ladysmith)和邓迪(Dundee)；另外一路向西南，占领西开普铁路线上英军主力驻扎的两个战略要地——马弗京(Mafeking)和金伯利。同时，煽动布尔人暴乱，牵制英军兵力，尤其是破坏铁路线，阻止增援的英军利用铁路向北挺进。该阶段英军受挫，导致远征军总司令被撤换。

② 即布尔人。

③ 即保罗·桑福德·梅图恩(Paul Sanford Methuen，1845.9.1—1932.10.30)，英国元帅。第二次布尔战争中指挥失当，导致英军在战争初期接连受挫，随后被布尔人俘虏，成为布尔战争中唯一被俘虏的英国将军。战后，任英军在南非的总司令。

④ 即威廉·福布斯·加塔克雷(William Forbes Gatacre，1843.12.3—1906.1.18)，英国陆军中将。在第二次布尔战争前几个月中指挥失当，接连遭受惨败。

⑤ 即乔治·斯图尔特·怀特(George Stuart White，1835.7.6—1912.6.24)，爵士，英国陆军元帅。在第二次布尔战争中的莱迪史密斯城包围战中，所部被布尔人围困 189 天(1899.10.30—1900.2.28)。

⑥ 即雷德弗斯·亨利·布勒(Redvers Henry Buller，1839.12.7—1908.6.2)，在第二次布尔战争初期担任南非英军总司令，然而在前线连连战败，1900 年 11 月被调回国内。

雄心。他们幻想着今日的清国人宛如40年前:像一群无边无际的羊群,一听到炮声就四散而逃。

大错特错!而联军以将近1000条人命为代价才明白这个道理。

自从几年前日本人给清国人上了一课,清国人现在变得令人生畏。除了拥有成百万计的战士、举国上下士气高昂、憎恨一切与外国相关的事物之外,还有步枪、大炮以及其他先进、状态良好的武器。上述武器均购置自西方国家的商行或工厂,在这些国家也诞生了西方最好的军队。欧洲向清国提供武器,却戏剧性地加剧了清国形势的危机;同时,欧洲也向清国提供了贷款,而贷款就是用来采购武器的钱。

由于缺乏前瞻性,抑或根据西摩尔仅率领很少的士兵就妄图进军北京这件事,便可看出这个极大的谬误仍在重复发生,令我们非常恐惧。这位对清国与清国人了解透彻的军事专家宣称,若要平定中华帝国的动乱,需要一口气派出100000人。派遣半数士兵即50000人进军北京;让另外50000人充当预备队(可以负责运输目前联军急需的粮草弹药);可以利用距离交战地点最近的清国港口。

该方案最终未能实行,或许这将导致新的灾难。正如之前的灾难一样,我们只得为之感到后悔。

19000704－1

在清国发生了如此危急的事件之际,针对清朝政府,华盛顿政府派遣古巴占领军的一半人马至菲律宾群岛,以替换从麦哲伦群岛出发的军队。

此外,华盛顿政府还计划将驻守在波多黎各的部队全部派遣至菲律宾群岛。

19000704－2

尽管联军于上周六粉碎了清国军队对天津的包围,联军与清军在天津周围依旧激战正酣。这次,联军严阵以待,不抱侥幸心理,因为此时联军军队是一支非常可靠的力量,能够经受住大战的考验。尽管如此,根据多封被官方信息证实的电报,联军在天津投入了足够的守备部队后,10000名联军士兵便开始向北京进军,扫荡那条让西摩尔司令蒙受厄运的进军之路。

人们对这支军队战胜清国军队、开辟前往北京的道路并到达北京有足够的信心。因为这支军队能随时迅速地与联军占领的港口取得联系，在那里驻扎着联军的主要力量。

尽管据说在清国首都附近有40000—50000名拳民与正规军，但是大家都认为，凭借从天津出发的这10000名联军士兵就足以消灭他们。

我们在数目繁多且内容矛盾的关于各国外交官员的电报中，已搞清楚了各国的外交官员的状况，目前他们状况良好。

关于天津方面，大家注意到英国人、美国人跟日本人一起，与俄国人仍在就天津解围功劳的归属而争执。鉴于在这次清国事变中其余列强之间也有龃龉，随着时间的推移，我们终将得到一个答案。

19000704－3

值得一提的是，为就清政府在国际关系上缺乏诚信这一问题进行讨论，6月25日，即德国驻华公使在北京被杀害八天之后，各国代表均收到一封电文。电文为清朝皇帝的诏书，旨在知会各国使领馆其利益仍受清政府的保护。

19000705

所有自清国收到的新闻都是人尽皆知的，总而言之就是两件事情：天津城解围与联军的大军为占领清国首都、重建秩序及保护（或许是拯救）各国外交官员而进军北京。然而，仍未收到任何关于联军现状的消息。

如今，我们的读者将会读到来自巴黎的新闻，这则新闻是半官方性质的，阐明列强一致同意维持清帝国现状并向其施加相应的影响；为避免新的针对外国人的叛乱与屠杀的出现，联军要占领清帝国的一块区域。在这支应为80000人的国际占领军中，俄国与日本将各派出12000人，而英国只派出了10000人。

前文提到的数字，可以总结如下：自光荣的英国在悲惨的布尔战争中铩羽而归之时，英国内外便反对与沙文主义相关的政策。而这次，悲惨的战争变为在东方的战争，这使得英国接受教训，没有派出过多兵力，派兵数量位于俄国与日本之后。

为使索尔兹伯里[1]、张伯伦与其他官员相信，正是他们使大不列颠在远东地区或者说在清国扮演着可怜、悲惨与可笑的角色。请我们的读者参考下列有说服力的数据：

> 清帝国年外贸总额为6900万英镑，其中对英国的贸易额占63.5%，对日本的贸易额占11%，对美国的贸易额为10%。但是，对俄贸易额只占5%！！剩下的百分之十几则为对参与此次联军中其余国家的贸易额。

让我们把视线转到大沽。我们几乎可以确定地说，俄国已占领天津的大部分，而留给英国的只是小部分。

英国人既没有摧毁大沽口炮台并占领天津城，也没有解了天津城的围，更没有成为将要占领北京、重建秩序并解救各国外交官员的联军部队的中坚力量。在上述方面发挥巨大作用的首推俄军，其次是日军。

19000706

清国的情势在近24小时里变得愈发危急。由于各地督抚互相通气并相互信任，他们尽管表现得遵从慈禧太后，但是早就致力于重建清帝国与各列强间的和平了。根据6月23日来自伦敦发往上海的电报，联军忽然转变了态度，拒绝与慈禧太后的军队交战。

那么，如若联军不再急于采取强力行动，在清国北方居主导地位的叛乱将令人恐惧地蔓延至清国南方省份，广东省业已出现叛乱的苗头。

我们收到另外一则令人震惊的消息："清国正在陷入动荡。"这条消息是英国与法国间的流言。刚刚收到的几封特别的电报称，拳民已成功煽动台湾岛的清国人参与叛乱。从军队编制的数量来看，为数不多的日本军队急需增援。

使我们略感平静的新闻则是由香港发往伦敦的电报。电文称香港总督已准备好采取军事行动，以打击广东省内一切清帝国的军事力量。

正如大家看到的，我们将要跨出去的这一步，即将清国问题的性质扭转至好的方向，除非所有列强以及美国与日本投入大量兵力，否则将导致

[1] 即罗伯特·阿瑟·塔尔伯特·加斯科因-塞西尔（Robert Arthur Talbot Gascoyne-Cecil，1830.2.3—1903.8.22），第三代索尔兹伯里侯爵。在义和团运动与八国联军侵华战争期间担任英国首相，一生三度出任该职务。

无尽的灾难，且无力解决清国问题。

自从甲午战争后，清国便着手发动和制订针对外国人的暴乱与驱逐或消灭他们的计划。

欧洲列强、美国与日本政府均已或多或少地知晓此次巨变的缘由。然而，由于他们的一次难以理喻、不可原谅的过失，尤其是英国（让我们无视他们到底带有什么目的），其态度仍需研究。

19000707－1

一份由海军司令布鲁斯发给英国海军大臣的公函阐明了最近在清国的战况。

克拉多克[①]的部队正是负责深入天津境内战斗的那支部队，正是此人先前率军攻击大沽口炮台。

其余小部队负责保障通信并做好进军准备。

凯耶斯[②]中尉的部队逆白河而上，至距离大沽 13 英里之处，发现一处清国人废弃的炮台，众人立即将其炸毁，并肃清白河通向大沽的水道。

位于英军之前的部队是瓦内恩中尉率领的部队。

目前，大沽通向天津的水道有 50 英里是安全的。然而，一旦超过这个距离，交通运输就会变得困难。

阿列克谢耶夫[③]已到达大沽，前往天津并接过联军中俄军的指挥权。

---

① 即克里斯托弗·乔治·弗朗西斯·莫里斯·克拉多克(Christopher George Francis Maurice Cradock，1862.7.2—1914.11.1)，英国海军将领。八国联军侵华战争期间任英国三等巡洋舰"敏捷"号(HMS Alacrity)舰长。1900 年 6 月 17 日，率领英国、德国与日本的军队攻占大沽口炮台，6 月 23 日率领海军陆战队进入天津，救出西摩尔及其麾下军队。

② 即罗杰·约翰·布朗洛·凯耶斯(Roger John Brownlow Keyes，1872.10.4—1945.12.26)，第一代凯耶斯男爵，英国海军将领。凯耶斯在八国联军侵华战争初期担任中尉指挥官，其任务是率军至海河并俘获四艘清国驱逐舰组成的舰队，他不仅完成了任务，而且还保住了供驱逐舰停泊的码头。他还是最早进入北京城并解救使馆区外交人员的人之一，因此在 1900 年 11 月 9 日晋升为少校。

③ 即叶夫根尼·伊万诺维奇·阿列克谢耶夫(Yevgeni Ivanovich Alekseyev，1843.5.13—1917.5.27)，俄罗斯帝国海军将领。1899 年俄国设立以旅顺为首府的关东省后，阿列克谢耶夫出任关东省总督并兼太平洋海军司令。八国联军侵华战争中，率领俄军与其他列强军队攻占天津，1900 年 10 月占领盛京，强迫盛京将军增祺与其签订《奉天交地暂且章程》，然而该章程不为清政府承认。

他是俄清边境地区与关东省[1]的总督，同时也是远东俄军的总司令。

以下便是截至6月30日登陆联军的总人数：

俄国：117名军官，5817名士兵。
日本：119名军官，3700名士兵。
英国：184名军官，1700名士兵。
德国：44名军官，1300名士兵。
法国：17名军官，387名士兵。
美国：20名军官，329名士兵。
意大利：7名军官，131名士兵。
奥匈帝国：12名军官，127名士兵。
总计：520名军官，13491名士兵，拥有53门野战炮及36挺机枪。

通向天津近郊的铁路业已修好。

19000707－2

英国报刊《经济学人》用下列话语描述了清国问题：

倘若这场战争是一场“伟大的战争”，列强政府也会索取巨额补偿。那么当这些巨额赔偿的兑现出现困难之时，就意味着割让土地，因为赔款的要求无法兑现，也因为清政府无法同时合理地满足六七个国家的要求。俄罗斯想要东北，法国想要云南，德国想要山东，日本想要三个省，而英国仅行使其无用的保护者身份，要求在长江流域享有专属管辖权。清朝将别无他法，只得拼命抗争，或只将其命运托付与一个欧洲列强的手中，寄希望于其保护之下。而这个强国将是一个有强大军队的国家：或许是俄国。

该报纸同时承认了瓜分清国这一假设。在列强间产生敌对情绪后，该报纸察觉到这一点并总结道：“我们不是教条的和平主义者。但是在当今形势下，假如可以有尊严地获得和平，我们将不惜一战。”

① 原文为 Kiao Tung，应为 Kwantung，即俄国设立的以旅顺为首府的关东省。

19000707－3

《小时代报》刊登了一份发自伦敦的公文,《兰开夏郡晚报》也发表了一份来自纽约的公函。公函中提到美国国务卿海伊先生[1]日前已知会各列强,声明美国不仅无意同清国交战,而且致力于保护其在华公民的生命与财产安全。

美国将会在清国秩序恢复正常之时撤军。

19000708

一份来自上海、标注日期为7月4日的电文说,清国皇帝因受端郡王的胁迫,已于6月19日服鸦片自尽。

慈禧太后亦遭受同样的惩戒[2],然而在服毒后幸免于难,毒药只是使她失去理智。

19000709

在德皇威廉二世向德国远征清帝国的军队发布训令[3]之后,清国与列强间的冲突急剧恶化。

德皇的演说激起了四邻的复仇与开战之心。这意味着虽然欧洲其他列强、美国与日本暂时由于某些原因搁置争议组成联军,德国要自己承担惩罚清国人的任务,对他们残忍地复仇,完全在远东重建欧洲的声望,洗刷在北京遭遇的耻辱。

我们早已知道威廉二世非常热衷演说。然而,这一次的情况,让诸如德意志帝国驻华公使被杀这样如此严重的事件在本质上被曲解。我们担

---

① 即约翰·米尔顿·海伊(John Milton Hay,1838.10.8—1905.7.1),美国作家、记者、外交家、政治家。曾任林肯总统私人秘书,后于威廉·麦金莱和老罗斯福等总统时期担任国务卿(1895—1905)。他反对列强瓜分清国,主张"门户开放",要求"清国门户开放,各国利益均沾"。

② 指被胁迫服鸦片。

③ 1900年6月27日,德皇威廉二世向德国远征军发表演说,勉励参战的德军像匈奴人一样攻打清国。

心,对清国人来说,德皇的威胁会转变成可怖的后果。这不仅是为德意志公民报仇,也是尽力为列强雪恨。甚至清国人敢于触及俄国现今最看重的利益——西伯利亚大铁路,而该铁路很多路段都被破坏了[①],唯有上帝知道什么时候才能重新开通。

尽管清国问题导致了如此多的混乱,美国政府的宣言还是使我们感到万幸:美国试图声明,尽管麦金莱[②]政府此前曾经同其余列强一起展开针对清国人的行动,但是美清两国间仍不处于战争状态。

在清国与联军的冲突中,另一个对我们造成极大冲击的事实则是日本迅速转变态度。与当初想在冲突爆发时扮演主角不同,日本仿佛现在可以忍受在其中扮演次要角色,并让英国或德国抢了主要角色。

这种态度的改变乃是出于两点原因:或者是其余列强出于日本独自负责重建清国秩序并占领北京而感到自尊心受伤害;或是日本人害怕在清国人获胜的情况下(就我们看来,较不可信),在其境内拥有数以百万计痛恨西方人与西方文明的人。

关于清国现状,我们可以总结如下:已经无法再继续严重下去了。鉴于我们陆续收到的并非直接来自北京的电报业已阐明在北京发生的血腥一幕,首当其冲的受害者便是外国人,甚至是联军各国的外交官员,或许已遭受同德国公使一样的悲惨命运。

在北京以及清帝国其余地区充斥着混乱,然而混乱中只有一种倾向,也只能听到一种呐喊:“对外宣战,消灭白人。”

拳民的火种早已在广袤的帝国的各个角落燃起革命之火,大量清国人武装起来与外国人抗争。清国人将狂热的排外之心全部付诸血与火,因此天津几乎又重新被清国人夺取。香港、上海与广州也处于危险之中,新的悲剧业已上演。因此,当联军刚刚抵达清帝国时(这是一种让人无法理解的迟缓),见到的只能是各自国家死难公民的遗体以及烟雾弥漫的建筑物与教堂的瓦砾,以及财物的残骸。

---

① 此处实为东清铁路或中东铁路。1900 年 6 月,义和团运动在东北地区爆发,到 7 月达到高潮。在短短几十天内,义和团共拆毁铁路 586.74 公里,破坏了几乎所有的电话线,毁坏车头 45 个、平车 1600 节,烧毁桥梁 4500 俄丈(一俄丈长度为 2.134 米,共 9603 米)和其他铁路设施,致使东清铁路工程全部停工。

② 即威廉·麦金莱(William McKinley,1843.1.29—1901.9.14),美国第 25 任总统,后遇刺身亡。在义和团运动与八国联军侵华战争期间,他主张“门户开放”政策。由于其在未咨询立法机构意见的情况下,贸然派出军队到清国,导致后来的总统效仿他并行使类似的权力。

各国的不作为并未使其在第一时间全力对抗暴乱,反而导致相似情形再一次出现。

欧洲或许会为先前没有准许日本介入清国问题付出极大的代价,而这在当时是能够解决清国与各国问题的唯一办法。

19000710－1

根据伦敦外交界与军事界流传甚广的传言,所有发自伦敦的电文均表明,列强已就向清国派遣大规模军队而达成一致。

日本与俄国将向清帝国派遣 100000 人,法国、德国与英国将派遣 60000 人。

法国政府已决定派遣迈帕司令率领四艘新式巡洋舰,多兹将军[①]率领 15000 名全副武装的士兵进入清国。

19000710－2

《殖民报》披露了 1898 年外国人在华数量,多达 13421 人,可分为[②]以下部分:

英国公民:5148 人
美国公民:2056 人
日本公民:1694 人
法国公民:920 人
德国人:1043 人
葡萄牙人:1082 人
西班牙人:395 人
斯堪的纳维亚半岛国家的公民:200 人
其余国家在华人数较少。

① 即阿尔弗雷德-阿米德·多兹(Alfred-Amédée Dodds,1842.2.6—1922.7.17),法国少将。义和团运动与八国联军侵华战争期间,担任法属印度支那军队司令。

② 原文为"desccpone",但是漏印了一个字母"m",应为"descompone"。

19000710－3

法国年刊《天主教徒的使命》刊登了一封信，信中细述了基督徒在清国北方遭受的拳民迫害。

以下为直隶传教事务的负责人马泽轩主教长[①]——一位该信件的签名者的描述：

> 拳民认为通过某些法术，他们的肉身会保护灵魂，从而使自己不会受到伤害。
>
> 据他们所说，当一个拳民在基督徒或教堂前面时，拳民的灵魂来不及回到他们的肉身，肉身便无法刀枪不入。
>
> 事实上，距离朱家河的教会区域[②]不远处，三个拳民用枪试射。三人中的一人在试射中死亡，剩下的两人重伤。[③]
>
> 景州[④]老百姓向王庆一率领的拳民讨要说法，而他们吞吞吐吐，将罪行归咎于基督徒，并向拳民建议消灭那些新信教的人，并破坏他们的教堂与财产。

19000710－4

坐落于马尔克斯·德·李斯卡尔大街的清国公使馆所在的酒店这几

---

① 即 Henri Maquet, S.J.(1843.11.30—1919.12.23)，庚子之乱后任天主教直隶东南代牧区宗座代牧。此处原文拼写出现谬误，拼写为“Marquet”。

② 即景州朱家河教堂，1900 年 7 月 17 日发生朱家河惨案。

③ 1899 年 10 月 30 日(九月二十六)，景州宋门镇义和拳公开表演“神术”，刀枪不入，任大家参观。当天，义和拳大师兄便在村外的空地上升坛做法后，他先令两个徒弟跪在神坛前，其中一人使劲磕头、作揖、念经、烧香，但过了很长一段时间，神灵似乎并不显灵。直到下午，正念着咒的大师兄突然霍地站了起来，脸色大变，牙关紧咬，双目圆睁，并开始跳起舞来。接着，他似乎被某种不可抗拒的力量所控制，两位徒弟也站了起来，并给枪装上子弹。大师兄上半身赤裸，敞开胸脯对着枪口。子弹射出，打穿了他的胸膛，鲜血直流，伤势严重。接着，大师兄在地上痛苦地翻滚了几下，接着四肢蹬直，不再动弹。第二天，义和拳便宣称是天主教徒用邪术谋杀了大师兄。就在当晚，当地的义和拳便连夜赶到宋门镇，要与教堂为难。然而，原文中“剩下的两人”为徒弟，并没有受伤。

④ 原文为“King-Tchen”，此为谬误，应为“King-Tchou”。

日完全关闭，仿佛是一栋家中有丧事的房子。

公使馆的工作人员与酒店的产权所有人，共计七八人，因收到清帝国传来的消息而露出哀伤之情。

在一次某报纸的撰稿人与公使馆的一名工作人员的对话中，工作人员表示：最开始的时候，拳民的暴动本能因日本全力武装介入而被抑制。今日情势迥然相异，谁也预料不到会发生什么样的结果。

这位公使馆工作人员极为热情地接待了前往公使馆所在酒店的人，并赞赏了马德里人民的热情与慷慨。

19000710－5

据柏林《地方指标报》报道，不久后将出发前往清国的德国舰队由四艘铁甲舰——“腓特烈·威廉选帝侯”号、“勃兰登堡”号、“魏森堡”号和“韦尔特”号及轻巡洋舰“海拉”号组成。[①]

该舰队将由海军副司令霍夫曼[②]率领，他曾任东亚分舰队司令，现任司令棣德利是继任者。

远征舰队由德国最好的军舰组成，均在1890年开始建造，每艘战列舰排水量均在10000吨以上。

船员共计570人。

19000710－6

《每日电讯报》收到的一封来自上海的电文揭露了一次计划周密的阴谋，阴谋显示端郡王意图谋杀北京的各国外交官员，而无需清政府负责。

迹象显示，总理衙门向各列强外交代表发出普通照会，邀请诸代表就目前北京愈演愈烈的严峻形势，赴总理衙门商议应对措施。

---

① 原文为“选帝侯”号与“腓特烈·威廉”号(Kurfürst, Friedrich Wilhem)，乃是将“腓特烈·威廉选帝侯”号(Kurfürst Friedrich Wilhelm)误分开的缘故。译文中四艘战列舰均为勃兰登堡级战列舰，该级战列舰共四艘。此外，原文中轻巡洋舰的舰名为“Helo”，然而德意志帝国海军只有一艘名为“海拉”(Hela)的轻巡洋舰，而该舰在八国联军侵华时确随舰队其他军舰一同抵达清国海域。

② 即保罗·霍夫曼(Paul Hoffmann,1846.6.20—1917.4.18)，德意志帝国海军副司令，1894—1896年任东亚分舰队司令。

某些代表，如英国代表、法国代表、俄国代表、美国代表等，怀疑其中有诈，礼貌地拒绝了要将他们护送到总理衙门的清国卫兵的邀请。

而德国公使则没有听取其余使节的警告，还是应邀前往，以致惨遭杀害，其死讯众人皆知。

19000711

自清国收到的消息不能再坏了。联军各国司令在天津一致对外宣称，不可能派出他们仅有的20000人的军队向北京作试探性进军，因为他们需要在京津间的行军路途中与200000名装备精良的清国人交战。

因此，别无他法，联军各国司令倘若想确保攻势的规模，只得推迟向北京进军的时间，直至能够集结起50000人或100000人的兵力。

联军采取的对策，令清帝国首都的外国人将要面临厄运。救援他们的计划也被推迟到秋初，或是瓢泼大雨停止之时。因为雨季已持续两月有余，等到洪水退却、进军道路可以通行，尚需时日。

联军将领的决定是令人恐惧的预兆，这意味着不断传来的关于北京没有一个外国人生还的传言变为不幸的真相。

由于着手太晚，为拯救北京所有受困的白人而采取的英国的计划，即日本无须考虑俄国的反对态度，尽早派遣做好准备的军队向天津及京津间道路的据点进军，也不起一点作用。

目前，倘若联军仅凭20000人固守天津与大沽，两地极易被蜂拥而至、志在夺取两地的清国人攻陷。

截至目前，已收到许多关于北京城里发生的事情的新闻。然而，所有信息来源可疑，内容混乱并充满悲剧。因此，就这些新闻进行任何评论（在得到官方确定之前）都是非常冒险的。

在清国问题逐步显露出的悲惨景象中，英国最重要的报纸之一《曼彻斯特卫报》在一份简讯中报道说，由于各欧洲国家与美国政府的默许，俄国政府与日本政府已就如何瓜分清帝国达成一致。

根据上述协议，当列强在清国境内重建一切秩序之时，为保证秩序得以重建，将派遣50万联军用以下方式来瓜分清帝国：

> 俄国将割走清国东北与蒙古；英国将占据整个长江流域；德国人将得到黄河流域；法国会取得西江流域；日本会夺得整个大韩帝国；清廷会向意大利人割让福建省与三门湾；直隶，包括北京，将属于美国。

出于好奇，我们的读者或许会觉得类似的瓜分方案是极好的。但是过不了多久，一旦任何一个国家注意到清帝国的地理形势，就会在第二天与其他瓜分清帝国的国家拼死一战，尤其是俄国与日本。正如平日所说过的，哪怕各国在领土上得到了丰厚的战利品，俄国甚至是大不列颠王国均不会承认大韩帝国属于另一个国家，何况是属于日本。倘若大韩帝国宣布中立，日本将如何夺取它呢？

因此，尤其是现在，我们的读者或许会担心上述瓜分清国的方案仅是出于一种愿望。我们甚至可以说，是某位英国外交官善意的玩笑。联军因清国人的野蛮行径而复仇，并会得到相当多的回报，能够重建秩序并恢复到战前状态。

19000712－1

巴黎来信

欧洲与清国

按时瓜分清国要比匆忙瓜分更好，而这一点在大沽还没有发现。这时犯下的这种错误与 1858 年何伯[①]司令犯下的错误本质上是一致的。当时，他想利用数量不足的兵力占领塘沽并欲让列强代表前往北京。然而，这次行动遭到惨痛的失败，在塘沽损失了 4 艘炮舰以及 1000 名士兵。[②] 因此，在 1860 年，英法两国就有必要为派军复仇而进行长时间的准备工作。

所以在当时，最好是直到列强代表的安全得到保证之时联军才进攻塘沽。

然而，当参战者觉察到某一命令难以执行时，他们认为固守待援或许会被解读为一种虚弱或胆怯。因为他们惧怕一直渴望得到的名声扫地，因此继续前进。

这种制度的不便之处是毋庸置疑的。

我们要重复往事吗？如果法国驻云南的外交官员方苏雅先生能够使联军通过处于法国巨炮庇护之下的老街，向有许多善战之人的云南省进

① 即 James Hope(1808.3.8—1881.6.9)，也翻译为贺布，英国海军将领，后晋升为英国皇家海军元帅。第二次鸦片战争期间被任命为东印度及清国舰队司令，1859 年 6 月在第二次大沽口之战中身负重伤。

② 然而，该事件发生于 1859 年 6 月下旬，即第二次大沽口之战。

军，出于不要过分刺激到云南好战、狂热的民众的考虑，联军要采取更加谨慎的军事行动。

鉴于真假电文掺杂在一起，我们不再就已收到的电报进行赘述。目前，大家对北京的形势不甚了解。英国诸多报社不顾一切地报道关于北京的局势。因为作为跨洲媒体，它们不想落后哪怕一丁点。我们不会再犯同样的错误了，因为我们要做另一件事情：我们要稍稍思考一下我们已知的，而不是我们未知的事情。这不是第一次从塘沽到北京，因为我们都记得1860年英国远征军对圆明园做出了远甚于劫掠的行为。

请允许我们插一句，（法国）海军的领导层决定即刻向清国派遣远洋战列舰与巡洋舰。

在一次针对清国的军事行动中，法国海军充当了重要的角色，然而对法国海军来说，最好是在清国沿海部署吃水线浅的小型军舰，因为清国海域水深较浅。例如在直隶，在白河入海口，列强的大型军舰无法靠近河岸，只得航行至距离岸边15—17公里的地点。

1860年，法国人与英国人拥有约40艘风帆炮舰与10艘铁甲舰。法军指挥官库赞·蒙托邦将军①在率军经特内里费岛与好望角到达清国海域后，负责稳定清国沿海的战局。当时他给海军少将佩吉②写信说："在清国，真正的航路是运河以及将运河连接在一起的河流。"

我们至今可以看到描绘法国远征军在1860年作战情形的版画。多么熟悉的名字啊！远征军司令詹姆斯③、法军"坎培农"小队指挥官暨"库斯·钱维纳"部队的长官科利诺·施密茨、工程兵指挥官德罗乐德上校、莫夸特舰长以及在战后多多少少获得声望的军人。

然而，那场战争与这次的战争有什么可比性呢！进军起点和目的都是一样的。然而，此时的清国不是彼时的清国，而且列强间的一致性也难以与1860年参战的西方国家相提并论。

---

① 即夏尔·纪尧姆·马里·阿波利奈尔·安托万·库赞·蒙托邦（Charles Guillaume Marie Appollinaire Antoine Cousin Montauban，1796.6.24—1878.1.8），法国将领，第二次鸦片战争时率法军在八里桥战胜清军，1862年被拿破仑三世封为八里桥伯爵，1870年任法国总理。

② 即特奥任·弗朗索瓦·佩吉（Théogène François Page，1807.3.31—1867.2.2），1860—1861年提任交趾支那总督。

③ 即詹姆斯·霍普·格兰特（James Hope Grant，1808.7.22—1875.3.7），英国勋爵，第二次鸦片战争时任英国远征军司令。

19000712－2

关于北京使馆区的消息体现了局势的高度紧张，但内容充满矛盾。

《纽约先锋报》欧洲版刊登了一份来自广州的电报，电文指出清国海关管理者鹭宾·赫德向港英政府发送电报，阐明英国公使馆即之前唯一幸存的使馆也被烧毁，在里面避难以及在火灾中幸存的欧洲人已被大量杀害。

然而，另一封来自上海的电文报道，在天津的各国领事宣称，北京的各国使领馆在7月4日还是安全的。

19000712－3

《论坛报》报道，意大利的清国远征军主力由两个营组成，每个营有900人，以及两支各有八门机关炮的炮兵小队。

美国战争部[①]部长已命令6250名正规军官兵奔赴菲律宾，并在必要时派往清国。

法国运输舰"阿基坦"号载着950名士兵已于土伦出发前往清国。

在布雷斯特[②]新组建的第18团即将登船。

19000712－4

《时间报》刊登的6月24日发自北京的一份电报详述了端郡王主导的那次政变：

> 6月19日，北京收到了一份地方督抚的联名上书，各地方大员对拳民的暴乱行径导致的混乱局势深感痛惜。
>
> 军机处立即合议，然而从一开始众人意见就存在分歧。
>
> 荣禄将军希望从国家与帝国政府的利益出发剿灭拳民，慈禧太后支持该观点，而且她也是竭力这样做的。
>
> 接着，端郡王参与商议。端郡王对外宣称，作为可能的帝国继承

---

① 美国战争部建立于1789年，1947年分为陆军部(1947年成立)、海军部(1798年成立)及其他机构，长官为美国战争部部长。

② 即Brest，法国西部城市。

人之父,他必须保护其子完整地继承帝国①。

端郡王的态度为兵部尚书刚毅②所接受。

在做上述宣言之时,端郡王毫不犹豫地承担向各国宣战的责任。

端郡王与刚毅中断合议并喊道:“杀了外国人!”

那口号让宫内的宦官与臣工振奋,旋即传遍了整个北京城。武装起来的老百姓也以此为口号,并开始向使馆区发动攻击。

同时,端郡王召集心腹侍卫,派他们严密监视已被宗室提前剥夺权力的慈禧太后与皇帝。

随后,端郡王负责政府事务,将慈禧太后与皇帝判处斩首。

尽管慈禧太后与光绪皇帝轮番求情,乞求以毒药或匕首保留全尸,众人还是选择将其斩首。

支持剿灭拳民的荣禄将军遭到了众人的虐待。

19000713－1

巴黎来信

欧洲与清国

我们已在前天的通信往来中开始了关于清国的研究。在该研究中,我们将会以一系列短文来描述当前的变局,以飨读者。

在过去的八天中,我们做出了多种选择。每天早上都会送来北京的所有外国人都被戕害的电文,在芝罘与上海发生了大屠杀;而到了晚上,我们收到香港的电报,电文说欧洲人避难于其中的两个使馆,仍然抵抗着暴动者的攻击。第二天又来了新消息,说只有一个使馆依旧在抵抗,清国人的进攻貌似减弱了,因为他们遭受了巨大的伤亡;他们的队伍中出现了分歧;缺乏弹药与粮食是唯一能够决定欧洲人命运的因素。总之,没有任何确切消息。与大家尝试徒劳地抱有愿望相比,对我们来说更加合理的是残酷而

---

① 1900年1月24日,慈禧太后依荣禄建议,以光绪帝名义颁诏,称其不能诞育子嗣,立端郡王载漪次子溥儁为大阿哥,然而不为各国公使所承认。

② 原文为“Kang Si”,似为刚毅或敬信的转写。然而,八国联军侵华战争时,刚毅为吏部尚书、军机大臣,曾任兵部尚书且在战后被慈禧太后惩处,褫夺一切官职;敬信为兵部尚书,而战后并未受到惩处。从战后的结局来说,持此态度的应为刚毅而非敬信。因此,此处怀疑为刚毅。

恐怖的现实。或许某些有实力的清国人手上,就有一些被困在北京的外国人,当然他们也会尽力把外国人变为有价值的人质,以此换得日后关系的修复。这种行为方式是清国人的性格与生活习性中与生俱来的。倘若上述清国人导致了目前的局势,现状将不会如此。但是人民的激情却以这种形式被激发出来,看来有权势的人物也无法顺利施行政令。

可以确定的是,不存在援救各国使领馆的可能性了。我们还记得,1859—1860 年,一支由 20000 人组成的英法联军在进军北京的途中,只需要同正规军和清国人的骑兵作战,而清国百姓对那场冲突无动于衷。而现在全国上下,大沽、天津及北京等地,都发生了暴乱。因此,为筹划占领北京的远征,至少需要集结 50000 名军人。集结如此庞大的军队需要时间,也需要准备充足的粮食与弹药;为集结必要的运输设备,也需要一座简易的营盘,因为如今清国人的装备比 1860 年更加精良,军队身经百战,而且在最近与日本人的战斗中,军队的发展掀起了现代化的浪潮。总之,留给欧洲人只有不到三个月的时间。因为到 10 月的时候,就有必要准备过冬用的营帐。京津地区的气温变化幅度大:现在,联军要忍受 40 摄氏度的高温,而 1 月气温经常会降至零下 17—20 摄氏度。白河会上冻,直隶的海湾也会出现浮冰。在这些情况下,很难对一支远征部队进行补给。

1860 年 10 月中旬,当库赞·蒙托邦将军在北京取得签字的停战条约之时,为预防冬天可能造成的毁灭性减员,他立即将军队部署在海岸地区。11 月 22 日,他将指挥权交给科里奴将军①,并亲率大军三力登船前往上海。

9 月中旬,多名英国与法国议员与清国官员保持密切联系。在议员们就清国的背叛行径斥责清国官员之时,清国人却像往常一样欺骗他们,并完全承诺尽快释放被俘虏的官兵。同时,清国官员们确认上述俘虏均被以高规格对待。然而,不久之后在圆明园找到了那些不幸之人的制服,显然他们早已遇害。那些制服上存留着受害者曾遭到清国人惨无人道的严刑拷打与伤害凌辱的证据。这些在之后某一天将会重获自由的俘虏诠释了所受到的令人恐怖且不人道的折磨。恭亲王一直对外宣称受到优待的埃

① 即科里奴(Collineau)准将。

斯凯拉克·德·卢图尔先生[1]早已因折磨与酷刑而容貌尽毁。诺曼先生，即英国公使馆的一秘，先是头部受了刀伤，之后手脚被捆，清国人非但没有对他进行治疗，反而将他丢弃在郊外，任由蝇虫、野兽啃食。《泰晤士报》的通讯员鲍尔比[2]则被扔到猪圈里，被群猪啃食。

清国人试图饿死俘虏们，当俘虏们乞求食物之时，清国人用长矛把他们刺伤，并用粪便灌满他们的嘴。

以下是一个英国俘虏就安德森中尉之死提供的正式证词：

> (清国人)在把我们所有人的手捆住之后，浸湿捆绑我们的绳子，绳子变得更紧。之后，清国人把我们带到一个院子里，我们冻馁至极，并被暴晒三日。第二天，安德森先生因受暴晒与缺少食物而开始说胡话。他们从未给过我们一丁点吃的东西。终于，他们给了我们一点馒头和水。这院子在白天是开放的，有几百个人来看我们的洋相。到了晚上，一个站岗的士兵负责监视每个俘虏。如若我们说一个词或者是乞求喝水，他会用力踩我们；如果我们乞求吃的东西，他会把垃圾和粪便塞到我们嘴里。第三天晚上，清国人给我们带上了枷锁、手铐和脚镣。安德森先生一直都在胡言乱语，直到在被囚禁的第九天死亡。死前两天，他的手指脚趾已因绳索捆绑而破裂，骨头外露。当时他还活着，但是蛆虫开始啃噬他的身体。他在那里被暴尸三天，然后清国人给他收尸。

大家可以看到，很多人可笑地认为，跟那样的清国交战，用"少量的"士兵就是对清国足够的重视。而欧洲目前将面临一个极为严重的问题，因此欧洲人要思考一下约四十年前发生的事情。能够被克服的困难总会被轻

---

① 即斯坦尼斯拉斯·德·埃斯凯拉克·德·卢图尔(Stanislas d'Escayracde Lauture，1826.3.19—1868.12.18)，法兰西第二帝国伯爵，19世纪中叶法国的探险家、地理学家、外交官和语言学家。第二次鸦片战争期间，他随法国军队远征清国，然而在清国被俘，受到折磨并成为清朝的人质，后返回法国。

② 即托马斯·威廉·鲍尔比(Thomas William Bowlby，1818.1.7—1860.9.22)，在《泰晤士报》担任通讯员与战地记者。其关于清国报道的内容相当丰富，在关注政治与经济信息的同时，描述了许多关于清国的文化与民俗，深受《泰晤士报》读者的欢迎。第二次鸦片战争中，英法联军占领天津后，他随联军特使团前往通州与清帝国签订和约。然而，谈判破裂，使团成员被僧格林沁逮捕。在被虐待后投入猪圈，其残缺不全的遗体后来被埋在北京安定门外的俄国人墓地。由于担心《泰晤士报》巨大的舆论影响，英法联军决定报复清国，可以说鲍尔比被虐杀是英法联军烧毁圆明园的原因之一。

易地忘却。欧洲人要相信现在会遇到相似的困难，这样才不会犯当年的错误，因为这错误的代价太昂贵了。

A. 塞西

1900 年 7 月 9 日

19000713－2

英国议会下议院发表的宣言因宣称委托日本负责重建清国秩序而给人留下了极为深刻的印象。

貌似俄国、德国与法国在占领清国的土地并恢复当地秩序后，声明若无巨额赔款，则拒绝日本人提出的撤离占领土地之方案，并以此对日本迅速介入清国局势提出抗议。然而，随着局势不断升级，各国最终达成协议，只要天皇向其他因对抗清国人而结盟的列强提供一些保证，诸如日本军队的唯一使命是通过暂时占领北京与其余重要的城市及交通线路，即暴民控制的极度混乱的地区来重建秩序。现今，唯一能够挽救东方局势的方法便是允许日本的行动。

迄今为止，日本迅速的介入不能说是万全之策，但的确是最行之有效的方法。

两支各有 20000 人的日本部队以及另外 20000 名负责修筑工事营帐的劳工将于短时间内在清国沿岸登陆。

俄国向清国派遣了一支 100000 人的军队。除了意大利、奥匈帝国与美国派遣了小规模军队外，其他列强也都派遣了大军，每个国家的派军规模在 20000 人。但现在离欧洲与美国的军队到达清国仍有很长时间，而这段时间里拳民的暴乱规模或许会继续扩大。当然，日军将开始登陆，并将在几日内与联军的 30000 名援军在大沽和天津会师。联军无须惧怕新的溃败，可以继续向北京进军，在清国北方驻军并保护当地的基督徒，因为那里是暴乱者的根据地。

众所周知，荣禄[①]已尽其所能来保护外国人，而被同胞戏称为"狂热的疯子"的端郡王，是最憎恨外国人的。

南方各省督抚仿佛已决定保护基督徒的生命财产安全，而李鸿章的应对当前危机之道在欧洲人看来则是很可疑的。

---

① 原文为 El Príncipe，乃亲王之义。然而，荣禄为一等男爵，故只翻译其人名。

事实上，李鸿章已经在第一时间安排并处理相关事宜。他部署了200000名清国民兵，之后指挥5000名正规军进驻虎门炮台并控制珠江口。可以看出，在采取这些做法的同时，这位狡猾的总督不停地重复着“他是支持外国人与西洋文明的”这种话，不下千百遍。

军事形势方面，我们通过收到的清国人发的来自上海的电文得知，在北京城内有100000名正规军与拳民，包围天津的有80000人，而来自芦台的30000人由聂将军率领以支援围城部队。

在日军尚未到来之时，联军无法利用手头仅有的不超过20000人的兵力抵御116000名清国军人。因此，为了避免惨败，联军各国指挥官将很有可能把部队从前线撤走，撤出天津城并撤退至大沽。联军在大沽将更加安全，并处在联军舰队舰炮的保护之下。

从清国收到的最新电文显示，至今大家仍对之前电文中描述的“在北京被消灭的所有外国人中，有大量外国人能够最终得救”而残存希望。

华盛顿于前天收到一封来自清国的海底电报，电文确认道：本月3日，各国使领馆依然完好。

19000714－1

英国海军大臣收到英国远征舰队副司令布鲁斯上将于7月7日发自大沽的电报。电文称，庆亲王率领自己的军队与端郡王的军队及拳民战斗，以保护北京的使馆区。

另一封刊登于伦敦报纸的电报声明，庆亲王的影响力是唯一能够从清国士兵与拳民的怒火中拯救北京城里的外国人的保证。

拳民三次尝试攻击英国公使馆，然而每次攻击均被击退，遭受大量损失。

这些来自英国的振奋人心的信息在被马德里的媒体收到后立刻就得到了官方的确认。

的确，外务部收到了一封由西班牙驻巴黎大使馆发送的电报，电报中记录了法国外贸大臣对他说的一席话：“来自布鲁塞尔的消息显示，庆亲王已投身抗击暴乱的第一线，抵挡住了北京的暴乱者。截至7月3日，各国的外交官员仍然幸存，身体状况良好。”

19000714－2

目前收到的来自清国的乏善可陈的消息是比较平静的，使人们一时难以窥见整件事情的全貌，一些关于北京的外国人与使领馆的惨剧的谣言依旧萦绕在大家的耳边。

伦敦政府收到了发自英国驻上海领事馆的电报。电报中提到，在北京的外国使领馆在7月3日依旧完好无损。清国的士兵与拳民依旧与外国人交战，已有2000多人死亡，士气极度低落。由于没有断绝外国人的粮食与弹药供给，清国士兵与拳民向外国人进攻时火力也没有那么猛烈，外国人仍可以固守待援。

19000714－3

荷兰议会刚刚全票通过一份特别议案：鉴于远东发生的悲剧，荷方决定向清国海域派遣一艘战舰。

根据荷兰海军部的声明，新型巡洋舰“荷兰”号将在短时间内运送150名士兵抵达清国的某个港口。其使命为保护荷兰公民，除此之外，别无其他目的。

美国领事馆也就英国收到的消息向美国政府致电，补充说拳民内部也不团结，有些拳民厌倦了战争并试图与外国人保持良好关系，只是通过饥饿迫使外国人投降。

另一条来自清国的有利消息证实，忠于庆亲王的军队袭击了北京的暴乱者。庆亲王在北京反对政变，那桐拒绝执行专横的端郡王发出的占领南京并赶走所有城市的外国人这一命令。

倘若上述消息被证实，严峻的清国问题可以说解决了一半。清国人被分成了两部分，而代表和平的那部分清国人将与外国人联合起来，这将有利于统治那些排外之人。哪怕使用极端暴力手段，也可以在清帝国尤其是北京恢复秩序。

清国人内部的分裂或日本的及时强力介入是仅存的两种解决清国与列强间巨大冲突的方法。

至于刚才提到的第二种解决方法，我们可以说这个方法已经在实施过程中。因为根据最新的消息，列强已达成协议，同意日本于几日内先派遣20000名士兵在清国登陆，不久之后再登陆20000人，然后再如此行事，直至所有派遣的部队登陆。

日本内阁言之凿凿的宣言使其他列强的疑虑烟消云散，尤其是在俄国、德国与法国看到日本军队在清国领土上拼尽全力之时。

清国情势的紧张程度尚未减轻，却一点一点地向好的方向发展。

19000715

严重的清国危机产生了一些能够预料到的不幸后果。在布莱克本，自前天起1000台织机就进入了半工作状态，而总共有5000台织机已经完全停工。

目前超过1000名纺织工人没有工作，恐怕短时间内该现象会波及所有棉纺工人。

19000716

几日前，北京的使馆区依旧在抵抗，诸多来自清国的消息证明，包围者因遭受巨大伤亡而士气下降，攻势已没有那么猛烈。

有人猜想，总理各国事务衙门王大臣庆亲王能够率领相当数量的军队来拯救各国使领馆。

倘若该信息得到确认，可以说欧洲人就得救了。

拳民在四处作战的同时，却变成了清国大大小小官员的笑柄。然而，今天他们却成了北京城的主人，同时成为统治者心中的烦恼。他们的所作所为，仿佛是在一个被征服的国家一样：一边杀人一边劫掠。他们不是在四处屠杀，就是在纵火劫掠。

由于暴乱，清国人在对财物的保管上变得更加小心翼翼。北京城的商人抱怨他们遭到的厄运，反而希望魔鬼般的外国人能够早日到来，用行之有效的方法来保护他们。

这就是收到的信息所阐述的内容，但是让我们忽略它的真实性吧。

19000717

英国香港总督向殖民部报告称，在清国，印度瘟疫又出现了65例新感染病例，已有68人死亡。

印度总督也向殖民部报告称，霍乱在科哈特由当地人组成的部队中肆虐。最近一周出现207个病例，造成67人死亡。

19000718

近几日出现的乐观情绪突然变为悲观与不安的情绪。即便收到的来自北京的关于外国人安全的信息不是很令人振奋，但还是没有出现像天津城或者清帝国其他城市那样的惨剧。

我们首先得到的是联军在天津城战败的消息。在天津，清国的马(玉昆)将军率领一支规模可观的军队与联军战斗，其炮兵的规模要大于联军，对联军造成了较大的伤亡。我们缺乏关于天津战役的细节描绘，因为战役持续了几天并可能仍将持续下去。但我们陆续收到很多关于基督教军队失败与不幸的消息。

另外，我们还收到了噩耗，即拳民的动乱已遍布东北全境，甚至放肆到在联军的营垒前做“惩罚性的”劫掠、杀人等可怕的事情。在胶州湾的战斗中，被清军俘虏的德军的下场仍未可知。

局势进一步恶化。本月12日伦敦收到一封发自上海的电报，电文称庆亲王与王文韶将军用少数兵力襄助在英国与俄国使馆内躲避炮击、与大量拳民及清国军队猛攻的外国人，这部分拳民与军队是由端郡王与刚毅指挥的。然而，庆亲王与王将军的军队被击败，这两名基督徒之友也战死疆场[①]。

这封不幸的电文的重要性在于印证了一些事实：无须多言，这些发生的事实为联军进入清国提供了理由。很显然，庆亲王之死是一个极大的不幸，因为他是外国人在清帝国唯一的挚友。我们希望这封来自清国的电报的真实性没有被官方确认。

日本的军事准备工作仍在继续，几天内日本将向北京派遣一支50000人的军队。这支军队配备了数量充足且性能优越的大炮，由大山(岩)将军指挥。给我们的读者提个醒，他是甲午中日战争中的“英雄”。

随着50000名日军与约40000名其他列强士兵合兵一处，我们可以想象，联军可以横扫天津近郊与大沽的拳民，并占领京津间道路上的据点以及北京。

让我们忘却最近关于北京的新闻的负面作用吧。伦敦收到的发自香港的电文称，李鸿章被急召至北京。由于清政府总是选择李鸿章作为清帝国与列强之间的纽带，他被召至北京或许可以说是一个好兆头。

---

① 其实没有战死。

如若李鸿章蒙幸掌握权力，答应各国的一切要求并与各国缔结和约，一切将变得易如反掌。

19000719－1

巴黎来信

欧洲与清国

在天津，联军或许业已集结14000～15000人并与清国人开始肉搏战。

天津是一座人口超过百万的城市。欧洲人集中居住在一个区域。在那里，欧洲人有租界，但是租界极难防守。

清国炮兵看上去规模庞大且炮术精湛。

西摩尔司令也在等待援军。正如大家看到的那样，我们距离向北京进军仍需时日。

可以确定，30000名来自北方的俄军士兵现已向清国首都进军。然而，我们并不认为这条消息是非常可信的，因为东北地区也陷入动乱之中。在奉天，传教士被杀，纪隆[①]主教阁下也被杀。控制着旅顺半岛咽喉的牛庄[②]也被清国人掠夺一空。

由俄国人大举兴建的、自旅顺口通向吉林的、左连贝加尔地区、右接海参崴（符拉迪沃斯托克）的铁路也被暴乱者破坏了数公里。

因此，俄国将需要大量的军队来镇压东北的暴乱，我们并没有看到向北京进军的30000人取道那里。或许，试图长途奔袭敌国这种重要的远征不能一时兴起，应妥善谋划。

德国人不得不固守胶州湾。

故此，从军事层面看，目前的态势并不乐观。让我们继续忽略在北京的欧洲人经历的事情，因为得到的消息都是矛盾的。

昨天，某些报纸仍然对在京欧洲人的情况表示期待，然而这种期待却逐日减退，因为每个人都在想：倘若在北京还有幸存的欧洲人，那么为什么

---

① 纪隆（Laurent Guillon Guillon，1854.11.8—1900.7.3），巴黎外方传教会会士，南满宗座代牧区宗座代牧。1900年7月3日，义和团团首刘喜禄、张海联络清军盛京都统携带火炮将沈阳小南天主教堂摧毁，将纪隆主教等七名神父（中国人两名、法国人五名）、两名修女、四百余名信徒烧死于教堂内，造成“沈阳教难”。

② 营口的旧称。

宣称已夺回权力的清政府不允许那些欧洲人阐明事实呢?

一份电文称,欧洲人在天津遭遇如此境况的原因之一,就在于缺乏统一的指挥。那好,假若那种缺点在一次防御行动中导致了不幸的结果,那在采取进攻或者向北京进军之时又会发生什么?

昨天,多封发自柏林的电文宣称,一份电报称沙皇与德皇威廉二世早已就德国军队经西伯利亚奔赴清国达成一致,随后该电报被辟谣。

当收到这种消息的时候,把它们记录下来也不坏,但是不要过于相信这些消息。这种消息的可信度较低,因为其撰写者既不了解全局概况,又不清楚德、俄两国的本性。

我们可以就此概括如下:《巴黎新闻报》的电报还是值得诸位一读的。而近几日德国与俄国报刊的态度如下:

> 德国报刊:亲英报刊《柏林日报》使俄国对发生在清国的杀戮事件负责。根据其报道,其余列强已决定同意日本立即介入北京方面的事宜。然而,由于英国也在上述列强之中,俄国的妒忌使得一切决议都被推迟。《柏林日报》还提到俄国行动迟缓,导致德国延迟做出决断,因为德国需要根据俄国的决定来进行决策。柏林《邮报》称,关于德国向沙皇提议信任日本介入清国形势的消息已自伦敦发出。但是《邮报》声明,德国对清国问题的态度从来没有发生变化,其最为重视的问题是列强间同盟之存续。
>
> 俄国报刊:俄国媒体举行了一次活动,该活动旨在反对德国在清国局势中的态度。《声明报》断然地指责德国一手造成了现今远东的混乱,并称正是西方用无数鲜血来为在1897年未能反对德国未遂的瓜分清国行为赎罪。恩里克亲王[①]自普鲁士至北京的戎功之旅有损清国形象,惹怒了总理衙门并引起了一切来自清国人的担忧。此外,当大家都习惯坐轿子去皇宫时,德国外交官员却骑马到皇宫,天下哗然。《伊维特报》称,或许能够看到各国的旗帜飘扬在北京城古老城墙的上空,然而将看不到德军的军旗。《新时代报》与《新闻报》用更粗鄙的话语抨击了德国。

---

① 即阿尔贝特·威廉·海因里希(Albert Wilhelm Heinrich,1862.8.14—1929.4.20),德国皇帝腓特烈三世的第三个孩子,威廉二世皇帝的弟弟,经常被称为海因里希亲王。1898年,海因里希亲王抵达青岛,担任德国东亚分舰队司令。德语中“Heinrich”(海因里希)在西班牙语中转写为“Enrique”(恩里克),因此在原文中称为“恩里克亲王”。

19000719－2

不论是英国还是欧洲大陆的报刊均再次阐明，截至目前，外国人在清国的形势每况愈下。

天津城内的联军缺乏团结协作精神，导致了上述情况的出现。如若各国仍未能及时妥善地任命一位统率天津城内联军的指挥官，形势将有继续恶化的危险。

在上海，即几日前给我们发送令人欣慰的消息之地，目前给我们带来了非常严重的讯息，确认道：本月 7 日，清国首都的外国人，除了两人(此二人或许能够乔装成清国人，从北京的东门逃出)外，其余均被暴乱的拳民与清国人所杀，其中一人头部重伤。

至于天津的情况，当地的外国人目前陷入窘境。因为除了需要同十倍于己且配备大量装备精良的炮兵的敌人战斗之外，还要忍受缺粮之苦，最为致命的是药品与饮用水的匮乏。

外国人在清帝国全境的悲惨境遇已众所周知，然而他们变得愈加勇敢好战，不像从前那么胆怯，仿佛确信自己会获得胜利一样。

关于在华外国人的境遇之新闻产生了极佳的效果：俄国人自北方向北京派遣了三千士兵。然而，假若这支部队还未成行，恐怕到达北京并拯救基督徒于水火之中就太晚了。

既然联军不断在华登陆，数量不断增多并达到数万人的规模，那么清国的形势就不会继续严峻下去了。

清国人在东北全境，尤其是在铁路沿线的大屠杀、袭击、劫掠以及将旅顺口周围不设防的居住区付之一炬的愚蠢行为的确激怒了俄国人，而这种愚蠢的行为无疑是“极好的”。

俄国将会对如此多的伤害行径进行复仇。尽管为达成该目的，需要向清国派遣 50 万名士兵。

19000720

近二十四小时清国没有发生新的事情，而收到的电文一如既往充满了矛盾，因此我们也没有办法来评论这些消息。

截至目前，我们仍没有收到任何关于北京的两座使馆[①]是否仍然安然无恙的来自官方的确认信息。据说在6日，两座使馆被清国人夷为平地，他们用刀杀害了所有在里面避难的外国人。这条来自清国的消息骇人听闻，而现在我们知道，这条消息是清国人蒙骗外国人并用来打击他们的士气的，甚至最擅长按照自己的意志来编造事实的英国人都被清国人蒙骗了。

19000721

今天，形势严峻的清国问题成为唯一吸引大家眼球的话题。

发生在北京的戕害外国人的事件中，受害者为外交官及其家人、雇员、仆从、护卫、传教士、工程师、海关职员及其他人，总数不会低于2000人。这次屠杀已成为全世界所有报刊中对话访谈与文章简讯的头版头条或主要内容。

尽管在先前的电文中，在北京发生的流血事件业已造成世人的惊愕、深深的伤痛与满腔的愤怒。对上述事件的描述导致了一幅恐怖的画面，即在揭示事实真相之时，人们闭上双眼并忘掉那些令人反感的场景。请允许我们为如此多的牺牲自我且未犯原罪的不幸的灵魂向上帝祈祷。

那些野蛮的拳民与清国军队，其凶残与血腥远甚于野兽。他们在北京针对外国人犯下的暴行完全失去了理智，甚至一点也不尊重妇女、儿童，而在那些被列强的野心勃勃的大人物压榨、压迫的城镇，至少还能有正直公平的人为百姓出头。

清国人是比鬣狗还要残忍的人，是在文明的利益之前卑鄙无耻的人，对待他们应该像对待有毒的爬行动物那样。清国人因发生在北京的杀人行径而变得卑鄙无耻，这就是人们到处述说的。这么说的主要是那些极为爱好和平、最为宽宏忍让的人。所有清国人应成为受惩罚的反面典型，因为他们就该被惩罚，他们国家的名字得从所有国家的名字中删除，甚至半开化的国家里都不能有清国的名字，同时北京城应该为外国人被屠杀这一惨剧负责。

哪怕不仅仅是出于荣誉或尊严，也不能让那些列强的国民之生存环境变得如此恶劣，以至于只得懦弱地被杀害。这样的国家必须受到惩罚。这是可怖的罪行，这罪行除了让无辜者血流成河之外，也践踏了欧洲各国的尊严。

---

① 即英国与俄国使馆。

针对发生在北京与清帝国其他地方的流血事件，我们没有表现得那么平静，也没有表现得像欧洲列强、美国与日本的政府首脑做决策时那样冷静。这种风平浪静或许是一次恐怖的暴风雨的预兆，而这场暴风雨将在某个合适的时机倾泻到清国人头上，让这惩罚一直影响他们，让基督徒在这片上帝赠予的土地上的血海深仇得报。

本月6—7日，在北京发生那样的事情之后，无须再考虑援救被困在北京城的外国人了。全世界的目光现在聚焦在天津城发生的一切，在那里传来了一个好消息，同时也传来了一个极坏的消息。

我们第一时间得知，清国军队数量庞大并配备大量火炮，预备沿天津到大沽的铁路向天津火车站发起猛攻。火车站的守军有100名法军、100名英军、100名日军以及大量援军。虽然是同十倍于己的敌人战斗，但他们还是在激战四小时后获胜，完全击退了清国人，清国军队在战场丢下了500具尸体。

相反，我们通过第二条信息得知，联军意欲歼灭清军部署在天津城内的炮兵，这些炮兵部署在清国人居住区域，并给联军造成极大困扰，于是联军向上述区域发起攻击。本月13日，联军围攻该区域，最终俄国人、日本人与美国人包围了该地。

尽管联军的攻势行之有效、指挥有方，清国人还是凭借装备精良、规模庞大的炮兵击退了联军，并对联军造成了不小的伤亡。

根据在攻势中率领部分联军武装力量的美国海军司令的电报，俄军损失了百名士兵与一名炮兵上校；日军损失了58名士兵与1名大佐；美军死伤30人，包括1名上校与1名上尉，也有两位军官受伤；法军伤亡25人。

在当今的危急形势下，这次失败对外国人造成的精神冲击是极大的，因为这会给清国人以极大的鼓舞，也会为清国人指明胜利之路。

19000722

尽管目前仍未收到任何已得到确认的官方信息，这次我们无须质疑发生在北京的、关于外国人的惨剧的真实性：清帝国首都的使馆区只剩下断壁残垣。

《纽约世界报》上海分社的通讯员、汕头的行政长官、比利时驻汕头领事馆领事以及刚刚由伦敦《每日电讯报》的评论员发自伦敦的电报均确认了这一令人痛心的消息。电文中说，自本月六日外国人绝望地进行一次突围并杀死百余名清国人后，清国人炮击了仅存的使馆区建筑，外国人因弹药耗尽而无法阻止清国人进入。最终清国人战胜了外国人，并消灭了所有外国人。

鉴于这样的消息已收到多次且无人辟谣，或许说明这消息是真实的。北京城内的外国人没有及时得到人道救援，可能已经死亡。

在本月七日北京的屠杀被证实之时，我们可以大胆预测：在北京发生这样的流血暴行，宣告了清帝国末日的来临。如今，欧洲列强、美国与日本瓜分清国也会成为现实。

我们仍然根据收到的发自列强首都的消息而坚持我们的主张。根据上述讯息，列强正在为派遣大军远征清帝国而进行大量准备，不仅是为了重建秩序，而且是为了因受到拳民与暴乱的清国人戕害而血流成河的基督徒复仇。

毫无疑问，对清国人的复仇与惩罚将是令人恐惧的，且会被当作反面典型。至于对清帝国的瓜分，尽管列强政府没有做出明确的说明，但这也是水到渠成的事。哪怕是参与瓜分的国家之间会为此开战，他们也在所不惜。

19000723－1

巴黎来信

如何为北京的大屠杀复仇？

新闻中给世人留下深刻印象的北京大屠杀令人感到可怕而悲伤。因此，我们不应忘记政治介入的必然性。

显而易见，让我们逮捕清政府派驻在全球各国的官员，向清帝国宣战，再组织一次大规模远征并在清帝国建立西方文明。

这只是说说而已！也就是说说而已！抓那么多官员有什么用？我们表现得像清国人对列强那么残忍，又有什么用？

向清国宣战又有什么用？总之，一支针对清国的远征军除了更加刺激清国人对外国人又恨又怕的情绪之外，别无他用；除了会导致所有想驱逐外国人的人们不分种族团结起来，别无他用。最终导致四亿清国人不得不携起手来对付外国人。这难道是一件优雅的事情吗？！

毋庸置疑，必须为发生在北京的屠杀复仇，在列强达成协约的情况下更须如此。但对清帝国开战之日，便是协约失效之时。这不仅因为列强的利益与诉求不同，而且由于列强实力也有差异。

眼下最为谨慎的做法，便是利用支持外国人的清国人，来迫使那些不支持外国人的清国人就范。

为了阻止东北地区的暴乱蔓延到清帝国全境，有必要尽力谋求与帝国沿海省份的一些官员融洽相处。

清国人用长矛弓箭打仗已经很久了。对他们来说，使用装填新式火药的步枪与现代火炮射击的噪音伤害更大。

甲午战争显示出清国对各型现代武器弹药供应的需求。

现在，没有任何一个总督麾下的正规军配备速射炮。几年前，德国与英国的教官教授清国军人所有武器的操作方法，而清国人也有仿制的天赋。他们在天津城的表现证明他们再也不需要别人给他们上课了。他们懂得火炮射击的机械原理，所有火器都能射中目标。总而言之，他们的炮兵是顶级的炮兵，他们的武器库中拥有可以与我们之前卖给他们的火炮相媲美的火炮。

那四亿清国人还需要什么才能变成不可战胜的人呢？需要能够激励并团结他们的勇气、愤怒与众志成城。

因此，让我们先安抚一下在各国首都排着长队翘首以待的人，他们中有身着民族服饰的人，也有穿着欧洲服饰的人。列强在未来的决议中，首先会认为企图同清国开战是不明智的，因为着手进行谈判更合适。对北京的屠杀进行报复，并不仅限于“一切付诸武力”这一方式。

19000723－2

当整个西方世界在为北京的大屠杀而沮丧、沉痛悼念发生在北京的惨剧之时，在一次足以载入史册中的防御战中，联军英勇地抵挡住了拳民与暴乱的清国人。法国驻上海领事馆与清国驻美公使收到的几封电文让我们感到惊讶。电文称，关于在北京发生的针对外国人的屠杀之消息为虚假消息，还说本月 7 日他们状态稳定。

然而，不幸的是，在英国下议院发布宣言以及伍廷芳对美国政府就在京外国人命运的提问进行答复之后，人们对那些不幸的人是否生还几乎不抱期望。

除了上述事情之外，我们还有一系列发自上海的清国官方电报以及外国领馆的照会。因此，我们对约 2000 名外国人（逐一数过）因长时间英勇抵抗而弹尽粮绝，在本月 6 日至 7 日夜间被杀害这一事件已无疑问。

关于北京发生的事情的新闻内容的矛盾，只能用基督教历法和清国历法有四天的差距来解释。因此，传达在京外国人得救这一喜讯的电报可能是真实的，但是有点晚。

关于发生在北京的大屠杀，世界各国的报纸今天均在报道文章中宣泄了自己的情绪，并宣称同意西方世界需在清国用大量鲜血来为基督徒雪耻。各国派遣一支强大的军队惩罚有罪之人，给清国人一个让他们几个世纪都会铭记的教训，这或许是能够实现的事情。

发生在北京的恐怖行径对一个国家的首都造成了极为痛苦的影响，这个城市毫无疑问是维也纳。各国报纸用长篇文章描述了如此令人心痛的事实，大家一致认为强大的列强应为这些事件负责：各国由于互相嫉妒使绊子，因此没有及时阻止北京的惨剧。

维也纳当地的报刊称，除非能够救援在北京的外国人并成功撤侨，否则外交便没有尽到自己的义务。特别提到了俄国，因为的确是一份俄国的官方照会宣称：倘若日、德两国不减少在清国的影响，俄国将无法完全支持日本在清国境内自由行动。

德国报刊对此表示极大愤慨。其中，《殖民地报》提到对待清国人应像对待蛮夷一样，应该完全摧毁北京城。如若西方国家觉得合适，可以准许清国人在废墟之上再建一个国都，但应该遵从西方的社会规则。该报重复道：是两个文明的生命力与未来进行决战的时候了，尽管会费时费力，但是西方各国终将赢得胜利。

坦率的俄国媒体沉痛表达了"应使清国人受到严重惩罚"这一观点，并称联军将在北京的街道上用鲜血为血流成河的外国人复仇。

美国将会对发生在北京的暴行做出回应，将会向清国派出一支由20000人组成的远征军。

意大利也加入远征中，将会向清国派遣一支精良的陆海军远征军。荷兰、比利时与奥地利也拥护其他西方国家派兵为发生在北京的屠杀复仇这一决定。

自本月6日晚，全世界向清国宣战。

19000724－1

今天，清国问题的热点就是清国向俄国正式宣战，清军宣称占领了东西伯利亚重镇布拉戈维申斯克(海兰泡)。

清廷对俄国的所作所为不满，派遣配备七个炮兵连的军队占据阿穆尔河(黑龙江)畔的阵地,故俄军无法继续向中国境内派遣援军。清军孤注一掷,得以尽全力迎击俄国人,也可以切断西伯利亚大铁路,因为俄国人可以通过该铁路向东北运送军队。

清国与联军各国的问题现在呈现出这样的局面:清国与俄国直接交战,俄国人的身后有欧洲列强、美国与日本的支持。

由于现在清国问题已变为我们所谓的"个别问题",即清帝国与俄国的问题,故日本与其他列强就从主要角色变为次要角色。

没有在利益上得到满足的俄国态度有了转变。如果时机成熟,俄国会命其准备妥当的大军独自面对全新的劲敌。据说俄国紧急组织起一支三十万人的大军,并将在短时间内入侵清国。

假如清国在即将揭幕的大战中失败,俄国将主导和约的签订;如果俄国人失败,其余列强会卷入争斗之中,主导和约的签署并在清国召开国际会议。

清国对俄国宣战的消息对北京城的外交官来说是一个严重的打击,因为这将导致西方各国之间的不合与内斗,不论俄国胜败皆会如此。

清国的外交官也明白,他们的敌人分为两个完全对立的派别。但不论是哪一派,都尽力为发生在北京的屠杀复仇而团结起来。这样的联盟无往不胜,然而在清国人初尝败绩之后,就会分成两派:英国、美国与日本为一派,俄国、法国与德国为另一派。

从另一方面来讲,联军缺乏协调这种情况在天津城内显而易见。在天津,英俄两国的海军司令从未在与清国人的作战计划中达成共识。西摩尔爵士主张向北京发起第二次救援行动,而俄军指挥官持反对意见。也就是说,并没有任何联军的部队从天津城里出来,所有联军部队仅限于完全占领并驻扎在这座城市里。此外,联军把天津当作主要的基地,维持铁路交通畅通,并连通天津城与大沽港之间的交通运输。

联军采纳了俄军司令的计划,西摩尔爵士撤离天津,登上一艘英国巡洋舰,将联军指挥权交给了天津城中的俄军司令。这位俄军司令最近对率军追捕逃亡的清国人非常在行,正如之前的官方电文中写得那样,该司令先前因与联军战胜清国军队而被提拔。

联军指挥官在天津阵前出现分歧是与清国战争中极易出现的场景。每当联军试图推举一名总指挥官时,俄国总说它将负责战胜清国人、在清帝国境内重建秩序并为北京的大屠杀复仇,因此那样的不便与分歧便暂时不存在了。所以,联军的最高指挥权就落在了俄国人手中。

19000724－2

《费加罗报》称，鉴于需要租用几艘巨轮来装载远征清国的军队，法国政府已着手对一些重要的船坞进行修缮维护。

根据该报的报道，法国政府已决定尽快租用四艘巨轮来向远东地区运送20000～30000名士兵。

法国政府于昨日签署了四艘巨轮的租赁合同。

19000724－3

根据柏林报纸的报道，远征清国的德军并未装备最新式的火炮，这成为远征军没有做好万全准备的借口。为了预防各国弹药制式不同出现混淆，德国已将所需的炮弹预先运抵胶州。

倘若列强能够使用制式相同的武器，伐清之战也就不存在后勤补给的困难了。

19000725－1

众所周知，本月13日联军在天津狠狠地教训了清国人，对他们来说这是一次沉痛的教训。尽管仍在天津城周围部署了优势兵力，但是被痛击的清国人却不敢再次组织正面进攻，只能把枪口对准城墙乱射一通，甚至无法引起英勇的城市守卫者的警觉。

相反，其他清国人的动作却更加明显。大量拳民与暴乱的清国人组织起来，向清帝国南部集中，企图袭击帝国南部并在此点燃动乱之火。

随着各国就向清国这种如此遥远的国度派遣兵力的数量多寡而不断寻找托词，在经过一系列冗长的决议后，向清国派遣联军事宜目前告一段落。在这个国度，联军只能自力更生，正如我们所了解的，就连任命总司令这样的问题都引发了争端。沃尔斯利子爵[①]早已考虑到这个问题，然而其任命书是伴随着磕磕绊绊的争议才下达的，这些争议均是在布尔战争中英

① 即加尼特·约瑟夫·沃尔斯利(Garnet Joseph Wolseley，1833.6.4—1913.3.25)，英国陆军元帅，第一代沃尔斯利子爵。曾参加第二次鸦片战争。1895—1900年任英国陆军总司令。

军将领声望不断下滑所致。因此，尽一切可能慎重地任命一位俄国将军比较好，最好是一位大公、皇室成员，然而目前其姓名我们尚未知晓。

日军统帅或许不会乐于接受西方各国的安排。

或许还没有到全力武装干涉之时吧！谁也不知道其他列强预备在接下来的战斗中如何应对。有些国家，如英国、法国及德国，想做执牛耳者，主导针对清国人的复仇与惩罚行动；有些国家，如美国与日本，认为不应采取如此极端的行动，并认为对清国人最好的惩罚是让清国支付一笔需要许多年才能付清的赔款，除非清国执意割地。

至于在北京发生的事情，伦敦收到的来自清国的信息连一天都不到，就被证实是臆造的，自本月六日夜间到七日的一切都是臆造的。所有外国人以及北京城内使领馆的外国雇员依然活着，这无疑又让大家变得更加乐观。希望如此吧！但是在诸多关于北京城不幸的外国人的信息中，还是有一些并未就外国人在北京的惨状释疑。

我们仍未获得关于俄国从西伯利亚入侵清国领土的确切消息，只是收到一封发自西伯利亚的电文，其中的只言片语提到了俄国在清国的一系列战斗，然而胜败仍未可知。

19000725－2

一位俄国外交官在巴黎向纽约的《先驱报》的编辑就俄国在清国的态度做了如下阐述：

> 就清国平乱、恢复正常秩序并保证从清国政府获得巨额赔偿问题而言，我国政府依法同各国政府合作。
>
> 然而，在清国，目前俄国在与其他国家的行动中处于不同的地位。这个广袤的帝国与俄国相邻的领土均应被俄国占领，俄国将预先采取措施，使得上述要求获得特殊的保证，各国政府应承认占领的合法性。
>
> 俄国政府未考虑过借由西伯利亚大铁路来向亚洲派遣兵力，因其耗时长且开销大。如若需要向清国派遣新的军队，这支军队将在敖德萨登船，这样会尽早到达，效率高且运费低。
>
> 目前的问题是俄国、德国与法国之间有一个协议，三国将在一切会发生的事件面前保持高度一致。
>
> 关于日本，我认为即使现在出于政治上的谨慎，日本将与欧洲合作。将来终有一天日本会与中国结盟，一起对抗西方国家。

19000725－3

一份布鲁塞尔的报纸报道，端郡王二十年前受慈禧太后之命被派至布鲁塞尔学习军事知识。

端郡王在布鲁塞尔待了相当长的时间，最终说得一口流利的法语。

那时，端郡王对欧洲极为着迷，对带领清帝国走向西方化表现出极大的兴趣。

正如大家所看到的那样，这位恐怖的拳民领导人从根上就改变了想法。

19000725－4

《泰晤士报》在上海的通讯员称，只要清廷愿意拿出剿灭拳民的诚意，且如若列强的条件未被满足，李鸿章总督就会接受与列强议和的使命。

李鸿章将在上海等候关于其使命的进一步指示。

19000725－5

圣彼得堡的报刊强调，端郡王已动员了一支950000人的军队，并将其分为若干部分。

北方部队的使命为驱逐在黑龙江的外国人。

19000726－1

一份发自纽约的电文称，麦金莱总统收到一封清国皇帝发来的电报，清国皇帝请求美国调停。法国总统两天前也收到了同样的电文。

19000726－2

柏林谣传德皇威廉二世收到了清国皇帝电文，后者对德国公使克林德男爵遇害表示哀悼，并强调将会缉拿并严惩凶手。

电文中也提到清国皇帝希望该事件不要破坏两国关系。

19000726－3

伦敦方面确认，清国境内的各国远征军指挥官声明，8月1日将是开始向北京进军的日期。

英国多家报刊也一直认为，马耳他总督弗朗西斯·格林菲尔[1]爵士将被任命为联军统帅。

这位将军现年59岁，在1878年爆发的第九次科萨战争、1879年爆发的祖鲁战争与1881年爆发的第一次布尔战争中均有不俗的表现。

他参加过泰勒埃尔凯比尔战役，也参加过1884年的远征喀土穆，1888年在吉尼尔斯和苏哈尼郊外战胜了穆斯林，1889年在托斯基指挥尼罗河的部队，因此他晋升为上将。

19000726－4

圣彼得堡方面收到了一封介绍当前清国冲突中出现的新情况的电报。

或许清帝国驻圣彼得堡的代表收到了来自其政府的通知，其中说到清军对俄军的袭击效果极差，而且清军对俄军的情报掌握不足。而这不仅由于拳民在东北传播了错误的诏令，而且是由于清国人误读了俄国军队出现在东北的用意——清国人估计俄国人出兵的目的是保护铁路线。

这位清国代表请求俄国政府在叛乱进一步蔓延之前大力镇压乱民。

清政府并未就莫斯科政府针对拳民作乱的派兵之事提出抗议，而是出于清帝国的利益向俄国外交大臣请求增派军力，保证迅速有效地剿灭叛乱。

---

① 即弗朗西斯·华莱士·格林菲尔(Francis Wallace Grenfell，1841.4.29—1925.1.27)，英国陆军元帅，第一代格林菲尔男爵，1899—1903年任马耳他总督。

19000727－1

巴黎来信

清国战役

法兰西的调停

通过收到的发自远东的充满矛盾的信息，我们可以了解到最为重要的是清国驻巴黎公使向法兰西共和国总统转交的清国皇帝发来的电报。

该电报是由两广总督在本月 19 日发出的，丝毫未提及在京外国人的现状，只谈到了清国皇帝向法国请求调停。

德尔卡塞先生知会清国驻法国公使称，法兰西共和国总统将直接答复北京，清廷可直接得到答复。然而，共和国政府首先希望法国驻华公使的安全与健康得到保障。

那些棘手的清国问题只能留到地狱中去解决了！

毫不通知法国驻清国公使而敢于直接同法国政府取得联系需要极大的勇气。

全世界都将最终同意德尔卡塞先生的举措，即法国在知晓各国使领馆真实情况之前，不会做出任何回应与答复。

当然，李鸿章与其余沿海省份的督抚也开始不被信任，因为他们在几周之前就对我们的警告置之不理。

如若李鸿章能够在清国行使他被授予的权力，或许其会更为谨慎地在上海或其他地点行使其权力。

总是有人永远不会用万全的方法来考虑问题，因为他们总是率性而为。

目前的情况是，清国已向俄国宣战，并且一支清国的军队已深入西伯利亚。清国正规军业已切断旅顺与海参崴(符拉迪沃斯托克)之间的电报线。然而，由于东北的铁路被破坏，俄国需要安抚民心，需要在贝加尔省及其周边省份集结一支军队，以便在联军针对北京方面的行动中占据举足轻重的地位。

伦敦方面因俄国遭遇的种种困难而窃喜。但当要为战争埋单之日到来之时，倘若英国因在德兰士瓦的战争[①]而无法为清国的战争埋单，英国届时定会陷入窘境。

实际上，清国棘手的问题出现得实在不是时候。拳民本可以等到大不列颠王国的境况变得更加窘迫，以便从暴乱中获得更大的利益。

的确，由于缺少足够的兵力，英国无法指派一位联军的统帅。在博查地区[②]大放异彩的、无敌的罗伯茨伯爵以及与前者一直不和的基奇纳伯爵均不适合担任这一职务。还剩下已被提名担任远征军统帅的沃尔斯利子爵，然而欧洲列强或许不会同意该任命。此外，他也拒绝了这项任命。

列强就一项不可或缺的事宜达成共识：派往大沽的援军在经过马六甲海峡并在新加坡换船之后直接前往西贡，经过安南海域直到岘港，再穿过东京湾[③]，继续航行至海南岛海域，从此处进入中国海域，离海岸线不远。

由于这些舰船均没有武器装备，倘若清国人派出巡洋舰或驱逐舰截击，这些舰船或许会落入清国人之手。

自进入清国海域起，避免船只被俘获的方法就是固定的，即在清国海域每艘运兵船均由一艘欧洲战舰保护，将航路分为多段并由各国战舰轮岗保护运兵船。

航段的分布可能是这样的：从南圻沿岸经岘港到香港，自香港到厦门，从厦门到上海，最后一段是从上海到芝罘。

倘若列强就航段的分段事宜达成一致，或许列强会同意上述议案。

另外，列强应采取手段，通过联合行动着手保障各列强在华利益。这并不取决于列强向清国宣战与否，而是在于列强间不要发生战争。

A. 塞西

1900 年 7 月 21 日

19000727－2

总体上来看，尽管可信度不是很高，各报社还是陆续收到了来自远东的消息。这些消息证实，除了德国驻清国公使，其余外交人员及其家人与随行人员在清国国都安然无恙。

---

① 第二次布尔战争。

② 博查地区位于津巴布韦东北部，1889 年成为英国的保护国。

③ 即北部湾

最坏的是，电文中出现了十分令人诧异的情况，即电报没有日期。这表明它是在北京发生流血屠杀之前被传送给美国政府的，然而当时被清国截获，以此来使我们假设各种可能发生的结果，并混淆我们的视听。

然而，在柯格先生[①]发给华盛顿的令人乐观的电报旁边，有一条我们收到的来自伦敦《每日电讯报》的、发自上海的噩耗，该消息第二次或第三次确认，中国电报总局总办盛(宣怀)先生得知，七月六日夜北京使领馆被夷为平地，使领馆内避难的外国人均被杀害。因此，我们停止预判，祈求上帝保佑，使在京外国人能够安然无恙这样的令人振奋的消息能被官方确认。

至于在清国的军事行动，我们今日没有收到任何新的电报。近二十四小时内我们收到的一切电报不是对之前信息的重复，就是对昨天我们已经报道的信息进行补充。

我们仅对日本的最新态度进行报道。正如我们先前提到的，在日本有两种极为不同的倾向：一种是请天皇根据与西方各国签署的协议，一同针对清国；另一种是相反的，清楚地说就是同情清国人，与他们一起反抗欧美人的侵略以及对东方的干涉。

天皇、日本内阁与其官僚机构均与联军各国同心同德。当时机成熟时，日本能够得到英国与美国针对俄国的庇护，而俄国是日本明面上的敌人。

19000728－1

毫无疑问，清国皇帝的诏书已通过电报的形式传至西班牙的每一个角落：本月十八日，在清廷的庇护下，列强外交代表在北京安然无恙。

同时，法国国会就调停之请求做出回应，通过提出一系列条件使法兰西共和国得以参与同清国的谈判。条件如下：

1.各国侨民与外交官员应得到相应国家的妥善保护。

2.端郡王与其余应为此次事件负责的高级官员应离开权力岗位并等候处罚。

3.清政府领导层与境内的军队应停止针对外国人的敌对行动。

4.应采取必要措施来镇压拳民的暴乱。

① 美国记者。

上述条件立即被电传至上海，再转发给法国驻清国公使毕盛。

自那时起，对这件事的进展就不了了之，因为当局势稍稍平和之时，就又变得悲观起来。清帝国的公函与诏令均无法被正常收取，而是被以各种方式扣留。每个人都认为，如若清政府与其沿海省份沟通起来十分便利的话，清帝国各部官员的集体噤声实际上告诉我们，现在发生的事情是十分危急的。

法国政府强硬的话语得到了回应，不仅举国上下赞同，而且得到了全世界的一致同意。这里收到的发自美国、意大利、德国、俄国与英国的电报均对法国表示赞同。

全世界均认为应与法国的立场紧密地保持一致：为能够尽快向北京进军，继续进行军事准备。

倘若欧洲人已被屠杀，杀人犯迟早会受到惩罚；而如果他们还活着，就要抓紧时间援救他们。

"从字面意义上来讲，政治就应该止于边境。一旦越过边境，这就不仅是民族利益了。如果我们在家里就把那些不公平处理好，那么出了家门，我们就变成了同一个国家的子民。"

这句话便是不久前恩里克·德·奥尔良[1]在《外交与殖民地问题》杂志上刊登的一篇非常有名的文章中说的。恩里克·德·奥尔良因曾经到过中国而对中国比较了解。他多次旅行前往东京保护国[2]、马达加斯加与阿比西尼亚[3]，上述地区均为法国的殖民地，这赋予法国在殖民地问题上的话语权资格，而我们也能从中探寻法国在当今世界举步维艰的个中原因。

他说："我们的对外政策仍与我们的殖民政策不一致，而这是并行的政策。当每种政策在为自己争取利益之时，再多的努力也白费，这驾马车也不会前行。在法国有一个政党，拥有杰出的人才，却为对外政策的转变之快感到惊讶，它拒绝跳脱出地中海沿岸的国家来睁眼看世界。那些人一点也不懂从达达尼尔海峡到直隶海湾，哪怕是到帕米尔的东方问题的变化。"

---

① 恩里克·德·奥尔良（西班牙语：Enrique de Orleans，法语：Henrid'Orléans，1867.10.16—1901.8.9），奥尔良王朝的王子，法国旅行家，曾从西伯利亚启程，翻越西藏群山并到达河内，也曾于1892年从东非探险，经马达加斯加并在1895年到达东京保护国。

② 即越南北部地区。

③ 即今天的埃塞俄比亚。

当海外的人跟这个党派的人说关于某个中国港口的事情，比如假设法国在那里开设一家炭厂应会产生多少利益的时候，他们会主观臆断地去阻挠这件事，经常会说这种事在外国极不合适等。

这样，殖民地的人和本土的人中，一些人充满热情，时常为未来拼搏，而另一些人则因时代的飞速发展而惊慌。因此，我们总是和第三种人发生冲突。

第三种人，我们都知道是谁。英国了解我们的感受，所以英国为了自己的利益，与殖民地的人搞在一起。

据寇松先生[①]所说，他走访过的所有法国或俄国的港口、城市与乡镇都不如曼彻斯特、布拉德福德或孟买。

19000728－2

万幸的是，在清国问题上我们又看到了积极的一方面。因为除了某些笼罩在我们心头的阴霾之外，大片阴云将很快消散，远东的一切将会充满美好。

首先，最重要的是，根据大量来自清国的电报，目前各国使领馆、外交官员及其家人与随员、卫兵等在清国皇帝与政府的保护下安然无恙。

其余不是非常乐观的电文称，即使在京外国人仍然活着，也终将成为端郡王的俘虏。端郡王会将其扣押为人质，以便向联军索求某些利益。

而根据其他电报的内容，在京外国人仍然在使馆区内抵抗。但是，他们没有什么保障措施，缺少粮食与弹药，支撑不了多长时间，终会落入残暴的拳民之手，拳民最终会让他们毫无尊严地死去。

通过如此多的乐观的消息，每个人几乎可以确信，那些在京的不幸的外国人依然活着，而且上帝仿佛回应了清国其他城市的外国人的祈祷，其他城市的外国人目前状况良好。然而，各列强未直接收到来自其驻清国外交官员的消息。所以，各列强均不接受那些所谓“乐观的”消息，沉重的气氛仍然弥漫在西方国家上空。

我们得到的另一条来自清国的好消息则是包围天津城并对联军造成持续威胁的清国军队目前已撤退。联军无论如何也要攻占天津，就像占领

① 即乔治·纳撒尼尔·寇松(George Nathaniel Curzon，1859.1.11—1925.3.20)，第一代凯德尔斯顿的寇松侯爵。英国历史上最年轻的印度总督，后派军入侵西藏并强迫西藏地方政府签订《拉萨条约》，曾以议员身份环游世界。

大沽一样，两座坚城会成为联军进攻阻挡他们向北京进军的拳民与清国乱军的桥头堡。

此外，就联军在华的理由来说，最有利的是清国皇帝对联军的态度。仿佛皇帝与其睿智的臣子畏惧联军的复仇与其应受到的惩罚，他们丧失了相当多的勇气，如今不得不在联军处寻求不那么苛刻的和平之策。

现在建议清国皇帝同西方签订城下之盟的人是办事得体的人。因为若是一场清国人同一个国家的战争，或许清国会因国力的强大而获得胜利，但这是一场与全世界文明国家的战争，而且联军中并未出现不和。纵使联军在战后内部爆发争端，甚至因在清国的利益发生冲突不惜一战，显而易见，广袤的中央帝国将被联军瓜分。

因此，慎重地讲，狡猾的李鸿章即清国真正的掌权者在外交官员还活着时通过释放他们名义上会得到同联军商议议和的代价。他也会同意对参与屠杀的拳民与军队的领导者等罪魁祸首进行追捕，并施以极为严厉的惩罚（如果外国人未能幸免）。

所以，至少在此时，一切迹象均表明，在清国将不会爆发令我们恐惧的大战。因为清国皇帝及其政府会谴责暴乱者的残暴与野蛮行径，并将坚决同意惩罚他们。这样，联军在某个节点会收兵，和谈便有了可能。

19000729－1

巴黎来信

欧洲报刊与清国问题

来自清国的诸多信息使各国报社对这些日子的整个形势做出判断极为困难。尽管清国官员发给欧洲国家的电报可信度较低，但是欧洲报社仍不能漫不经心地对待这些电报。所有报刊都呼吁列强合力发起一次联合行动。

德国报刊已尽力对俄国报刊早先抛出的“德国对胶州湾的占领是引发清国动乱的原因之一”的观点进行反驳。《十字架报》认为，此时指出哪个国家应为清国发生的事件负责是十分滑稽可笑的。欧洲不应为已发生的事实而花时间去争论。大家应该思考现在与未来，尤其应避免值此欧洲各国应保持同心协力之际，在列强间种下不和的种子，进而相互指责。

而《法兰克福报》就该问题发出了不同的声音。该报认为，占领胶州湾能够或多或少地影响那些刚刚爆发的反欧运动。然而，倘若各列强的良知均能经受考验，就会发现德国肯定得为这些事情的发生负主要责任。但不管怎样，现如今多种力量为继续寻找新的冲突点及冲突原因，尽力在德国与俄国之间播下不和的种子。

来自汉堡的消息称，俄国政府在与德国政府就目前的危机发生冲突时，有些迷失方向。根据之前俾斯麦政府的政策，当时的危机仅在于英国政策的软弱。究其原因，乃是英国深陷于德兰士瓦战争的泥潭，因此英国的远东政策同样是软弱而不牢靠的。

英国报刊表现得越来越倾向于采取行动。《晨报》称，联军目前处于历史上从未有过的危急时期，唯有团结一致方可共渡难关。《标准报》表达了其对暴乱将要蔓延到清国各港口的恐惧。《每日电讯报》与《泰晤士报》仍不断就发生在清国东北及清俄边境的战斗刊登文章。关于此，《伦敦日报》用略带嘲讽的语气补充道，俄国未来将明白，究竟该依靠哪些所谓的“清国朋友们”。该报也宣称，根据《每日纪事报》的报道，不能再指望李鸿章以及其他任何清国官员。在联军的旗帜飘扬在北京城头之前，不应该再与他们进行任何谈判。

关于清国向法国请求调停之事，欧洲报刊一直认为此为清帝国的一次表里不一的尝试，而法国外交部长德尔卡塞先生的答复得到准允。《殖民报》找到了那份聪明而谨慎的答复。维也纳的《自由新报》、《日报》与《维也纳日报》估计，法国外交部长已做出了其所能做出的最好答复。《泰晤士报》称，德尔卡塞先生的答复被一致认为是睿智且得体的。《每日电讯报》则坚持其看法，找到了德尔卡塞先生提出的极为公平的、与清国政府开始和谈的条件。

回顾攻占天津的细节

联军于本月十四日清晨四时向天津城及其周边要塞发动进攻。然而，由于清军的顽强抵抗，联军未能接近天津城外围。不过，第二天清晨四时，日军先进攻并展开肉搏战，最终联军攻取天津城。

日军于本月十四日夜十一时攻占了天津城外的要塞，俄军与德军在当日清晨也对上述要塞进行攻击。日军配备了 40 门火炮，而俄军配备了 12 门。

谁导致了日本的军事干涉？

有人收到了发自日本东京的权威渠道的电报。电报对日本应某些列强的请求而向清国派遣军事力量进行辟谣，并称此非事实。在北京形势如此危急之际，在救援各国国民的紧要关头，日本自愿向清国北方派遣军队。

清国皇帝向美国求救

尽管华盛顿方面未见到清国皇帝发给法国的求救电报全文，可以相信麦金莱总统收到的电文也是以相同的形式书写的。

A. 塞西

1900 年 7 月 25 日

19000729－2

目前收到的消息都是比较乐观的，甚至清国驻英国公使馆也向伦敦报刊确认，在京的各国外交官员及其家人、仆人与卫兵等，不仅未受到一点伤害，而且在本月二十四日夜已离京赴津。

在上帝的庇佑下，这令人欢呼雀跃的消息总算被确认了！不仅是因为那些不幸的人在之前已被确认罹难，也的确是因为我们之前说过，解决清国与世界其他国家之间巨大冲突的最大障碍，正是本月六日至七日发生的那些流血事件。显而易见，那些屠杀事件正是让联军能达成一致，同心合力向屠杀者复仇并惩罚他们的借口。

我们反复说，事情这样结束是最好的。多亏了这样的结局，我们能够快速地走向和平之路。

清国皇帝不仅请求法兰西共和国为远东重建和平秩序进行调停，也因同样的事宜向日本天皇与美国总统求助以请求调停。

伦敦的《标准报》披露，如若在北京确未发生杀害各国外交官员的事件，务必待到局势恢复之时，法国、美国与日本政府将立刻就李鸿章提出的赔偿各国损失与军费、割让清国省份等条件促成和谈。

事实上，一切关于清国危机的解决方法都是十分妥当的。目前唯独缺少真相，希望我们不再上当受骗。

19000731－1

不久之后，英国政府将向英国议会提出一项旨在表决通过 1150 万英镑拨款的法案，该拨款将专门用于南非战争以及英国可能与其他列强在清国进行的军事行动。

正如几乎确定的那样，如果新的拨款通过，英国用于愚蠢而邪恶的布尔战争的军费为小款项，将会是 3450 万英镑，用于英国陆军的预算总计为

7650 万英镑。

这就说明国家是如何灭亡的：国家因强横与富有而灭亡。

19000731－2

美国的行为令人难过，因为麦金莱总统已经请菲律宾总督麦克阿瑟[①]将军准备一支规模庞大的清国远征军。这位总督答复道：在菲律宾群岛部署的63000人中，用尽各种办法才为远征清国分出了3000人。此外，还需要60000人来防御他加禄人的报复行动与暴乱。

19000731－3

《外事公报》收到的发自英国驻天津领事馆及英国驻华公使的电报给伦敦带来了极为消极的影响。电报发于本月四日，详文如下："在英国领事馆避难的外国人的存粮仍可供应两周多。然而，由于目前的状态无法成功抵御猛烈且有组织的进攻，已伤亡120人。"

收到的为数不多的内容令人沮丧，与日本驻英公使对某些伦敦当地报刊记者的表态是一致的。据他所言，北京的使馆区变成废墟与在京外国人被屠杀均为既定事实。

为使我们从自十五日之前就深陷其中的诸多疑问中解脱出来，我们现在找到了李鸿章做出的模棱两可的声明。他确认在京外国人安然无恙，也说联军向北京进军或许也是在京外国人被屠杀的确切征兆。

这位清国官员一边这么说，一边又说法国驻华公使毕盛先生仍然活着，并坚称毕盛先生承诺给他发电报，请他在五日的期限内给出一个私人答复。

由于我们目前无法将所有的线索都串在一起，且让我们耐心等待，等待欧洲各国此起彼伏地响起正式确认新闻真实性的声音。

19000731－4

《每日快报》在圣彼得堡的通讯员向该报社发送了一份重要的电报。

① 即小亚瑟·麦克阿瑟(Arthur MacArthur Jr.，1845.6.2—1912.9.5)，义和团运动与八国联军侵华战争期间任菲律宾总督，美国五星上将道格拉斯·麦克阿瑟的父亲。

电文中提到俄国军队在清国的指挥官及时下达了命令，即一旦北京大屠杀的真实性得到确认，就炮击清帝国所有港口。

19000731－5

《每日电讯报》称，两广总督向准备进攻及用尽一切办法抵御外国人的督抚与要员们发表一份公告。

两广总督宣告称，如若因缺乏远见而使国家割让土地，将会遭到严厉的惩罚。

英国报刊收到的电文称，已确认由俄国人负责督导管理大沽到天津段的铁路。

英军与美军的指挥官反对这一督导管理权力的委任。

上述电报也提到，在六周的期限内，将会架设芝罘到大沽之间的电报线，这将提升通信的便利性，因为该电报线将与上海和横滨之间的电报线相连。

1900 年 8 月

19000801

终于找到了可以令全世界的人都满意的拯救在京外国人的方法。

根据这个方法，所有外国人均由把他们当作人质的清国人来保护。

在清国发生的一切都被看得十分透彻，因为老奸巨猾的外交官李鸿章一定要戏耍他那些西方的同行，他已然完全做到：他对在京外国人是否被屠杀做出的臆测，阻止了联军对在京外国人的救援以及向北京进军，并为其同僚集结更多军队与外国人交战赢得了时间。他究竟是西方的朋友还是敌人，一目了然。

此外，在警钟长鸣之时，狡猾的李鸿章最终使列强变得越来越不同心协力，甚至到了英国人、美国人与日本人站在一起而俄国人、法国人与德国人团结一致的地步。

摩擦的产生首先是由于联军统帅的任命，现在则是由于哪个列强负责对大沽至天津的铁路进行维修与管理。或许在某个时间节点，这些摩擦将以大规模的冲突而告终。

俄国因得到大多数列强支持而获取了此项权力，然而英国与美国尽管遵从这一少数服从多数的投票结果，但是由于该结果侵犯了英美的利益，两国仍然对俄国负责上述铁路的维修与管理持反对态度。

一旦俄国人获得了这种充满争议的管理权，便意味着这条铁路仅在清国与列强战争期间属于俄国，并保证在战后俄国必将把该铁路交还给列强在清国建立的新政府。

关于联军向北京进军，一些报刊称（因为它们就是这么随意地报道）八月一日读者定会因联军的各国统帅之间的争斗而忘却大沽铁路之事，也不会在目前仍在威海卫的英国将军盖斯利[①]到达大沽之前做出任何决定。然而,需要等待盖斯利将军与仍在路上的西方海陆军的到来,方可及早商议向北京进军的具体日期。

19000802

清国方面没有任何新的、值得一谈的新闻。

与以往一样,我们持续收到一系列发自清国的、没有关联且矛盾重重的电报。不论是在阅读这些电报之前还是之后,我们其实都很明白在京外国人目前的境遇。

然而,我们尤其关注两封刚刚刊登在伦敦报纸上的电报。一封电报称,7 月 6 日大屠杀中幸免于难的在京外国人目前在赶赴天津的路上,由清国荣禄将军麾下的大规模正规军护送,并在不久后到达天津。

另一封电报带来的是一个极好的消息,称 7 月 25 日在北京街道上叛乱者之间的混战中,与各国为敌的、暴戾的端郡王被射杀。

请我们的读者张开慧眼看看吧,两条电文都是在李鸿章的“信息工厂”里制造的,这意味着两条由这位阴险的外交官捏造的谎言是用来使各国放松警惕的,并对清国局势持模糊态度,从而为其能够爬到权力巅峰提供助力。

至于军事行动方面,我们只能指出,今日清国已从天津城周围撤走了 30000 人,撤退至京津间的某地,以此为据点,与其余从北京沿铁路出发向他们靠拢的大军会合,因此耽误了联军向清国首都进军的行程。

假若前文所说的都是真的,我们现在可以大胆预测:联军向北京进军的道路上不会是鲜花遍地,而是遍布荆棘与暗箭。

联军在强攻清国人的行动中浪费的每一天,都意味着一条新的由在京外国人的鲜血汇成的溪流流淌到联军面前。

不论联军针对李鸿章的阴谋诡计之举措是否属实,解决清国与列强间冲突的途径将会变得更加棘手而困难。

---

① 即阿尔弗雷德・盖斯利(Alfred Gaselee,1844.6.3—1918.3.29),英国陆军中将,八国联军侵华战争期间出任英国远征军司令,与其他国家的军队一起与义和团作战,解救被围困在北京使馆区的各国公使。

19000803－1

在李鸿章的劝说下，清政府一个个地游说列强，欲使其联盟破裂的同时，也请求各国能够为恢复和平状态而调停。

开始对狡猾的李鸿章的外交手段感到厌烦的列强已用简短的话语做出如下答复："我，或者说我们，已准备好介入清国与各国之冲突的和平调停事宜中。然而，唯一的前提是，清国政府务必保证联军统帅、各国外交官员及其家人、随员与卫兵安然无恙（不幸的德国公使克林德男爵除外），因为他们在清国首都内代表着各自的国家。"

19000803－2

摘自罗伯茨爵士发给英国陆军部的信息对布尔人来说则是最为不利的，因为这位英国统帅将布尔人逼入了绝境。

如若爵士在电报中所言为实，在十五天之内，今日的英国同布尔人之间的战争将会烟消云散。一部分布尔人将会被完全包围起来，而另一部分会准备向英国人投降。不久之后，超过六千将士将能返回英国。

鉴于这消息被所有在南非的英国将领屡次提及而之后发生的事情却与预期相反，我们从不对我们感兴趣的、关于布尔人的消息而惊恐，我们只在乎种种事实导致的最终结果。

我们也不要相信英国人说的"布尔人将持续开展游击战，直至美国总统大选出结果"。因为如若民主党候选人布莱恩获胜，他将会承认奥兰治共和国[①]与德兰士瓦共和国[②]，保障其独立并为其同大不列颠王国对抗给予精神与物质上的支持。

各国对清国的答复显然是经过深思熟虑的，这使清国人不得不陷入将在京外国人安然无恙地交给各国，或放弃任何对和平有利的介入行为的抉择之中。

要么把上月 6 日大屠杀的凶手交出来，要么陷入与列强难以避免的战争之中。

这是我们迅速得知发生在北京之事实真相的唯一途径。不论关于屠

① 即奥兰治自由邦。

② 即布尔共和国。

杀事件的报道是真是假，均已在西方各国造成无比的哀痛。

列强就上述答复达成一致，唯有狡猾的李鸿章聪明反被聪明误，因为他没有别的出路，唯有把外国人交出来，或者为其阴谋与谎言付出代价。这代价会使他粉身碎骨，也会让他的国家变为废墟。

19000804

总体上看，李鸿章不断做出的在京外国人依然安然无恙的保证收效甚微。

如果那位清国外交官所言属实，如今早就过了能够收到在京的各国外交官员直接发出的消息的时间。

只是如今缺少李鸿章的承诺，即“那些被屠杀的人”将在荣禄将军统领的大军的保护下于明后天到达天津。

三天之内，最多三天，我们将通过李鸿章的计谋，知道其所做所说的是事实，还是为了组织帝国对联军的防御而对同清国作对的列强编织的谎言。

19000805

我们终于收到了直接发自北京的消息，这样我们能够详细准确地了解在京外国人的现状。

发自日本的信息是赶在上月底那几天发出的。信息确认道：在几日的风平浪静后，清国人又重新开始对使馆区未被摧毁的建筑进行无休止的炮击，这未被摧毁的建筑或许是俄国的、德国的、美国的、英国的、日本的部分建筑以及法国的建筑。在这些建筑中，或许还有活着的外国人仍在进行防御。

这些仍然幸存的外国人还有足以支撑一周的粮食，然而弹药几乎耗尽。

如若上述信息所言为实，很明显，清国上层官员甚至是李鸿章没有说实话，用他们的电文欺骗了全世界超过了半个月。他们的谎言无非是“在京外国人在清国政府的保护之下安然无恙，并已在一支强大的清国军队的护卫之下离京赴津”。

纽约《先驱报》也收到了其派驻于芝罘的通讯员所发的电文。电文称，7 月 15 日，日本驻天津总领事绞尽脑汁向北京派遣了一名信使。该信使潜入清国首都并于 7 月 19 日离开，随身携带日本公使书信一封，详文如下：“我们仍在抵御清国人，目前清国人已停止进攻，我们将能撑到本月底。公使馆助理小岛先生、安东大尉、一名翻译及几名海军陆战队员受伤，其中六人伤势严重，其余人大多为轻伤。”

该报纸收到的其驻上海的通讯员发来的电报称，根据李鸿章的声明，北京上层有意将在京所有外国人扣为人质。

19000806－1

清国政府称，对清国境内尤其是清国首都内自两个月前发生的一切事件概不负责。

除了宣称对一切概不负责之外，清国政府坚称其唯一愿望为与各国及传教士保持和平，并遵守已同各国签订的条约。

倘若上述声明为清国的真心实意(值得玩味的话语)，清国的合法政府依法同西方各国结盟，并与这些国家合作来剿灭暴乱势力，进而尽快在帝国全境恢复秩序，好似为解决清国同各国的矛盾开辟了一条道路。但清国政要在发出上述声明的同时，也号召越来越多的兵马赴京勤王，其目的昭然若揭，即阻止联军进入北京城。

在这场拉锯战中，李鸿章的手段可见一斑。其主要目的除了我们先前所说的之外，还在于为帝国抵御外国人赢得调兵遣将的时间，或者至少避免那些目前难以避免的情况，即阻止联军进入北京城。

至于各国外交官员的现状，一份西摩尔海军上将转发的、由英国驻清国公使发来的电文称，昨日从日本驻清国领事馆得到的公文已被证实，即仍然安然无恙的外国人被清国人团团包围，还在英勇地自卫还击并翘首期盼从未到达的、只有上帝才知道什么时候才能到达的那支援军。

在那些不幸之人继续英雄般奋勇抵抗的同时，联军仍未就对抗清国之事停止互相拆台与攻讦，毫不考虑进军北京之事每拖一天，则可能导致援军抵达之日清国首都内最后一个外国人也将死去。

和之前所说的一样，唯一正确的做法则是联军就美国将军查飞[①]获得联军指挥权达成一致，美国总统麦金莱也批准其担任这一棘手的职务。

---

① 即阿德纳·罗曼扎·查飞(Adna Romanza Chaffee，1842.4.14—1914.11.1)，美国陆军中将、参谋长，八国联军侵华战争时被任命为美军指挥官，于 1900 年 7 月到达中国。

19000806－2

一份重要的美国报纸刊登了下文：

在麦金莱同意作为参选人竞选总统的演说中，他对我们确认道：所有在菲律宾参与独立战争的、由菲律宾岛民、无政府主义者，土匪及受压迫者组成的武装力量业已被击溃，并均承认美国的主权为其和平、司法、法律、自由、教育、生命安全、产权、福利与共同繁荣之象征。

然而，在附上如此长的利益清单之后，我们发现麦克阿瑟将军确认称，为远征清国，只能抽调其麾下驻扎在菲律宾群岛的 2300 名士兵。

我们也发现，根据劳顿[①]将军先前的计算，为维持美国在菲律宾群岛的霸权，差不多需要 100000 名军人。

目前在菲律宾群岛的军队甚至不足以保护该地半数的重镇。这些不利的条件也为我们带来了来自棉兰老岛和苏禄群岛的惊人的信息。

据几位非常了解菲律宾群岛的军人描述，与棉兰老岛的土著一战是不可避免的，棉兰老岛是一个和吕宋岛一样大的岛屿。在棉兰老岛我们最多有两个团，这两个团还被岛屿之间成百上千英里的海岸线分隔得到处都是。

至于棉兰老岛的居民，他们总是试图摆脱美国对他们的限制或废除美国人在那里的主权。所以，我们没有别的办法，要么放弃那片岛屿，要么向那里派遣军队。

但我们从哪里可以抽出军队呢？

我们要将一切我们可以抽调的、来自美国本土或西印度群岛（古巴与波多黎各）的军队派遣至清国。

因此，如果麦金莱总统没有决定召开国会，且我们的陆军人数没有大幅增加，我们美国人很有可能不得不宣称放弃对大片菲律宾群岛的主权。

---

① 即亨利·威尔·劳顿（Henry Ware Lawton，1843.3.17—1899.12.19），美国陆军少将，1899 年 12 月 19 日在圣马特奥战役中战死。

19000807

7月21日通过信使从北京带到天津的消息，印证了先前对在京外国人现状的猜测。也就是说，他们仍在抵挡包围他们的清国人，但由于缺乏弹药来抵挡一次正面猛攻，所以他们不指望能够成功地抵御清国人。

根据英国、德国及日本使领馆的公文与一些信使带来的私人信件，在京外国人坚信，联军在天津战胜拳民与清军后会立刻赴京救援他们。

自布鲁塞尔发自北京的电文称："我们能确定，从暴乱爆发之时起直至现在，在京外国人依然幸免于难，或者说，他们中的一部分依然幸存。然而，直到联军进入北京之时，我们方可确认事实的真相。"

一小时前我们收到了英方发来的关于清国的两条振奋人心的消息：一条是根据清国皇帝的诏书，李鸿章受命同上海的各国领事接触，并知会他们7月28日在京各国外交官员仍安然无恙。

另一条振奋人心的消息则是美国人威胁联军称，倘若联军不能立即出发向北京进军，美军将单独行动。因此，联军开始向清国首都进军。

联军远征军的人数不少于40000人。根据发自芝罘的电文，远征军已到达距天津25公里的地区，并在永定河与潮白河之间的平原安营扎寨，且未遇到任何抵抗。

无须耗费很长时间，我们就会知道李鸿章的优秀才能能否在清国与列强的激烈冲突中得以施展，抑或在40000名联军赴京的路途上与150000名清国人的遭遇战中得到发挥。

上海《每日电讯报》的通讯员担心，尽管在赴京之路上爆发的联军与清国人的战斗显然会以清国人的失败而告终，但清国人会退至首都，并将杀害所有的在京外国人以及北京皈依基督教的清国人。

根据最新的消息，好像不仅是从天津出发的联军已向北京进军，另一支22000人的日军也率先从Chankaikovan出发向北京进军。在必要的情况下，两支军队将会在到达清国首都前会师并合力攻击。

目前大家均通过正式渠道得知，截至目前，在京外国人中，11名法国人、5名英国人、7名美国人、4名奥匈帝国人、4名俄国人、10名德国人、10名日本人与9名为外国人服务的清国基督徒死亡。

受伤人数为31人，其中3人是报刊的通讯员。

外国人抵御清国人时给清国人造成的伤亡超过2000人。

19000808

今天的大新闻正是对昨日刊文的证实,即对联军向北京进军的事实。倘若上帝与清国人允许联军入京,联军有望在八日内抵达。

目前已查证,开赴清国首都的远征军主要由美国军队、英属印度军队与日本军队组成。假若拳民及清国的乱军执意阻挡联军开赴清国首都,这种数量的联军显然不足以完成拯救在京外国人的使命。

麦金莱与张伯伦对向北京派遣的第三支远征军之结局将会如同前两支远征军一样糟糕一事已失去耐心。这种恐惧目前笼罩在欧洲各国上空。

一切均取决于李鸿章的态度。一份自上海发至巴黎的电报称,李鸿章已对各国在京外交官员发布照会称,如若联军能中止向北京进军,上述官员则可联系相应国家的政府。这位权倾朝野的清国官员在照会中竭尽全力阻止联军进入北京城。

由于奔赴清国与清国的暴动者交战的联军优势兵力仍然在路上,联军不得不固守天津与大沽间的阵地,全力肃清周边的敌人,维持清国内部与沿海的交通线路的通畅。我们应假设,解救在京外国人的军队并不像英美那众所周知有所偏颇的电报所宣称得那样多。其中某些电文估计,联军的远征部队,我们姑且称之为"解放者",早已达到 40000 人;与此同时,德国与法国的新闻称,远征军人数不超过 10000 人,而且一支 15000 人的日军支援协同作战。这支日军从另一条路线向清国首都进军,预计本月 12 日可到达北京。

我们也不知道纽约的《先驱报》收到的其在天津的通讯员发出的关于上述两支军队的电报。电文称日军先头部队被击退,共计死伤 150 人。

从上文所有的信息中我们可以得知:根据所有的可能性,远征清国的军队并不强大,不足以克服面临的困境;凭借工事在联军行军之路上进行防御的大量清国人将不会准许联军通过,而且要让联军在赴京之路上付出惨痛的代价。

清国的形势现在已经完全失去控制。

19000809

清国目前的局势可以用简短的话语来总结。毫无疑问,在京外国人除了有 200 人死于抵御清国人的作战之外,在 7 月 30 日,他们依旧在英国公使馆仅存的建筑内顽强抵抗，其余使领馆的建筑均已被夷为平地。

幸免于难的外国人坚信，自天津出发的救援部队将在短时间内击败清国人。但他们仍然非常恐惧，因为一旦援军击败清军，清军退回北京，他们则会死于屠刀之下。因此，如若上帝不出现且不庇护这些在京外国人，毫无疑问他们将会被处死。

因此，至少从近期收到的发自清国的电报能够推断出上述情形。

那些不幸之人[1]仅存的唯一希望，便是李鸿章在北京并负责指挥清帝国的一切军队，借此阻止清国的暴动者及那些残忍的人，并承诺保证让在京外国人在一支火力强大的卫队的保护下前往天津。

救援军队向北京进军的消息是混乱而矛盾的。除了所有消息都令人惊诧外，联军为保障前进道路畅通，需要在凭借优势兵力及工事进行防御的敌军面前冲破敌军的防线，开辟通往北京的道路。

截至目前，日军小败、俄军大胜的消息已传遍大街小巷。

向北京进军的救援军队由 20000 人组成，其中大部分为日军与俄军。

依据最新收到的发自上海的电报，为阻击救援军队，超过 33000 名清国正规军及一些规模不大的拳民集结在天津至北京的道路沿线与北京近郊。

19000810－1

在京外国人的现状即将恶化到不能再恶化的地步。对那些不幸的人来说，就差让李秉衡到清国首都来了。李秉衡以仇教著称，是最痛恨基督徒的官员之一。在其执政北方期间，他滥用总督权力指挥屠杀，共计杀害了超过 1000 名改信基督教的清国人。

除了上文所述，伦敦所有报刊发表的一封发自上海的官方电报称，直隶总督李鸿章与督办路矿大臣庆亲王[2]声称，如若联军向清国首都进军，那些在逮捕后被作为人质的在京各国外交官将被杀害。

尽管仍未得到官方确认，目前一支由 20000 人组成的联军向北京进军之事已确定无疑，这支联军主要由日军与俄军构成。因为该电报提到这支军队中有 2300 名英属印度士兵以及 1600 名美国士兵。

好像援军的组织并不是本该有的样子。因为同联军中其他国家的军

① 指在京外国人。

② 此处存疑，庆亲王貌似没有担任过该职务。

队相比，这支军队的每一部分均独立行动。与通常的军队相比，这支军队并不是只有一位统帅，而这开始给西方的公议敲响了警钟：如若大量装备精良的清国人占据有利位置，再加上他们还能利用洪水的优势，联军将几乎无法前进。这些清国人负责阻止联军通过，将会给联军造成西摩尔海军上将似的灾难，并最终导致派遣第二支赴京救援的远征军。

我们也收到了来自上海的电报，称俄军在牛庄北部及旅顺与牛庄之间遭受损失，并不得不放弃铁路沿线。

该电报提到，一支3000人的俄军试图与另一支占领Trashichow的俄军会合。当这支俄军抵达上述地点时，一支由40000人组成的、配备优势炮兵的清军已将那里团团围住。

在如此情势下，俄军不得不放弃铁路运输，只得依靠海运。

此外，发自上海的电文称，大量武装起来的清国百姓横穿帝国领土，进入朝鲜，并以此威胁俄军的交通线。电文还称，清国的大口径火炮会击毁或击伤黑龙江上的四艘俄国蒸汽运兵船。

麦金莱总统及其政府最终就清国问题表明态度。在一次于华盛顿举行的长达两个多小时的内阁会议上，总统与内阁成员就向清国派遣一支由15000人组成的远征军事宜达成一致；赴京救援军队出发与否，无须顾忌清国政府的消极态度，盖因清国政府与拳民的关系十分复杂；不论发生什么，远征军仍会救援各国使领馆；假若发现清国政府在驻京外国人命运的问题上有所欺瞒，美国将正式同清国宣战；在战胜清国之后，美国将要求清国支付巨额赔款，赔款额度足以抵偿在清国逝去的、受伤的与精神受创伤的美国公民及其财产。

19000810－2

很可能是在德国的建议之下，奥斯曼帝国在清国与列强的问题上果断改变了态度，因为他们推翻了在清国与列强的问题出现伊始表明的立场。目前，奥斯曼帝国完全反对清国，站在了联军一边。允许两艘运送军队与战争物资前往清国的俄国运输舰驶过博斯普鲁斯海峡的诏书便是再明显不过的证据。

19000810－3

一份巴黎的报刊称，当法国远征军的统帅多兹将军直到7月26日才乘船前往远东时，对外国人来说，清国的情况没有那么糟糕。

19000811

我们一直处于同样的混沌之中。总是刚收到一则消息，就会收到另一封对刚收到的消息进行辟谣的电文。

这便是目前关于救援在京外国人的联军远征军的消息。根据最近收到的电文，由于英国人的差错，远征军还未从天津出发，因为他们还未准备好向清国首都进军。

这些充满矛盾的关于前文提到的远征军最新的消息是自英国议会传出的。截至消息发出，远征军向北京挺进了 20 公里，预计在出发八日后到达北京。

那么，我们仅限于得知救援军队的确从天津出发这一事实，却缺少更多关于这支军队的信息。我们感觉这是不好的预兆。

对联军来说，完成拯救在京外国人的任务是非常棘手的。为完成这项任务，他们在京津间的洪水中，必须勇于面对如潮水般涌来的拳民与暴乱的清国人的攻击。联军在干燥的地方修建了要塞以便通行。

一些电文谈到了一场联军与清军及拳民的战斗。该战斗爆发于周日[①]，一些电报称，清军与拳民计 30000 人，而另一些电报则称是 10000 人。清军与拳民在马(玉昆)将军的指挥下，出现在天津城周围，以阻止联军前进。

我们仍不知提到的这场战斗是否与近期清国人意欲收复天津城相关。根据伦敦的《每日电讯报》刊文，在六小时的重炮猛轰之后，清军被联军击退。

局面十分混乱，因此直到我们收到更多确切而详细的、关于清国的电报，我们才会继续就这些新闻发表评论。

① 即 1900 年 8 月 5 日。

19000814

巴黎来信

毕盛先生的电报

最终法国直接收到了其派驻北京的外交官员发来的消息。那些消息正是毕盛的朋友、法国政府与报社日思夜盼的。大家对他的期待并无差异,因为全世界都能公正地看待这位令人同情的公使提供的情报、从事的活动及其价值。

以下便是昨日下午七时外务部长收到的电报:

> 8月9日,上海
>
> 清国政府刚刚知会法国外交机构,称列强已屡次向其请求,希望使馆区的外国人在一支装备优良的卫队的保护之下离开北京。清政府请求我们为该撤离行动制订计划并确定日期。
>
> 我们对总理衙门即知会我们的机构回复道,没有我们政府的指令,我们不能放弃我们的使馆。
>
> 我应向诸位阐明:如若各国武装力量不来寻找我们,我们不能从北京离开。那些武装力量应当是数量庞大的,以便保证一支由800人组成的撤离队伍的安全,其中包括200名妇女儿童和50名伤员,此外还有3000名清国基督徒,我们不能置他们于死地。
>
> 无论如何都不能使用一支清国的护卫队。
>
> 或许我8月3日发出的、编号为一号的电报已经转呈给您。
>
> 毕盛

当然,大家都看到了,没有人收到毕盛先生提到的内容[①]。那么,该电报已被清国政府截获。但是昨天收到的海底电报足以阐明欧洲人与基督徒在北京的真实境遇。

毕盛先生知道他说了什么,文明世界的人都懂得他说的是什么。

在一次血战之后,欧洲军队已启程前往北京拯救他们的同胞。

他们有足够的力量战胜一切艰难险阻吗?他们能准时抵达吗?

我们希望如此,但是清国官员们一定更知道这些事情。因为比起我们

---

① 即8月3日发出的一号电报。

收到来自清国的消息来说，他们能更轻易地收到欧洲的消息。显然，清国的报社会大力宣扬这些事情，他们要为纵容清国人犯下罪行而负责，并终将付出昂贵的代价。

我们不想发动一场野蛮的战争，也不想焚毁城市，更不想杀害平民。应该惩罚那些首恶者，他们才是真正有罪的人。而这正是列强希望做的。列强的协定将至少持续到这次伸张正义的行动结束。

A. 塞西

1900 年 8 月 10 日

19000817

巴黎来信

总统的动员

在我们写下这些文字的时候，共和国总统在马赛对远征清国的军队授旗时做出的指示已变为电报，或许已传遍世界各个角落。

因此，我们不再重复电文内容，但我们会总结巴黎主要报刊今天早晨对总统的动员所做的评论，因为这些评论正是全法国上下对时局最有针对性的不同意见。

秉持奥尔良派[①]观点的《高卢人报》称：

> 共和国总统已将战士们送离法国，派往中国参战。
>
> 在这种场合的演说无法完全取得轰动的效应，但是也非常有说服力，也很有渲染力。
>
> 卢贝[②]先生并未直接替我们的军队祈求神灵庇佑，但他轻声地委托远征军的牧师，说："愿上帝保佑我们的战士们。"
>
> 这是一种中间派-左翼，即总统的朋友们将宗教问题纳入政治议题中的方法，他们的行为方式通常具有极为世俗的特征。
>
> 人们应该感谢他，感谢他这谨小慎微的努力。

---

① 奥尔良派，18—19 世纪法国拥护波旁王朝奥尔良家族的君主立宪主义者。

② 即埃米尔·卢贝(Émile Loubet，1838.12.30—1929.12.20)，义和团运动与八国联军侵华期间担任法兰西第三共和国总统(1899—1906)。

总统的态度在远征军军官宴会上也体现得淋漓尽致。

诚然，战争部长在总统抵达马赛时感到受宠若惊，在向总统道谢时却口拙语塞，卢贝先生则认为有必要向部长解释决定派军队赴清国的原因：

"我来，"他说，"正如十五天前去瑟堡那样，是为了驱散那党派政治创造的罪恶错误。这种错误会形成无底的深渊，将军队与国家长久地隔开。"

总统对三年前德雷福斯①的朋友们一直坚持的可恶的战争而做出的谨小慎微的影射，得到了在场聆听演说者的理解，我们能想到现场此起彼伏的掌声。

持社会主义观点的《共和国小报》对该演说则做出如下评论：

共和国总统到达码头、站在远征军面前时，显露出悲伤的神色。同时，军乐团高亢地演奏着往昔的胜利，歌颂着伟大的杀戮。乐器突然鸦雀无声，总统开始讲话，却并未从口袋中取出任何纸张，令部长们感到十分惊讶。他们回忆道：

"孩子们：此时此刻，请允许我向你们的父母致意，他们此时或许在哭泣。我也为人父，我的一个儿子也陪着你们，与你们一起同危险与痛苦做斗争。

你们是值得称赞的！你们的父母也对你们说过，你们将去寻找荣耀，必定凯旋。是的，你们必会凯旋，我并未吹嘘！在清国，你们不要杀人，而是要阻止其他人杀害他们。的确，就那样敏感的使命而言，需要去战斗，你们要克制自己的愤怒与残暴！而这种情绪，正是邻国我的一位同行②敢于向其将士鼓吹的。"

因此，这份畅销的、带有社会主义倾向的日报对卢贝先生的鼓动演说添油加醋地进行了报道。很明显，总统先生从未允许就邻国君主的行为进行评价。

《事件报》对该演说做了如下评论：

在向远征军的各团团长颁发赴清国作战的团旗时，共和国总统发

① 此处指德雷福斯事件。1894 年，法国陆军参谋部犹太籍上尉军官德雷福斯被诬陷犯有叛国罪，被革职并被判处终身流放，而法国右翼势力则趁机掀起反犹浪潮。不久后即真相大白，法国政府却拒不承认错误，直至 1906 年德雷福斯才被判无罪。

② 此处暗指德皇威廉二世。

表了一场慷慨激昂的、充满爱国主义的演说。这场演说或许会让那些坚持反战主义的世界主义者感到不适,却赢得了所有优秀的法兰西公民的同情与谢意。

卢贝先生的演说运用了一种高亢而简短的语言,深入将士与其余听众之心,代表了法国及其军队的立场。法国总统与德皇的演说真是太不一样了!他们在同样的场景里,说出了迥然相异的话。

《根源报》称:

其他已奔赴清国的将士在临行之前,没有参加过这种典礼,而昨日从马赛启程的军人却无比幸运……

卢贝先生在演说中对远征军的定义如下:有一个文明国家,在其境内,基本法律在惩处有罪之人时被践踏。因此,我们要阻止该国回到践踏法律的过去,并保证外国人未来不会受到类似的戕害。

A. 塞西

1900年8月13日

19000818

毋庸置疑,德国首相向德皇威廉二世进言,称向列强推荐瓦德西伯爵作为对抗清国的联军主帅,以便重建这个地处亚洲的广袤帝国的秩序。这是一次巨大的政治打击,因为通过该事件,列强为规范清帝国行为规范而产生的摩擦与分歧将逐渐瓦解。

在推荐瓦德西伯爵之前,在对抗清国人的列强中最强大的两个国家达成一致之前,或许德皇及其僚属保证,同俄国政府与法国政府在东方问题上达成一致,即两个最强大的帝国与世界上最强大的共和国达成共识。这使盎格鲁—撒克逊人[①]与日本人别无他法,只得接受新的统帅。此外,德国首相知会其他三国[②]的政府首脑,称既然东方问题并没有那么重要,那么在列强间达成一致就显得越来越不重要了。当然,我们这里指的这些列强是奥匈帝国、意大利与荷兰。

发生了什么呢?

---

① 即英国人、美国人。

② 即英国、美国、日本。

其实就是德皇威廉二世及其内阁诸臣建议对抗清国的列强一致同意对这位日耳曼陆军元帅的任命。

投赞成票的国家为德国、俄国、法国、奥匈帝国、意大利和荷兰，没有投赞成票的是英国。只因英国深陷南非战争的泥潭，所以能做的也只是“打掉门牙往肚子里咽”，在把办公室关严实后，再向威廉二世答复道：“我国与其他列强一样，乐于接受瓦德西伯爵作为联军统帅统领我国军队，同清国人作战。”

日本天皇采取了同样的举措：答复德国君主称，日本军队很荣幸能在像陆军元帅瓦德西伯爵这样杰出的指挥官麾下同清国人交战。

目前还缺少美国的支持。美国是给德皇威廉答复时间最晚的国家。最终，麦金莱总统明白，他先前举荐的统帅完全不被联军各国接受，所以只得屈服。尽管美国提出了某些条件，还是接受了德国推荐的统帅人选。

麦金莱总统对德皇威廉的答复全是大实话：“只要瓦德西伯爵到达清国时联军还需要同清国人作战，美利坚合众国就接受对抗清国人的联军统帅之任命。”

很显然，如若没有战斗，也就没什么统帅了。

美国总统的答复非常简短，且经过精心雕琢，听起来就像是肯定的答复。

不论如何，联军现在在清国战场有了统帅。

列强对联军统帅任命结果的通过给清国政府造成了极大的恐慌。清政府对各国政府的答复则是任命李鸿章为同列强议和的全权代表。

清国与各国的和平问题不是现在要来考虑的。平心而论，自清国人竭尽全力阻止联军进驻北京之时起，联军在迫不得已的情况下，用尽一切办法，在发生流血事件前也要进入这座城市。

诚然，清国问题现在比以前更加明了。而这一切多亏了德皇威廉二世施加的政治压力(其实是他的首相的功劳)，以及我们再三重复的同盟之建立。该同盟是由被清国人侮辱的国家理性或被迫建立的。我们现在或多或少能够相信可怕的清国问题很快就有了解决方案。当然，很难猜想这方案究竟是什么。随着西方对东方的完胜，如若清政府未能任命李鸿章为议和大臣，议和之事就会像虚伪的清国人做出的所有事情一样，变成了闹剧。

19000820

西太后

这位亚洲统治者的往事①

据说西太后在清国的巨大悲剧中扮演了主要角色。因此，全世界的矛头都指向她，我们也不会感到奇怪。

所以，我们觉得是时候请法国传教士路易·科尔德斯用几段文字来为这位亚洲的统治者写个小传并发表在《巴黎评论》上，因为他在这个广袤的帝国旅居多年，深知清国国情。

1834年，西太后出生于一个蒙古贵族家庭。19岁的时候，也就是1853年，她进入宫廷侍奉咸丰皇帝，成为咸丰皇帝的妃子。

咸丰皇帝的皇后没有子嗣，因此很高兴地接纳她的第一个儿子作为自己的继承人。这个孩子出生在她作为皇帝妃子的第五个年头。

太子的出生使皇帝赐给她“慈禧”(慈悲的、恩惠的)的徽号，并册封她为西宫皇后(即今日所称之西太后)，与皇帝的正妻(东宫皇后)平起平坐。

只有引用孔子的话，我们才能明白皇帝的正妻在太子降生之时的喜悦。孔子说：“夫孝，德之本也。不孝有三，无后为大。”这一教条诠释了一夫多妻制、收养、早婚、多次婚姻、对母亲与寡妇的褒奖以及清国其他类似的风俗等。

不论是在宫廷还是在这片广袤的亚洲帝国的其他地方，1855年，上述风俗均在社会占上风。因此，西太后母以子贵，命运开始得到改变，并慢慢地掌控权力。

根据清国的继承法律，咸丰皇帝与西太后的儿子被认为是东太后的合法子嗣。

东太后深知其对手的特殊性，故放弃了一切斗争的企图。她将政策的制定、指导权以及威望都给了西太后。

世人在接下来的几年，也就是清国处在太平天国运动以及屈辱地败给英法联军并被攻占北京这几年里，对西太后的生活知之甚少。

那时，西太后崭露头角，变成一位真正掌握权势的女人。这始于她反

① 本节译文与史实偏误较大，但原文如此，为保持原貌，据实翻译。

对朝廷在英法联军的压力下赴东北避难(1860 年 10 月 7 日);她建议返回都城,并向天下宣称,如若必要的话,她将为维护帝国与皇室的利益返回北京。然而,她的目的并未达成,朝廷依然在热河避难,那里是与她敌对的守旧派的根据地。守旧派固执地不与外国人妥协,固守着“欺骗背叛、闭关锁国”的教条。

咸丰皇帝的弟弟恭亲王当时在北京与英法接触,并在实力面前态度倾斜。为了维护清国的霸权,产生了与列强建立正常关系的想法。为了使该想法能够得到支持,在西太后的暗示下,他开始同守旧派斗争。

个性软弱且不甚聪颖的咸丰皇帝在两派的影响下犹豫不决。有时候,他的宠臣得势,他便创设了总理各国事务衙门(帝国最高外交顾问机关),由恭亲王奕䜣主持(1861 年 1 月),而总理衙门一步一步发展壮大;有时候,他后悔总理衙门的稳步发展,又退回到之前的决策,甚至在遗诏中委任守旧派襄赞新帝统治帝国。1861 年 8 月 22 日,咸丰皇帝驾崩于热河,宫廷革命时代开始。

咸丰皇帝早已将慈禧的儿子指定为继承人。新皇帝于 6 岁即位,年号同治,而得宠的慈禧太后当时只有 27 岁。

遗诏由辅政会议起草,该会议只让两位皇后置于其权力之下,她们只是名义上的执政者。三个月之后,辅政会议解散,所有的辅政大臣都销声匿迹,两位皇后将先前颁布的一切诏令废除,紧接着与恭亲王分享国家的统治权。

事情其实是这样的:在辅政会议中居于支配地位的守旧派阴谋祸乱整个国家。他们的计划再简单不过,即在履行同外国签署的条约时密谋做出不忠于国家的事情,以此导致清国同列强关系的破裂,进而让列强改朝换代,引发宫廷内部的变革,迫使朝廷流亡,最终用一个蒙古朝廷来取代清廷。

总理衙门领班大臣恭亲王是西太后的亲密朋友,甚至是她的宠臣。他察觉到阴谋并向西太后告密。西太后并不着急追根溯源,而是在确保取得最重要的官员以及军队的指挥官的支持之后,指示恭亲王发动迅速而血腥的政变。由于在咸丰皇帝的葬礼上忽略了某些礼仪,守旧派因亵渎皇帝与失仪在北京被斩首示众。同时,一份诏书将大权委托给两位皇后以及恭亲王。

一开始,慈禧太后还是节制地使用夺取的权力。她的坚毅与魄力来自总理衙门的核心成员,因为她将那里的所有官员都换成了对她来说的有功之臣。

摄政期间，清国一片祥和。清国的军队组织开始有一些欧洲的志愿者加入。清廷设立了福建机器局，并委派福州船政局建造帝国第一艘新式船舶。此外，慈禧太后在帝国的海岸线上确保关于传教士的条约一直生效，阻止其他宗教信仰传播，并最终向 8 个欧洲列强派遣了三位常驻外交官（1868 年）。

清国的朝廷相当不能接受西化，以致对欧洲人抱有强烈的敌意。因此，他们并不想让外国人对清国进行探索。此外，他们对列强十分不信任，因为列强对清国土地的野心昭然若揭。

与此同时，西太后与恭亲王的关系也已变得冷淡。恭亲王的权力受到他的七弟奕譞、太监统领以及李鸿章的威胁，而李鸿章是仍然健在的著名政治家。

1870 年天津发生的残忍的屠杀[①]使李鸿章被任命为直隶总督，由此他得以在直隶行使总督权力，并开始在帝国事务中崭露头角。

同治皇帝大婚与成年夺走了慈禧太后对帝国的统治，而同治皇帝对慈禧太后并没有深厚的感情。

新皇帝并未长时间在位，亲政两年后神秘死亡。驾崩之前，在慈禧太后的压力之下，立他的堂弟即三岁的光绪为他的继承人。光绪皇帝是醇亲王的儿子，在两位皇太后听政的情况下统治国家。

第二次政变使西太后又掌权十四年，她任命李鸿章为首席大臣。

清国在这一阶段取得的进步是显而易见的。慈禧太后及其朝臣也对一些外国的方法理念加以模仿，以便造福帝国。

1881 年东太后薨逝，共同垂帘听政结束。西太后单独垂帘听政的时间持续到 1889 年 3 月 4 日。这一天，光绪皇帝成年，开始独立行使权力。

19000821

目前没有什么被确认的新消息值得拿出来给大家评论。清国的形势未发生什么变化，虽然有人保证联军在周一能够到达北京，但是在了解更多细节之前，我们什么也不能说。

在东北，俄国人进展极快，已深入清国内部。

---

① 即天津教案。

自上海发来的消息显示，英军收到了不登陆的命令。在布罗德里克[①]宣称或许会签订一份完美的国际协约之后，这则消息或许印证了清国人并没有对北京城的欧洲人的生命与财产造成危险。

法国报刊开始对联军最高统帅瓦德西伯爵被授予的职权做出不利的评论。就完成这项使命而言，出现一些问题本不应感到奇怪，尤其是还要考虑到德皇的性格。

如若联军的确在北京，问题就更明朗了。因为当最高统帅到达清国时，他也就不需要再对清国人做些什么。假若外国人之间发生争端，那就是无法预言的事情了。还得看看有什么大事发生。

19000822－1

巴黎来信

清国问题

法国驻北京公使毕盛先生刚刚向外务部长传递消息称，李鸿章应着手开始同列强和谈。毕盛先生希望欧洲各国政府在各国外交机构恢复功能、在动荡中重获自由、在野蛮人对使馆区的包围解除之前，不要与这位清国的全权议和代表进行谈判。

这并不是直接同巴黎、伦敦与圣彼得堡的政府直接和谈。李鸿章不仅应该开始着手并继续帝国政府委托他进行的和谈，更应该通过各国的外交大臣或部长进行谈判。然而，在使领馆被围人员还不如囚徒的境遇下，怎么可能会有一次自由的谈判呢？

A. 塞西

1900 年 8 月 16 日

19000822－2

目前已确认，联军的先遣队已经进入北京，欧洲人已经解除英国使馆

① 即威廉·圣·约翰·弗里曼特尔·布罗德里克(William St. John Fremantle Brodrick，1856.12.14—1942.2.13)，1900—1903 年任英国战争大臣。

之围。

最让人感到奇怪的是,这消息不仅同所有关于联军动向的电报相矛盾,而且也没有对先遣队在沿途可能发生的事情进行详细描写。电报中讲了很多清国发生的事情,然而并不谨慎,而且没有得到各国政府首脑的确认。

谁知道北京发生的事情?在北京是稳健的主和派执政还是执意成为欧洲人之敌的端郡王及其党羽执政?这是我们急需知道的,也就是15000人能够轻易到达北京的奥秘所在。

其他缺少的细节是关于清国军队以及野蛮的拳民的。清国人被击败了吗?清国人让那1500人①进入北京并包围他们、把他们与大部队隔开了吗?他们溃退了吗?我们什么都无法确定:既无法确认电报的真伪,又无法确认昨夜收到的法国报刊对清国问题的评论是否属实。目前仍需等待。

19000823－1

在写这几行字的时候,我们还没有得到任何官方的确认,甚至是可信度较高的消息。伦敦的一份报纸刊登的一篇文章称,联军已到达北京。然而,即便没有到达的话,他们也快到达了。

欧洲方面最后收到的确切信息在本月九日被辟谣。我们得知,本月7日从杨村出发沿北运河右岸北上的军队经过燉庄、富官屯、古城堡、河西务(在这里发生一场战斗)到达木庄,距北京约60公里。

因此,从本月9日开始,联军行进12里格②(legua)到达北京也不感到奇怪;如若没到达北京,至少也能到通州,或者是到八里桥,在那里发生了著名的1860年的远征③。北京城到三河及玉田的道路也经白八里桥跨过白河。

联军不需要横渡白河,只需要沿着东岸行进至离苍头村一里格的地方。从该地向西前进,进抵北京东城墙,到达那里问题就解决了。

联军沿着这条道路行进则是因为该路线与1860年英法远征军进军北京的路线相同。军舰能够在白河上航行,某些军舰甚至可以运输粮食以及其他军需辎重。因此,这些军舰不仅可以运输他们所需的任何数量的辎

① 原文此处的确为1500人,但根据上文应为15000人。

② 西班牙长度计量单位,1里格为5572.7米。

③ 即第二次鸦片战争。

重，而且也可以在必要的情况下，在通州建立一个巨大的补给站，进而攻占北京。

使馆区的保卫者还会激烈抵抗吗？在这么多天里都无法迫使大约100名勇敢的使馆区保卫者屈服的清国人，必然不能成功阻击20000名联军将士。

19000823－2

有人在圣彼得堡向《标准报》披露，由于瓦德西伯爵被任命为联军统帅，俄国军事期刊的措辞带有明显的不满。

19000823－3

《晚报》报道，日本提议清国与列强在同意以下条件后达成停火协议。

> 清国同意联军进入北京，或者允诺将北京城内的各国外交官员置于联军的保护之下。

报道还称，日本已着手实施该提议，并希望清国在达成这些协议的基础上接受该停火协议。

19000824－1

巴黎来信

在中国

根据法国驻北京公使毕盛先生的最后一封电报，使馆区将在八日内粮秣耗尽。因此，只剩八天的时间来拯救他们。《每日电讯报》报道，目前使馆区的人们依然活着。然而，由于该报曾经是率先刊登如此戏剧性的“发生在北京的针对欧洲人的屠杀”的报刊之一，因此我们无法充分相信其报道。

依照惯例，英国的通讯员都有一种专业的操作模式。怀着能够首先发出新闻的想法，他们通常毫不犹豫，提前几天就把可能发生的事情写出来发表。

我们从未像现在一样来防备这些通讯员——不论是联军进军北京，还是关于俄国人在东北每天发起的战斗，抑或是关于英国人在长江上的行动。

的确，一部分联军现在位于通州，距北京城大约 15 公里。从那里，联军士兵能够沿着道路直接到达使馆区。经过横跨河道连通北京与北运河的大石桥，再经过八里桥镇，毫无疑问，法国士兵记得这里，记得四十年前他们祖先在这里的荣光，因为 1860 年 10 月 5 日八里桥之战爆发。谁知道欧洲人在到达北京之前，会不会为了经过同一座桥而再发起一场战役呢?!

A. 塞西

1900 年 8 月 17 日

19000824－2

尽管收到了关于清国的十分利好的消息，称联军对清国人节节胜利，这些胜利使联军能够进入这座神圣的清国城市并拯救北京幸存的外国人，尽管这几日收到的电报称清军与拳民士气十分低迷，慈禧太后与残暴的端郡王一心支持清国人的暴动，但大家应该看到，西方因连续胜利而产生的幸福与热情同预期相比还是有一定差距的，甚至是相差甚大。

这种冷淡或许是因为北京被占领的消息依然未得到官方确认；或许是因为面对清国人这样的敌人，占领北京的联军规模却非常小；更或许是因为这恐怕是清国人的诡计，意图埋伏起来，围歼组成远征军的 20000 名联军。

能够确定的是，当形势明朗的时候，清国人将向联军投降，因为用如此微小的代价攻占北京是非常轻松且愉快的。

现在发生在清帝国的事情就是个谜，因为没有能够阐明 20000 名联军将士是如何进入清国神圣的首都的方法。那座城市拥有 100 万狂热的清国人以及十多万正规军与拳民，联军最多也就打了一两仗……这都是真的，甚至都是一些不值一提的战役或者是一些小规模的遭遇战。我们再说一遍，我们真的不理解的是，解决这么令人悲伤的清国问题的方式，付出的代价几乎忽略不计，居然是以损失约 100 名士兵的代价进入北京城。

或者说，最近这几天在京津之间发生的一切虽然是个谜，但是总有一天这个谜团会被解开。或许李鸿章为西方人准备了一个圈套，让他们进入北京拯救被困的外交人员、仆人与卫队后再包围他们。但是，这一次的规模真的太大了。

谁现在能够确定或质疑联军是否进入北京呢？这件事情像不像英国人当初进入比勒陀利亚[①]那样呢？

难道他们不会像第一次一样，第二次经历发生在德兰士瓦的事情吗？或者换句话说，联军不会被包围在清国的首都，就像英国人当初被包围在德兰士瓦的首都？

然而，尽管目前我们看到清国的局势是复杂而纷乱的，但我们还是在得知联军已经进入北京之时不禁感到一丝欣慰与满足，被围困在北京城内的外国人依然活着。

现在可以稍微简短地评论一下联军的军事行动。根据从不同渠道获得的信息，我们可以说，向北京进军与解放北京的功劳和荣耀主要归于日本军队。在这次事件中，纷乱的局势给全世界上了一课，最重要的是在清国汇集了一支日本的现代军队，能够与欧美列强的军队协同作战。

在这次进攻中，日军与俄军相互竞争，他们都在战斗中立下了相当大的功劳。

19000825

各国的新闻机构就清国问题形成了截然不同的两种观点。一些人认为清国与联军的战争已经结束，简单地说，随着联军占领北京以及各国外交官员与其家人、仆人、卫队得救，战争已经结束。

根据乐观者的意见，西方目前在清国最要紧的，正是在当前暂时占领北京以及帝国其他一些城市的情况下寻找一个能够和谈的对象，并在按照议和条件签订和约之时解除占领。当然，一个条件则会是清国偿付一切战争开销以及联军占领清国城市的费用。

因此，另一个条件将是保证清国对联军各国进行领土割让以及工商业利益，并保证拳民、狂热的民族主义者与叛乱的清国人针对外国人的野蛮行径不会重现。那些野蛮行径正是这场战争的起因。

大多数外国新闻机构则与乐观者所持的意见相反，认为尽管联军已占领北京，但是现在战争才仿佛开始。因为根据联军的动向，战事依然会持续很长时间，并将耗费联军大量的人力与财力。如若和约不甚完美，则会以大败而告终。

---

① 第二次布尔战争中，尽管英军进入比勒陀利亚并单方面宣布吞并德兰士瓦，但是布尔人开始游击战并反抗英国人的占领。

目前,近期收到的电报告诉我们,清国人已完全没有士气,一点也不想继续这场不可能获胜的战争,毫无战胜整个文明世界的决心。他们只想要和平与宽恕,只想忘却他们对教区神职人员和各国外交人员的伤害。

如果这一切都是真的(因为我们不相信),战争或许会草草结束,满足于救出被困于北京的外交人员并派兵占领北京(这是对清国人能够做出的最严厉的惩罚)的西方国家将乐于看到一场国际冲突的结束,这场冲突或许会把全世界变为废墟。

19000826

正如我们预料,随着联军进入北京,清国问题还远未结束。

最近的由日本发到欧洲(经芝罘)的电报称,北京城的一部分区域燃起大火。同时,为了占领清国人控制的最后的据点,联军与清国人展开了激烈、胶着而血腥的巷战。

根据另一封发自上海的电报,目前清国首都附近有一支规模庞大并配备大量炮兵的清国军队,这支军队切断了天津与大沽之间的交通。据信,该部打算包围北京城内的联军,并阻击南方增援的援军。

幸运的是,联军目前在京津之间部署有 40000 余名士兵以及 150 门火炮,几天之内将会有另外 20000 名援军抵达。

无论如何,列强面临的军事形势都非常不利。对他们来说,清国人和拳民允许他们轻松地深入其神圣的首都是一个不利的信号,因为他们拥有一支由十多万名士兵组成的军队。

因此,在获得更清晰的官方消息之前,我们尽量不要对北京及其周边地区正在发生的事情发表评论或判断。

在关于慈禧太后下落的不同版本中,似乎最有可能成为事实的版本,是她在端郡王及听命于他的军队的陪护下,来到了一个距离首都不远的地方。在方便的时候,她将被转移到更不易受联军攻击的地点。

作为对清国与列强冲突现状的补充说明,我们必须指出对外国人的有利态度:至少在目前,大韩帝国皇帝已决定置身其中。紧接着日本媒体称,日本人因俄国人在东北取得的巨大优势而羡慕嫉妒,这些优势很可能导致俄国征服、吞并这片辽阔的清国领土。这就是横滨的报社说日本不方便提出异议的原因:"英国军队在长江流域登陆的同时,允许俄国在清国北方做任何想做的事情。"

尽管出现了上述表述,日本国内仍然感到十分高兴,因为联军已设法进入北京并解救了那些身处绝境中的外国人。

尤其是天皇非常满意。证据是天皇向进驻北京的联军赏赐美酒100000瓶以及产自哈瓦那与菲律宾的80000箱香烟和火柴。

瓦德西伯爵还是离开了德国前往清国。根据美国报刊的报道，瓦德西伯爵只是在其他征服者的功绩之上赢得荣誉。正如一份法国报刊所说，他只是扮演着一个锦上添花的角色。

目前，英国与南非之间的矛盾比清国的问题更加棘手。

19000827－1

联军高举着各国的旗帜进入了所谓"神圣的城市"，进入清国的皇宫。尽管在北京的某些角落联军依然在同清国人作战，但是他们现在可以说是名副其实的北京城的主人。

目前的问题是，联军是否能像进入北京一样轻易地离开北京。我们这么说是由于收到的数封电报称，在清国首都郊区以及天津与大沽间的道路上，聚集了大批义和团拳民和清国军队。而且因为该消息，列强可以向北京的联军尽快派遣所有援军。400名意大利士兵急忙离开大沽，他们是刚刚从意大利的"菲耶拉·莫斯卡"号巡洋舰登陆的。

的确，非常可疑的是，在整个西方宣布其军队已到达北京、战胜清国人、取得如此辉煌的胜利之时，在已经完全确定会在联军规定的条件下进行议和之时，在京联军却仍然在求援。

清国皇帝与皇太后携价值约4000万银比索①的帝国财宝，在端郡王及其麾下的30000名拳民与清国军队的护送下逃亡至距北京100公里的地方。该消息已被证实。

对联军向北京成功的进军以及仅通过微小的损失便攻占清国首都的贺电如雨点般向联军发来。

维多利亚女王给她的将士们发去了贺电，因为他们英勇善战，勇敢地救出了在京外国人。紧接着，罗伯茨伯爵也向孟加拉第一火枪兵团发去贺电，因为他们功勋卓著。据伯爵所说，在一次向北京城城墙发起的冲锋中，清国士兵闻风丧胆，狼狈溃退。

在贺电的最后，罗伯茨伯爵向联军统帅说道："驻南非大军对驻印度的

---

① 西班牙古钱币，1银比索为27.468克纯度为93.055％的白银（1西班牙盎司白银）。

同袍表示热烈祝贺。”

沙皇尼古拉二世也向连纳维奇[①]将军发去电报：“祝贺你们迅速攻占北京，取得如此大的胜利！我授予阿列克谢耶夫海军上将以及在进军北京与攻取北京中表现卓越的联军将士圣乔治勋章。”

19000827－2

根据奥匈帝国驱逐舰“玛利亚·特蕾莎”号舰长发出的电报，弗朗茨·约瑟夫皇帝在北京的臣属在对抗拳民的暴动中减员人数已增加至 30 人，其中在防守使馆区时就有 13 人伤亡。

该数字足以体现那个规模不大的奥匈帝国步兵排是如何英勇地抵挡清国人的。

19000827－3

日本因联军占领北京而庆贺，甚至在国内批准了大赦。然而，不论是国民还是媒体，都知道在攻占北京以及解救使馆区工作人员的过程中，日军是主角。因此，在和谈中，日本的利益应受到重视，和西方国家的利益一样不可侵犯。

日本报社的这种言论以及日本同外国签署的价值一亿银比索的贷款协议(可能有英国及美国人的支持)引起了柏林、巴黎与圣彼得堡等方面的强烈不信任。

19000827－4

麦金莱总统与他的部长们不厌其烦地告诉每一位倾听者，称他们强烈希望尽早撤回派驻中国的美国军队，因为联军已占领北京城。

目前，已下令雷米[②]海军上将采取必要措施，命令目前正向清国航行

---

① 即尼古拉·彼得罗维奇·连纳维奇(俄语：Николай Петрович Линевич，英语：Nikolai Petrovich Linevich，1839.1.5—1908.4.10)，八国联军侵华战争期间，他被任命为第一西伯利亚军指挥官，参加了北京战役并救援被围困的使馆区。

② 即乔治·科利尔·雷米(George Collier Remey，1841.8.10—1928.2.10)，美国海军上将，义和团运动与八国联军侵华战争期间担任美国海军亚洲舰队司令。

的八艘满载军队与弹药的运输舰停泊在长崎(日本),以便一旦查飞将军不需要这些部队与战争物资,这些舰船就可转航至菲律宾群岛。菲律宾群岛的麦克阿瑟将军自马尼拉发来的电报称,需要派遣军队并运送弹药至菲律宾。

麦金莱总统和他的内阁也就保障和谈进行而派驻清国的美军人数达成一致。他们并没有充分考虑查飞将军谨慎的看法,而是在其能力范围之内,让他尽可能多地负责一些任务,或者说,只拨给他一支防御性的部队。

最终商定,将在义和团的暴乱中清国人对美国造成的损失以及其余费用等的赔偿金额定为两亿美元。

19000829

瓦德西伯爵认为,解决清国危机所需的时间比人们普遍认为得要长。在前往远东的途中,他在罗马短暂停留,在觐见意大利国王之时表达了这一观点。

仿佛美国人早已在此次觐见之前就知道这位德国统帅要拜见意大利国王一样。为了使美国脱离针对清国的联盟,并让美国尽早撤回他们部署在清国的武装力量,德国与意大利早已开始一场针对美国的交锋。

关于这一点,《纽约先驱报》记录道:"如果不得不继续同清国人开战,还是让欧洲人继续打吧。美国人能做的最好的事情,就是把这件事情让给他们来做。"

《世界报》也称,美军长时间驻扎在清国没有任何有效的借口。

纽约极端民主派别的报纸《日报》发文称,美国政府除了支持英国政府的政策之外,别无作为。而且,美军不立刻从清国撤离,恰巧印证了麦金莱总统正在使美国政府服从英国政府的政策。

法国报刊将美国人在中国的奇怪立场归因于嫉妒,因为俄国人依靠国际联盟,并在国际联盟的支持下,在清国东北取得了巨大的优势。

关于在北京发生的事情,现在没有一个明确的态势。因为过去 24 小时内自北京收到的新闻仅具有回顾意义。然而,似乎联军在完全占领北京之后重新建立了同天津的联系。占领北京的联军仅限于在此布防,同时希望在城内寻找一个能够与之议和的清国人。然而,目前清国没有一个严肃而稳定的政府,李鸿章都不能有足够的条件来成为代表,进而进行和谈。

根据最新的发自上海的私人文书,清国皇帝目前生活在北京,在联军的保护之下;太后与端郡王则在日本人手上。

19000830

今天,清国问题给我们提供的最突出的一点是,列强之间已经开始出现关于清国问题的争执。

目前尚无法弄清北京的实际情况,即皇帝、太后尤其是攻占至少一部分北京城的联军的情况。列强已经注意到分歧的出现,这很可能会使各国的盟约以发生冲突——这种常见的危险行为结束。

首先,我们看到美国人的态度:他们不想继续同清国人交战,只想从他们那里得到赔偿。

然后是德国人。他们以其外交代表(克林德男爵)在北京被杀为借口,这是一种谈判的好手段。他们可借此获取大量的财富,并大大扩张其在清帝国的势力范围。

我们已经在其他场合指出,不论是否有理由,德国在远东都野心勃勃,并对这里有着特殊的意图。而且,在新闻中我们充分证明了这一点,并坚持不懈地发送电报,称威廉一世打算令瓦德西指挥至少 50000 人。

各种物资都有盈余的俄国,没有与各列强发生争吵或产生分歧。也就是说,俄国打算与列强开展谈判,并与清帝国北部的官兵进行单独的战争,继续用武器保护俄皇的财富。俄国很快就会征服整个清国东北,也许还会征服更多地方。

至于法国,浅显地说,这个共和国允许其特别盟友俄国获取极大的利益,以使法国人从中获取一些清帝国给西方国家的利益,或者是能够让法国人悄悄地、又好又快地享受西方各国获取的好处。

就意大利而言,它在东方问题上的立场无关紧要。如若一切进展顺利,意大利会为列强馈赠给它的一切而感到高兴。

还剩下英国与日本。

众所周知,英国在南非进行了不是很光彩的战争,显然其手脚被束缚住了。在东方,英国已成为第二档国家,而俄国将占据本该属于英国的位置。

当整个英军和最优秀的将军们忙于在南非追逐德·怀特时,布尔人不停地给英国人带来麻烦与打击。但俄国得到了法国和德国的道义支持,几乎在清国排除了英国人的影响。英国人会做得足够好,以便在危机结束时他们将能够奇迹般地保留他们在长江流域仍然拥有的一切。

如若英国在清国占据了相应的地位,那么日本最终在这里将拥有话事权，然而并不是现在。或者是说，是在俄国、德国和法国在远东可能会将它们的意志强加给清国人的时候。

请大家记住：自从列强建立针对清国的国际联盟以来，内部已产生裂痕，形成了两个秘密的敌对阵营，一边是俄国、德国和法国；另一边是英国、日本和美国。

幸运的是，对于西方人来说，了解列强之间存在分歧的清国人已经完全分裂，清国的方方面面都呈现出一种极其严重的无政府状态，这就是此时此刻能够拯救在清国的外国人的原因。但是，对他们来说不幸的是，终有一天，在那个广袤的国家会出现一个人，有能力召集周围一切孔子的狂热信徒。成百万的信徒手持武器，将极其令人憎恶的外国人歼灭或驱逐出境。

这样一来，无论是德国还是任何其他一个国家，都没有一位能够在这片国土上阻挡四亿清国人消灭基督徒的统帅。

幸运的是，我们再次强调，没有一个能够使清国摆脱由外国人试图强加给它枷锁的人，现在这个人连个影都没有。

19000831－1

根据最近圣彼得堡收到的发自清国的电报，目前在东北作战的俄国军队报告称，清国人拼死抵抗，迫使俄军在该地区增派了原本打算在北京作战的部队。

这证明俄国正在独自作战。比起在北京及其周边地区的战役，俄国对清国东北的战役更为重视。

皇太后依然下落不明。但据信，那位皇太后在西安府避难，得以生还。或许，我们可以假设皇帝也与皇太后在一起，因为如果要在北京找得到皇帝与皇太后的话，临时政府与清国皇室的谈判早就已经开始。这个临时政府是由联军各国派出的一位军代表组成的。

我们只知道在北京，联军烧毁了端郡王王府，正在设法逮捕他。而日军现在正在占领皇宫。

天津方面，联军与清国人之间经常发生战斗，清国人迫切希望切断该城市与首都之间的联系。在所有的激战中，清国人被打败，并遭受了巨大损失。

在此期间，新来增援的盟军在大沽登陆，其中一部分立刻向北京进军，另一部分留在了大沽或天津城。

刚刚登陆的部队由1200名英国人、500名法国人、200名意大利人与3个团的德军组成，拥有约20门野战炮。

在中国的南部省份，暴动日益增多，但没有达到令人警惕的程度。

有消息证实，朝鲜北部发生了动乱，原因更多是当地的问题，而不是对外国人的敌意。朝鲜政府正在组织军队恢复秩序。

19000831－2

卡尔甘[①]是一座位于北京以北200英里的城市，它是世界上最重要的茶叶市场。俄国的一家进口工厂使用120000头骆驼，从这里运输自天津运来的茶叶，这些茶叶将供应欧洲市场。

每匹骆驼可以负载200公斤的茶叶。

最近在清国发生的事件破坏了张家口的贸易。

① 张家口的旧称。

1900 年 9 月

19000901

来自上海的电报坚称，派出追击皇太后、皇帝与清廷官员的日军成功地在北京西南约 140 公里处逮捕了他们。

该电报补充说，作为这次行动的成果，光绪皇帝仍受到日本人的保护，日本人将护送他到清国首都。

如果这一消息被证实是真实的（我们对此表示怀疑），那么清国与各国的问题将极大简化，和约的缔结将不会等待太久。

根据来自同一来源的其他电文内容，被“惩罚清国委员会”逮捕的清国将军荣禄已经设法逃离，下落不明。

据说联军每天都有新的援军和大量补给抵达清国首都。

除上述令人满意的消息之外，我们收到了另一封非常令人不快的、从澳门发到伦敦的《每日新闻》的电报，称许多农民被拳民残暴地砍伤，大规模的拳民在京津之间徘徊。

在一份官方电报中，一位联军指挥官讲述了一个关于联军对北京的进攻与占领的有趣细节。收留各国难民的使馆区在整整两个月内都在英勇地保卫自己，其间还遭受了大火。每个保卫者的口粮包括每天一磅的马肉和一磅在热水中捣烂的大米。此外，救援军队已经成功占领使馆区广场，释放了囚犯。幸运且巧合的是，联军接近北京时，美军攻击了北京城的一座城门，其进攻吸引了所有清国军队的火力，令所有清军去保卫这座城门。结果发现，沙窝门[①]被完全抛弃，英国军队通过了这座城门（没有遇到丝毫抵抗，也没有损失一名士兵）。

---

① 即广渠门。

19000902

由于联军占领北京解救了被困在北京城的外国人，占领北京的第一阶段就完成了。因此，清国与列强的冲突进入一个十分平静的阶段。

实现这两个目标之后，联军(俄军和德军除外)目前驻扎在清国以维持现状并支持清国政府。现在唯一的事情，就是让清廷在向联军支付军费及赔偿的基础之上签订和约。清帝国要保证义和团和叛乱分子不会卷土重来，做出以前的事情，即不能虐待派驻清国的外交人员、使团以及其他外国人。

然而，为了确保和约的签订，绝对有必要有人出来居中协调。这正是在清国议和如此困难的原因，也是产生如今这种对清国人有利的平静时期的原因，以便在发生(很有可能发生)针对联军的有组织抵抗行动时将其赶出北京。

正因为这段时期异常平静，一种不祥的预感萦绕在人们心头。几个清国城镇尤其是上海坚持要求联军内部达成一致撤军、与所有外国人一起撤出北京至天津和大沽，以便等待清国形成一个稳定而有决断力的政府。

虽然这种平静在我们称之为“战争戏剧”的战争中仍然在持续，但俄国并没有继续浪费时间，而几乎是在沉默中占领了整个东北。其他列强，尤其是日本，瞠目结舌，等待俄国政府在东北停止行动。大不列颠王国噤若寒蝉，不敢在国际社会发出自己的声音。

那么，远东的局势可以总结如下：结束这场危机，只需要找到一个有威信、可靠的政府与各列强进行和谈。而与此同时，俄国则做得多说得少，有自己的主意，直到列强当面对俄国政府说：别太过分了！(列强仿佛已经开始行动)如若必要的话，会诉诸武力。

在欧洲的外交官中，有些人是如此邪恶野蛮，以至于他们毫无遮掩，称清国发生的一切都是由俄国的野心导致的。由于英国人在南非完全“变成了废物”，俄国人想趁机占领东北的海岸。这次占领，除了获得广袤的领土外，还为防御未来清国对西伯利亚的入侵赢得了战略纵深。

也许是因为麦金莱总统和他的部长们洞悉了这场牌局的不公平，显然是欧洲在清帝国的问题上试图迫使美国退出西方反清联盟(这牌局迟早会以糟糕的局面收场)。鉴于美国的全权代表及其扈从已从北京被救出，美国领导层已命令查飞将军率美军护送获救者撤离至天津，以便得到美国在大沽驻扎的大军的庇护。

19000903－1

过去24小时内从远东收到的消息表明，北京的联军担心他们很快将成为清国人大举进攻的受害者。从各个方面来看，清国人都在试图全力收复他们的首都。

一封从上海发出的电报中的谣言称，清军经过猛烈攻击，已成功将联军从北京击退，造成约1800人伤亡。这一说法尚未得到证实。

另外，已经确认的是，在清国首都附近已发现大量敌人的存在，尤其是一支配备15门大炮的9000人的拳民队伍。根据一封日本人的电文，该部队意图切断联军撤退到天津的道路。

以上是我们今天唯一可以就清国问题与读者交流的内容。

19000903－2

法国人和德国人第一次在清国携手对抗共同的敌人——义和团。

19000904

《政坛报》收到了李鸿章在上海发来的电报。电报称，外国军队从北京撤军将极大地促进和谈，并提及他对秩序重建的良好祝愿。

19000905

从圣彼得堡发来的电报称，俄国政府正在努力提升西伯利亚大铁路的承运能力。

迄今为止，该铁路线上客运列车的平均速度尚未超过每小时23.5英里。从莫斯科到弗拉迪沃斯托克（海参崴）或到旅顺港的距离为5333.5英里，需要10天。头等舱或卧铺的车票为115卢布，或者说按照货币兑换的汇率，约为388比塞塔[①](Peseta)。

考虑到从巴黎或伦敦到上海的旅程将持续12天并花费320卢布或约1100比塞塔，而迄今为止，通过苏伊士运河乘蒸汽船航行将耗时34～36

① 西班牙货币，1900年的汇率为1美元兑换3.298比塞塔，1美元兑换1.176卢布。

天，大约花费 3040 比塞塔，通往远东的旅途因西伯利亚铁路而变得非常迅捷且十分便宜。

在俄国政府的努力下，毫无疑问，将实现西伯利亚大铁路上的列车时速达到与在欧洲运行的特快列车相同的平均速度，并仅需 10 天就可以穿越旧大陆，连通两个大洋。

为此，俄国工程师需要对糟糕的跨西伯利亚铁路进行翻修。首先是部分翻修，其次是整体翻修。先要铺设比现在强度更高的铁轨，再改变某些设计，并提高一些造价低廉且工期短暂的工厂的设备制造能力。

俄国现在必须解决的最大的经济问题是西伯利亚与东北，乃至整个清国的发展问题。俄国与东北及清国的贸易额如今已经非常庞大(超过四亿卢布)，西伯利亚和东北与欧洲市场有望能够直接快速地对接。

19000906－1

巴黎来信

战争费用

截至 10 月 1 日，德国对清国的远征费用将达到一亿马克。

毫无疑问，这笔款项将由德国国会投票通过，但是不能确定这笔款项足以支付日后的费用。

如果德国国会的召开被推迟到超过与贷款方约定的时间，那么代表们将对金额的增加束手无策。

列强对这一财政问题的关注一直没有停止，某些列强已经在处理清国将要支付的赔偿事宜。

因此，正如我们在之前的报道中所说得那样，为了确保这些数量可观的赔偿金的偿付，美国政府打算提议让列强干预清国海关，并将其委托给一个国际委员会。

由于表现卓越，法国士兵与水手受到褒奖，他们在清国奋勇作战，未有伤亡。在意大利海军上将向率领意大利特遣队前往北京的弗雷将军表达感谢之后，一位俄国舰长也向法军表示祝贺，他对法国海军在炮轰大沽期间表现出的勇猛表示赞赏。

A. 塞西

1900 年 9 月 1 日

19000906－2

严峻的清国问题仿佛到了该结束的时候了，至少就清国与列强的冲突而言是如此。俄国暗中同清国人讲了一些不好的话，让某些列强认为在北京的使馆区解围、外交官员得救后就能够获得清国丰厚的战争赔偿，并且清国政府承诺将严厉惩罚拳民与暴乱者，以防止未来再次发生挑起战争的事件。各列强可能会因如此低廉的代价而摆脱严重冲突，进而满心欢喜地接受和平并从北京撤军。

俄国——这个在清国问题上全面干涉的国家——就像一些英国报纸对其盟友讲得那样，“欺骗了他的盟友”，美国和法国与俄国的利益紧密地联系在一起，而英国在某种程度上也开始与俄国保持一致。

根据解释，出现这些联系的原因是，万一战事延长，美国、法国和英国极力避免瓦德西伯爵领导其军队。因此，他们希望在这位统帅到达清国海岸之前，清国与各国的问题就以某种方式得以解决。

但是，俄国要实现目标的话，仍然缺少最重要的两个国家的支持。一是德国的支持，然而很难在不满足其“正义的复仇”的前提下让德国同意退出清国问题，而且要说清楚一点，还要满足德国的野心；二是日本的支持。圣彼得堡可以通过允许日本占领大韩帝国来轻松实现这一目标，但是俄皇很难下定决心以如此高昂的代价来换取天皇的支持。

这就是现在清国问题的解决方式。接下来，让我们拭目以待。

19000907－1

世界上的海军

美国拥有高度自由的行政机构，刚刚行使了“国王最后的权利”①，并吞并了那些美国并没有任何权利主张的岛屿。只因为那些岛屿是另一种气候，信奉另一种宗教，在这片岛屿上讲西班牙语并对应着旧大陆的势力②。从现在开始，将会有更多的人相信公断与永远和平的福音，这种由

① 即宣战权。

② 此处是指古巴，古巴曾是西班牙的殖民地，西班牙在美西战争战败后，放弃古巴，承认古巴独立。

伟大的法兰西共和国的权利与义务所宣扬的福音，合众国宣扬的仲裁与永恒和平的福音，总是会变为债务与财富之间的和平（实际上一直是这样）。越来越多的人意识到，一支强大的舰队是在这个武装到牙齿的世界中生存的唯一保证。

紧随其后，我们要介绍的是法国海军。但实际上，这支被我们拿来介绍的海军充其量也不过就是个“二等奖”。法国海军拥有 36 艘战列舰，平均吨位为 10000 吨；42 艘巡洋舰，44 艘通报舰[①]、扫雷舰或炮舰，235 艘鱼雷艇。总吨位为 540733 吨。法国海军的人员来自布列塔尼、佛兰德斯、诺曼底、普瓦图、圣东日、桑通尼斯、加斯科尼、巴斯克、普罗旺斯和科西嘉。他们不怕英国人，一如他们在历史上屡次尝试的那样。但是今天，那些决定海战结果的不再是强壮的臂膀和迅速的推进，而是机械、化学与装甲。高卢和阿尔比恩[②]的强大的军队正是能够保证其在亚洲、非洲以及地球表面任何地方拥有巨大领土的缘由。至于英国，它是“日不落帝国”，在所有海洋中都保存有开采好的煤炭；而法国占领着印度支那并在清国和暹罗陷入困境，尤其是还占领着四分之一的非洲，即西非、苏丹、刚果和马达加斯加等地区。

至于意大利，它只能为统治地中海而付出的巨大努力而道歉。因为这种行为损害了法国的利益，而且其阴谋被德国挫败。此外，意大利本应在欧洲和非洲没有多少影响力。然而（意大利人会预见到的！），法国人已然复苏，并占领了撒哈拉以南非洲三分之一的土地；同时，被古铜色肤色的非洲皇帝暴揍的意大利则放弃了其“要么非洲，要么死亡！”的狂妄目标，并从其“伟大的梦想”中惊醒。对意大利来说，除了一场全球战争之外，没有别的希望，因为在这场世界大战中，好运能使其站在获胜者一方。所以，加入获胜的那一方！意大利拥有 16 艘战列舰，平均吨位超过 10000 吨；有 16 艘巡洋舰，11 艘通报舰、扫雷舰或炮舰以及 140 艘鱼雷艇。总吨位为 207012 吨。

俄国不是喜欢幻想的国家。它没有做梦的习惯，对它来说，拿到手的东西就足够了。由于俄国拥有卓越的力量——一种前所未有的力量，导致俄国可以自由运用来源于欧洲和亚洲的力量。俄国是未来太平洋西海岸

---

① 通报舰最初是指一类小型军舰，用于在舰队之间或舰队和陆上基地之间通传信息。随着通信技术的发展，通报舰原有的职能在第一次世界大战后逐渐丧失。

② 阿尔比恩(Albion)是大不列颠岛的古称，也是该岛已知最古老的名称，用来代指英国。

的霸主，但距离拥有一支与其霸权相称的舰队还有不小差距。的确，俄国今天只有西伯利亚东部冰冻的海岸线；而在欧洲，俄国的海岸线也是会结冰的：白海—波罗的海和黑海这两个封闭海的海岸线都会在冬天结冰。今天，从军事角度来讲，把俄国所有海军力量都算在内，拥有平均吨位为6000吨的26艘战列舰，20艘巡洋舰，7艘通报舰、扫雷舰或炮舰以及235艘鱼雷艇，总吨位为237244吨。

讲述完俄国这个旧世界的巨人之后，我们来说一下美国，这实际上是个要小一号的巨人。直到最近，美国满足于拥有12艘战列舰、18艘巡洋舰、20艘通报舰、30艘鱼雷艇，总排水量为233241吨。但是，这个由冶金工人、铁匠和建筑工的后代组成的国家，沉醉于其轻松取得的胜利之中，并在邻近的大西洋和遥远的太平洋地区成为殖民强国，不久后就可以武装自己的海军了。

在亚洲有个侏儒小国，却自以为是歌利亚那样的巨人，因为它粗暴地打击了沉醉于"天朝"迷梦中的清国，这个国家是日本。日本公然说过，欲将所有黄种人从西方的征服中解救出来。但是，其海上力量只拥有16艘战列舰、20艘巡洋舰、13艘通报舰和48艘鱼雷艇，总排水量为214055吨。

德国的海军仍然处于中等的级别，然而德国并不满足于此。德国想拥有一支能够消灭法国人的舰队，或许在条件允许的情况下，还可以消灭整个英国海军。德国舰队仅拥有14艘战列舰、19艘巡洋舰、41艘通报舰、169条鱼雷艇，总排水量为241970吨。

尽管在亚得里亚海拥有海岸线并对塞萨洛尼基有野心，但奥匈帝国并不是一个真正的海军大国。土耳其从陆路到海上的霸权早已丧失殆尽。斯堪的纳维亚的航海条件非常好，但仅适用于贸易和发展捕渔业。

撒克逊人和拉丁人之间最近的一些海战清楚表明，所有海军实力薄弱的民族都必须有失去自己的殖民地、在自己的领土上被侮辱甚至毫无还手之力地被摧毁的思想准备。海军的作用是保卫海外领土或者是保证敌军不在城市海岸登陆，必须有一定数量的大型战舰，或者更确切地说，是无数的战列舰。总之，当一个国家因国力贫穷而无法建设一支宏大的海军时，最好有一些非常坚固的军舰，配备最好的火炮和炮兵，在初次交火时就能摧毁敌方的大批轻重舰船。

在与美国的战争中，我们损失了很大一部分海军以及最好的战舰。

19000907－2

俄国现在似乎已经扮演了清国保护者的角色。然而，在俄国提议的基础上解决清国问题，已经遇到一些困难，因为直到现在，只有法国与美国表示绝对支持俄国的提议。英国和日本也会支持该提议，前提是圣彼得堡保证在签署和平协议后立即将军队从东北撤出。

德国和意大利则变得更不妥协，似乎不会通过上述条件来支持俄国的提议。

目前的问题就是这样。有可能各列强会达成协议，即很可能李鸿章——整个清帝国唯一擅长外交的官员，是列强唯一想要和谈的对象，因为他深知清国人民与清廷的思考方式。

至于北京方面，目前尚无法弄清楚列强是否会为了促成和谈而撤出北京。也不清楚假若真的是这样的话，撤离行动何时开始。

俄国、美国和法国都希望撤离北京，而其他列强则不希望如此。

同时，清国神圣的城市——北京的城门仍然受到严密的保护，尤其是所谓的皇城：美国人占领了南方的城门，而日本人则守住了其余的城门。

无论如何，在联军撤离首都前往天津——这座现在被外国人视为清帝国的新首都之前，联军将在皇城内举行大规模的阅兵仪式。

李鸿章了解到，欧洲列国甚至是美国对他这位未来清国的全权议和代表的诚意及善意表示质疑。故此，李鸿章以电文的形式向纽约非常重要的报刊——《政坛报》发表了公开声明称，外国军队从北京撤离将极大地促进和谈的进展，各国指挥官中的任何人都不应质疑他的诚意、严谨以及善意，以重新恢复清国的秩序、在清国保障外国人的安全并对拳民与暴动者进行惩罚与镇压。

李鸿章的讲话在华盛顿(至少在官方机构中)给人留下了深刻的印象。更重要的是，清国驻美国公使——外交界一位正直而富有声誉的人——保证说李鸿章将竭尽所能，因此不应质疑他的真诚。

关于访华事宜，瓦德西伯爵在8月31日最后一次从阿德姆发出的电报中亲自向德皇威廉二世致意："当我搭乘的蒸汽游轮'萨克森'号进入港口时，与开往科伦坡的法国运输舰'香槟'号相遇。遵照礼节，两艘船之间的互动有声有色，因为当'萨克森'号的乐队演奏时，法国蒸汽船上的乐队以演奏德国国歌的方式予以回应。此外，还有如雷贯耳般的欢呼声与掌声，人们也在挥舞着手帕。"

瓦德西伯爵在给皇帝的电报中还说，英国当局不仅以规定的礼节款待他，而且以深厚的感情和真诚的友谊接待他。

在本节内容的最后，我们将介绍日本驻伦敦公使馆收到的一份正式电报，称凭借武力进入北京的联军组成如下：

日军：6600 名步兵，220 名骑兵，450 名工程师与 53 门炮。

俄军：3300 名步兵，180 名骑兵与 22 门炮。

英军：1832 名步兵，400 名骑兵与 13 门炮。

美军：1600 名步兵，75 名骑兵，150 名海军陆战队员与 6 门炮。

法军：海军陆战步兵 440 名，共 18 门大炮。

19000908

正如预料得那样，自联军组建以来，列强之间就已经出现了不和。

在处理联军是否撤离北京的问题上，俄国的政治干预是最终将列强分为两派的原因。根据俄国的政治干预，其中一派由俄国、美国、法国和日本组成；另一派是反对联军撤离的一派，它们的借口是将联军从北京撤离会被清国人视为一种软弱而怯懦的行为。这一派，也就是三国同盟，由三个国家组成，即德国、奥地利和意大利。

对于英国而言，目前其态度似乎令人期待，但是有加入上述派别中第一派的倾向。因为它没有将美国的东方问题与英国对德国如何把握东方问题的不安区分开来，而这种不安使德国解决问题的方式变得十分夸张。

当列强感知到瓦德西伯爵进入中国领土时，两派之间的破裂可能会演变成一场冲突。在清国人彻底瓦解之际，他在远东的使命就会失去意义。届时清国人只能对联军发动游击战，无法像占领北京之前那样进行大规模的抵抗。

由于在清国不再可能发生大的战事，因此俄国人、美国人、法国人和日本人说，瓦德西伯爵可以返回他的国家了。

现在，我们将看看威廉二世是否同意那些支持撤离北京的国家做出的决定，或者依然故我，他说："既然瓦德西没有联军可供指挥，我将让他率领德国军队。德国将独自在清国承担所有列强本应共同承担的任务。"

哪怕与德国结成三国同盟的其他两国①也不支持德国。德皇在闹剧

① 此处指奥匈帝国和意大利。

般地推荐其宠臣瓦德西伯爵担任联军统帅之前,也有能力孤注一掷地对清国发动战争。

我们收到了一些来自英国的新消息,称庆亲王[①]可能会被任命为清帝国的摄政王,并与联军讨论和平问题。伦敦的清国外交官员声称,他知道李鸿章正在与清国皇室保持联系,并且他拥有与西方人进行和谈的全部权力;清国皇位的继承人必定是庆亲王,而保定路[②]的总督在天津的激战中指挥清国军队,与2000名拳民交战。在拳民放下武器之后,他立即让清军将投降的拳民处决。

19000909－1

由于没有来自远东的新消息,伦敦媒体以讨论英国是否应遵守俄国提出的联军撤离北京的建议来取悦自己。由《晨报》牵头的几家伦敦报刊对英国政府称,建议英国军队与俄军一起离开清国首都,撤退到天津。由《每日电讯报》领头的另一派则坚决反对撤离,该派认为俄国在其提议中有特定的目标。

美国方面,大家现在已经知道,麦金莱内阁支持俄国的提议,因此美军将很快撤离北京。然而,直到与清国签订和约并满足美国所有条件,美军才会撤离。为此,远东美军司令查飞将军采取了措施,以使他们在即将来临的冬季保持良好的战备状态。

德国方面,从柏林收到的一封最新的电报中我们得知,德国断然拒绝接受俄国提出的将联军撤出北京的提议,并宣布俄国随时可以撤出清国首都,让其他列强做它们认为合适的事情。

上一则电报的内容与巴黎报刊上发表的其他电报的内容完全矛盾。后者说德国已准备好在清国协助俄国,德国人将与俄国人做完全相同的事情。

我们将会看到在这两个版本中,哪个版本是真实的。

至于清廷目前的下落,上海的最新电报告诉我们,清廷目前继续驻跸于太原府不敢前进,因为担心被清国叛军进攻。叛军四处游荡于帝国的那个地区,烧杀劫掠、无恶不作,不会放过出现在他们面前的所有人,哪怕是他们中帮助与皇帝或皇太后保持联系的帝国官员与雇员也不放过。

---

① 原文为 Príncipe Zin,疑为庆亲王的拼写错误。

② 原文为 Poa-Ding-Lu。明太祖朱元璋统一北方后,改保定路为保定府。

我们还收到从上海发来的关于清国的令人震惊的消息，其中一条坚称从北京到天津的路上有大批清军与拳民。他们尽管非常混乱，但装备精良。双方完全同意完全切断这两个地方之间的联系，因此，如果联军不尽快离开北京，他们可能以后将再也无法这样做了，否则将为此付出血腥的代价。

在严峻的清国问题上，现在有两个非常有利于各国的因素，即清帝国东北部、中部一些地区和南方完全处于无政府状态。这种无政府状态是由彻底消灭当地人造成的，因此这些地区均由列强操控。清帝国的商人之间还爆发了巨大的货币危机，其中一个因素便是白银的利息已经达到36%，这使清国亟须使本国的商业尽早脱离目前的战争状态，并与外国人议和。

在本文最后，我们获悉伦敦的《标准报》发表的一封来自维也纳的电报称，即使俄国、美国、日本、英国和法国的军队撤离北京，由德国、奥匈帝国和意大利军队组成的特遣队仍将占领清国首都。这支军队在瓦德西伯爵的指挥下将很快得到强援，共计将有40000名士兵。

如果这封电报所说属实，很显然，在清国与各国的问题上，列强之间已不再有协议，而且列强之间的分歧是绝对不可避免的。哪怕人们有理由相信没有一个列强想要分裂同盟，然而在目前远东的时局之下，俄国和德国不可能不通过秘密协议去对付英国人和美国人。

19000909－2

巴黎来信

列强与清国

其他列强对俄国的提议抱持的态度仍然没有最终确定。

法国、美国和日本普遍希望遵守俄国的提议。英国政府也发布了一份非正式的照会，希望能被考虑，纳入俄国的提议之中。在这种情况下，德国成了唯一的反对者。德皇威廉二世对瓦德西元帅做出了这样的承诺[①]，必须给德皇时间反思。至于奥匈帝国和意大利，它们将不得不跟随三国同盟的领导人，但它们在远东的利益并不建议它们寻求极端的解决方案。

---

① 即推荐瓦德西担任联军统帅。

在纽约，似乎人们已经了解到散播所有与刚刚开始外交谈判有关的照会和文件的危险，《巴黎新闻报》昨天收到发自华盛顿的以下电报："华盛顿，9月2日：国务卿阿迪[①]先生称，直到收到所有的列强答复及内阁就所有答复讨论完成之时，美国政府将不会发表任何与美俄照会相关的答复。"

直到了解了这些答复后，美国才会做出最终决定。

在预料到进行关于赔偿事宜的谈判之时可能会出现的假情报及各国的嫉妒之后，美国政府将努力争取妥善的解决办法，以解决各种困难。

战争部部长伊莱休·鲁特[②]先生此时对他的同事产生了巨大影响。

由于他的努力，内阁接受并批准了俄国政府的建议。

这些报告与我们收到的、发自英国的消息不一致。在英国，不乏有人认为欧洲国家误解了美国的意图。但是，由于似乎华盛顿和圣彼得堡之间已建立联系的情报对伦敦来说并不是什么特别令人高兴的消息，因此最好是保留并接受这些新闻机构和英国报刊发布的新闻。

19000911－1

看来，联军终于找到了能够与之和谈的人。和谈由清国的代表委员会负责，该委员会由李鸿章(不可或缺的人)和两位官员吕润仪、张之洞以及庆亲王组成。像某些记者所说的那样，这个委员会中还有荣禄。也就是说，总计一个满人、三个汉人。委员会主席李鸿章将把控着所有的谈判。

目前尚不知道各列强的和谈者是北京的外交官还是英国外交官赫德爵士或瓦德西伯爵。

解决清国问题的道路已然开启。

就撤离北京的问题而言，联军因俄国的提议而产生的敌对情绪日益加剧。除俄国和美国外，几乎所有在京的其他列强外交官都对该提议持有敌意。

日本报刊现在也发起了一场针对撤离的批判运动，该国的一些报纸勇

---

① 即阿尔维·奥古斯都·阿迪(Alvey Augustus Adee，1842.11.27—1924.7.4)1898年美西战争期间担任代理国务卿。1900年义和团运动期间，由于国务卿海伊(Huy)生病，而助理国务卿大卫·杰恩·希尔(David Jayne Hill)不在华盛顿，阿迪再次担任代理国务卿。

② 伊莱休·鲁特(Elihu Root，1845.2.15—1937.2.7)，义和团运动与八国联军侵华战争期间担任美国战争部部长，获得1912年度诺贝尔和平奖。

于指出俄国和德国之间的秘密协议，而这不利于英日两国在清国的利益。

英国媒体还继续以最有力的方式反对政府支持俄国的提议，坚称联军撤离北京，便意味着整个帝国将掀起对外国人的又一次强烈的无政府主义革命。

在清国的英国通讯员发出的电报称，敌人在清国首都内保持戒备。因此，等到联军撤离之时，联军会立刻对这座城市纵火并大肆劫掠。

上述记者补充说，这就是所谓的“清理首都”，因为那里仍然遍布拳民和叛乱的清军。

同时，联军的指挥官们已采取必要措施，维护公共秩序并保护首都居民的利益，逮捕或严惩任何企图践踏公共秩序或违反上述利益而行动的人。

关于俄国的对华政策，圣彼得堡最重要的报纸都保证，将以外交方式处理东北问题，但会与联军撤离清国直隶省的问题区别对待。

俄国政府通过其正式机构宣布，俄国绝不打算永久占领或吞并清国东北。

19000911－2

英国当局断然否认伦敦皇家阿尔伯特码头曾发生腺鼠疫的传闻。其中，该港口卫生部门的长官称，没有收到任何相关消息。

在苏格兰，该传染病流行于格拉斯哥和戈扬，不久将完全消失。

俄国政府称，只要其他列强没有领土要求，俄国也不会在领土上有所要求。

清国应支付的赔偿金额问题将由列强政府之间的共同协议来解决。

俄国政府补充说，俄国并不打算占有其目前占领的土地。

如果圣彼得堡的这些声明是发自肺腑的，那么列强这边会做得很好，因为没有理由破坏列强之间必要的协议，以使清国人改变其想要议和的事实，但是……如果清国人不这样做，那又该如何呢？

19000912－1

由于北京与沿海城镇之间的通信可能不通畅，因此几乎没有收到从北京发来的、任何真正令人产生兴趣的消息。

根据这些已收到的消息，与皇帝和整个朝廷一起的皇太后将继续并长期驻跸于太原府，并处在一支庞大的清国常备军的保护之下，直到联军撤离北京。

清廷的临时驻跸地位于一个交通不便的地方，距离北京西南约190公里。

法国海军部长已收到弗雷将军最后一次发自北京的电报。该电报发于8月24日，宣布联军已进入清国首都。这支联军部队中，各部分都由一支与派出国派出的军队数量呈比例的代表特遣队组成。在电报中，北京被称为紫禁城。

联军排着纵队进入紫禁城，日军居于纵队之首，其次是俄国人、英国人、美国人、法国人、德国人和意大利人，奥匈帝国的军队位居纵队最后。

从弗雷将军的电报中可以清楚地看到，在北京城，平静的生活重现。现在，人们又恢复了往昔的生活。同时，由于有负责巡逻和监视的联军部队，清国首都20公里的范围内都很平静，没有拳民和叛军，这使每个人都可以不为日常生活而担心。

相反，从香港收到的消息并不令人满意。在那里，随处可见暴民袭击并洗劫出售外国商品的、当地商人的商店、集市、报亭和仓库。

最后，我们将重提德国在清国问题方面的政策。《威斯特法伦新闻报》报道的内容如下：

> 如果我们撤离北京，我们会被全世界人耻笑，然后在俄国面前受辱。如果我们不撤离清国首都，我们将被吸引那些渴望征服的侵略者们不公正平地对待。

之后，该报开始抨击政府，补充道：

> 实际上，指派给瓦德西伯爵的角色只不过是一名“戏剧将军”，无论他有什么过失，都不应被置于如此荒谬可笑的位置。事实是，自俾斯麦亲王退出政务以来，我们从那时起到现在所有的成功，都只不过是镜中花、水中月。

同时，《科隆报》无缘无故地以激烈的言辞抗议伦敦《泰晤士报》自巴黎刊文中做出的假设。根据该假设，俄国军队从北京撤离正是沙皇尼古拉二世对德皇威廉二世不满的产物，而尼古拉二世将这种不满归咎于对瓦德西伯爵的任命。

该报最后谈到了伦敦《泰晤士报》中提到的清国议和委员会的组成，称其人选是慈禧太后向欧洲发出的无礼挑战，该挑战足以引起反对清国的列强一致反对俄国关于联军撤离北京的提议。

19000912－2

自圣彼得堡发给外国报刊的所有电报都认为，俄国政府发给列强的新照会内容是清晰而坚定的。该照会称，俄国有义务捍卫并维护其在清国的利益，并且俄国不准备以任何方式牺牲这种利益，以寻求其他任何国家对俄国本应享有的利益的支持，无论该国家是哪个国家。

俄国照会补充道，俄国已决定从北京撤军，而且俄国和清国之间有着传统而密切的友谊，俄国不会同意出于特殊考虑而牺牲这种友谊。

最后，俄国在发送新的照会之前收到了法国的答复，法国接受了先前照会的所有观点。

据说俄军将在瓦德西元帅到来之前离开北京，以免造成麻烦。

19000912－3

意大利驻清国公使萨尔瓦戈·拉吉[①]男爵向意大利政府发电称，在清国首都将设立一个由列强首脑组成的特别委员会来负责维护公共秩序。

拉吉补充说，拳民和煽动针对基督徒和外国人的屠杀的始作俑者都会受到战争委员会的审判。

预计庆亲王将于(9月)3日出现在北京。

在日本骑兵支队的护送下，庆亲王进入北京，并对列强代表进行了非正式的拜访。

日军向饥民分发大米。

俄国人、日本人和德国人在北京附近进行了各种侦察、搜索，然而没有遇到敌人。

19000912－4

据德国海军司令称，下列部队直到8月26日才能在清国登陆。

---

① 即朱塞佩·萨尔瓦戈·拉吉(Giuseppe Salvago Raggi，1866.5.17—1946.2.28)，义和团运动与八国联军侵华战争期间担任意大利驻清国公使。

	军官	士兵	火炮	军马
德国	91	3150	6	344
英国	218	6746	25	1897
奥匈帝国	16	272	2	80
美国	181	5427	17	1239
法国	192	5186	37	570
意大利	26	522	1	10
总计	724	21303	88	4140

表中的部队中，必须增加俄国和日本的特遣队，其总人数和组成人员并没有具体说明，但两国派出的兵员人数不会少于120000人。

19000913

几乎完全没有来自官方渠道的关于清国的消息。这使我们无法在这种情况下清楚地看到清国发生的事实，以至于我们无法对清国现状发表任何评论。

而我们唯一看清楚的是，俄国关于联军撤离北京的提议将完全失败。倘若这种情况不发生，则只能在经过大量修改之后被各国接受。并且，请读者注意，这次失败并不是由英国造成的，显然是遭到了德国人的强烈反对。

难以让人忽略的是，俄国和德国之间爆发了真正的不和。这种不和在两国处理清国问题以及对待各列强可能怀有的目的上体现得淋漓尽致，也在德国与俄国的报社相互使用的过激语言中得到了完美体现。

就我们而言，我们认为，在撤离北京之事中发生的一切，无非一种极大的政治手段，其目的可能是欺骗英国人。因此，至少这似乎表明，柏林正在上演着一场拉锯战。更确切地说，是由于英国政府的优柔寡断与模棱两可的态度。英国政府千方百计寻找借口，以回避的方式、闪烁其词的话语及托词来对该提议做出“果断而清晰”的回答。即便索尔兹伯里侯爵和张伯伦没有做任何事情，英国政府这么做也是为了继续在清国问题上有所作为，并为应对瓦德西伯爵到达清国做准备。

因此，我们仿佛正处于幕间休息时间，即将看到由列强(特别是俄国、英国和德国)在清国内外上演的戏剧将如何收场。

19000914

俄国提出的将联军撤离北京的计划已被视为是失败的,目前只是暂时被部分接受。后来,德国根据所有可能性提出了反对计划,这是一个折中的提议。根据该提议,大部分联军将撤离北京,撤至天津或大沽,在那里将修建一个庞大的、有堑壕围绕的军营。在和谈进行之际,在与清政府签署和约之前,每个国家都在清国首都留下了一支强大的部队来维持秩序。

解决列强之间冲突的新方案定会满足所有国家的要求,俄国迅速同意该方案便是证据。而且,尽管德皇威廉二世和沙皇尼古拉二世貌合神离,但是他们之间仍然存在秘密协议。

德国希望其提议(根据我们的设想,该提议与俄国的提议相比没有什么大的修改)将在摄政皇太后、皇帝和整个朝廷返回北京之后立刻得到解决,即立即开始和谈。

现在,让我们拭目以待的是,瓦德西伯爵在前往清国的途中已路过科伦坡。电报称,他将为清帝国目前出现的新局势做好准备。

我们缺乏新的、有意思的新闻,只能将在过去 24 小时内我们收到的消息总结为黑旗军活动频繁,大量黑旗军将士在刘将军①的指挥之下向北穿越湖南、湖北。

假设规模如此庞大的清国士兵之目的,不过是护送清廷从驻跸之地返回北京,这就会避免拳民与叛军大胆发动政变,从而与他们为共同的事业而奋斗。

我们收到了另一封发自上海的、关于义和团的电报,电报称多股拳民正在入侵山东和直隶,在那里他们与接到命令的清国正规军进行了多次白刃战。其中有一场极其血腥的战斗,义和团伤亡了 2000 人。

最后,从东圻发来的电报称,清国皈依基督教的信徒遭到大规模袭击。如果联军不迅速帮助他们,他们将被全歼。

---

① 推测为刘永福。1899 年,刘永福回南宁招募营勇,重建黑旗福军四营。义和团运动席卷北方之时,刘永福奉调入京镇守,因同情农民而迟迟未行,后经多次催促方才起程。但队伍抵衡州时,又奉电调回广东惠州、潮州弹压农民军。然而,查阅相关资料,并没有刘永福在义和团运动期间事实上出兵北上的记载。

19000915

鉴于几乎没有关于远东正在发生的事情的官方电报与新闻，我们今天只能告诉我们的读者：似乎可以肯定的是，列强接受了让相应国家的大部分军队撤离北京的提议。然而，在清国恢复正常之前，联军还是在清国首都留下了强大的部队。

通过法国驻北京公使毕盛先生的官方电报，我们了解到，正如所说的那样，8 月 28 日，各国外交使团在联军的陪同下进入了清国皇宫。在皇宫里，一些清廷的高级官员以及几位军机处的高级官员接待了他们，这一点也不值一提。

在这种类似于占领的行为发生之后，各国军人将外交官员护送到各自的兵营后便撤退了。

19000916

如果我们要保证列强官方报纸上所读的内容可信，那么在清国，一切都不是动动嘴就可以解决的。因此，在清国，目前还聚集着如此庞大的联军军队。故此，时至今日，他们可以在不是很畏惧的情况下站在已经出现或者即将出现的所有拳民和叛乱分子面前。此外，清国外交官将到达北京，负责与联军长官或他们指定的文官代表进行和谈。

在日本骑兵的护送下，全权代表清廷解决悬而未决的冲突问题的庆亲王进入北京。不久，另一位清国代表李鸿章也将抵达北京促成议和，其他人员也陆续抵达。

关于撤离北京的问题，联军大部队从北京撤离至天津的协议协商工作已经完成，仅在清国首都留有与先前的军队呈一定比例的小股部队。

俄军人数将为 2000 人。

部分联军撤离北京最重要的原因之一，是担心出现大规模的饥荒。因为叛乱分子经常对交通线进行干扰，所以为尽可能多的人提供食物遇到了很大的困难。

清国人可以如此频繁而不受打击地切断交通线，拳民与联军之间的战斗在首都郊区从未停止。上述事实使我们担心，清国与各国的问题不会像列强的官方报纸所声称的那样是“玫红色的”。这些行为使我们深信，清国与各国的问题宛若深海，定会有大量冲突浮出水面。

现在让我们看看联军统帅瓦德西伯爵在几天之内到达清国后将会发生什么，他很可能在列强之间扮演祸根的角色。

19000917

巴黎来信

外交形势

意大利的提议——谈判基础

《巴黎新闻报》收到发自罗马的如下电文：

几乎所有大国都拥护意大利的提议，并就该提议达成了三点共识：

1.维护清帝国的完整性。

2.保证即将签署的条约完美地得到执行。

3.对大屠杀的煽动者进行惩罚。

意大利提议在和约草案初步签署后便撤离北京。法国、俄国、美国甚至英国可能不会等到和约草案签署之时，便会将他们的部队交错部署在京津之间。

“所需的保证”可能是对直隶的军事占领，也可能说的是有关于拆除大沽口炮台的事宜。

至于对屠杀煽动者的惩罚，还不知道这些国家是会仅限于获得高额赔偿，还是会要求将端郡王和与他做了相同事情的官兵处死。

19000919－1

在联军撤离北京之前，清廷决定不返回北京。

正如我们先前说过的那样，俄军、法军和美军以及部分日军将在不久之后撤离北京，而不是英军、德军、奥匈军和意军撤离北京。这些国家，特别是英国，坚持不从北京撤走一兵一卒。

如果清廷要前往北京，同时建立一个负责而稳定的政府，对于最终解决远东问题来说将是一件大事。但由于列强之间存在分歧，因此该情况不可能发生。那么，在这种情况下，唯一可行的就是促成和平。这种和平是同李鸿章与其他清国外交官议定的,然后在清国首都建立一个负责履行议和条件的政府。也就是说,和平将在本已结束和平的地方重新建立,因为首要的就是要有一个足够负责而稳定的清国政府,以便能够以各种形式处理议和之事。

从处理清国问题的方式来看,由于列强之间缺乏一致,即使签署了和平协议,也很容易在和约签订之后爆发冲突,届时情势会进一步恶化。

各列强没有固定的标准,都想把其他列强拉拢到自己这边。此外,还有比西方国家想象的要狡猾得多的清国人,更不必说在远东问题这个可怕的问题上,还会发生多少严重而奇怪的事情。这一切必将以这些所谓的面和心不和的列强之间的争执而告终。

19000919－2

李鸿章接受的全权与列强代表进行和谈的诏令,是由光绪皇帝而不是摄政的皇太后发布的,这使人们相信皇室的两位成员之间存在很大分歧。对于解决现有的清国问题而言,这是一个非常不好的兆头。因为世人皆知清国是皇太后摄政,她的党羽不仅规模更大,而且权力更大。所有与皇太后的行动保持一致的人,不仅是清国的改革之敌,更是外国人的劲敌。

也有可能是皇帝与皇太后之间存在明显的分歧。而这无非一种政治策略。由于这种策略,当案子出现时,前者很可能无法履行其议和的承诺和规定。

让我们不要忘记,李鸿章与所有清国与各国的大混乱紧密地交融在一起,这从他臭名昭著的虚伪中可见一斑。

另外,光绪皇帝似乎忽略了过去五个月来清国发生的一切事情,特别是北京的情况。他否认与义和团起义以及针对外国人的袭击和暴行有任何关系。

关于撤离北京的问题,今天的电报并未呈现任何变化。因此,除非有新的事情发生,否则我们将很快收到俄国、法国和美国的军队已经撤离清国首都并撤回天津的消息。

关于和平谈判,似乎在没有等待李鸿章抵达北京的情况下,庆亲王和清国总税务司赫德爵士起草了必要的谈判草案,而这至少不用考虑瓦德西伯爵在清国首都的存在,以及德国人的想法、言论或行动。德国人认为,瓦德西伯爵是唯一获得认可参与议和的全权代表。

与此同时,我们从纽约收到了一条相当奇怪的消息,或者更确切地说,是"很美国的消息"。而且，一旦华盛顿确信李鸿章被赋予的权力的有效性，将准备立即讨论与他议和之事，无须担忧其他列强会做什么。

罗马发来的官方消息使我们感到惊讶。该消息称，于15日在该城举行的部长会议上，与会者一致同意：从现在起，忽略一切可能将意大利拖入清国新的战争式的冒险行动。相反，意大利政府仅限于向清国提出清国应偿付的赔偿款，以补偿为解救被围困在北京的外交官员出兵清国而支付的战争费用。一旦意大利达到目的，便会考虑停止介入清国与其他列强之间的冲突。

关于列强的军事行动，我们只能提一下本月8日从大沽出兵至保定府的联军征伐军。为了更好地确保清国沿海地区与北京之间交通畅通，这是一次必要的进军。这支征伐军已行进23公里且未遇抵抗，准备继续前进。

这支征伐军组成如下：

英军：两个骑兵团、一个野战炮连和300名步兵。

意军：1000名步兵。

日军：300名步兵。

俄军：300名步兵。

美军：500名步兵。

最后，为打击袭扰天津附近且活动中心为独流县和静海县的拳民，列强在天津组建了另一支联军。

19000920－1

正如我们一直相信且说过的那样，总体而言，清国问题，特别是联军撤离北京的问题，都表明俄国和英国在清国相处得并不融洽。

俄国坚持打算从清首都撤军的做法，使法国和美国同意效仿俄国的行为；日本同意俄国撤军，并撤走了其在北京的大部分部队。

德国及其追随者奥匈帝国与意大利将抵制撤离行动，但在一定程度上承诺：在瓦德西伯爵到达清国首都时撤军。至于英国，它以非常外交化的态度，最重要的是以非常平静的口气宣称坚决拒绝撤离北京。更严重的是，宣称拒绝接受李鸿章作为清国议和代表团的一员，而李鸿章则是俄国人忠实而友善的好朋友。

英国人与俄国人之间的冲突再明显不过。因此，德皇威廉二世应该会以极大的愉悦和满足感来搓揉双手并翘首以待。尽管过去有种种表象显露出相反的迹象，但正如我们所怀疑并反复指出的那样，德皇威廉二世与沙皇尼古拉二世签订了密约。

一旦瓦德西伯爵经由新加坡到达上海，并最迟于本月25日到达大沽，无疑将大大消除清国与列强问题中现在遇到的这种异常局面。

拳民与联军仍在北京和天津附近继续着多少有点血腥的战斗，而拳民通常会遭到重创。

在这场可怕的战争中，日军脱颖而出，因为他们的英勇和人道得到了彰显。人道方面，日军是第一等的，而俄军与法军连第二等都算不上。根据本月10日收到的由北京发出经芝罘转发的电报，巴黎出版了一份英文报纸，提到了法军与俄军在东城(Tungchan)犯下了最可怖的暴行，他们在那里强奸妇女、杀害儿童。

19000920－2

美国人在菲律宾的状况良好。我们可以肯定地说，停留在长崎市(日本)的几艘欲向大沽运载装有部队和战争物资的运输舰已被要求返回马尼拉。在马尼拉，请求援军的麦克阿瑟总督比他在的清国的同事查飞将军更需要那些部队与物资。

这些部队由大约10000人组成。据美国政府称，这些军人将填补驻菲律宾美军之缺。他们是由解散的士兵和志愿人员组成的，但不仅限于此，他们还必须增援那些驻扎在群岛上的疲惫的美国陆军士兵。

19000921－1

正如我们昨天在本节中所说，俄国和英国在清国发生冲突的明证，则是一个非常重要的事实：李鸿章在离开驶往大沽的“奥平”(Auping)号蒸汽船欲前往北京时，英国海军上将西摩尔抗议他离津，因此后者中止了行程。

在知道李鸿章是俄国的好朋友之后，英方阻碍他北上进京就有相当的意义了。

关于皇帝、皇太后和清廷目前所在的位置，一封来源非常权威的电报坚称，他们仍然驻跸于太原府——一个距离北京不远的小城市。

19000921－2

圣彼得堡官方的报纸称，为能够在今年年底之前为公共商业（也可以称为军事）提供铁路交通运输，政府已安排尽早启用将两条主要铁路线——西伯利亚大铁路和东清铁路[①]连接起来的铁路[②]，该铁路全长约300公里。

有了新的铁路线，俄国就极有可能最终占领清国东北，完全成为整个清帝国东北部的主人。

19000922

伦敦的清国公使在与一家美国报纸的记者会谈时说，作为议和条件之一，将给在清国的传教士划定一个有安全保证的活动范围。

清国人希望建立一个自由港以与美国进行贸易。

19000923

德国民族自由党的刊物痛心地批判政府的冒险政策。这些冒险迫使政府不得前往美国筹措借款，数额达8000万马克。

德国民族自由党的刊物在批判中不忘讽刺地谈论了购买加罗林群岛的情况[③]，认为购岛是毫无价值的。人们认为，干预清国事务产生的费用在很长一段时间内，将会一直是帝国财政部非常沉重的负担。在相当长的一段时间内，将和不断增加的给“海军那个永不满足的怪物”的开支一样。

民族自由党报纸的结尾预测称，分散的政策将会导致国家灭亡。

19000924

收到的来自远东的电报新闻数量很少。在远东，列强之间的破裂将很快而不幸地成为现实。这是由于德国采取了毫不妥协的态度，现在该立场

---

① 日俄战争后称为中东铁路。

② 该铁路线为赤塔至满洲里的铁路。

③ 美西战争后，美国从西班牙处获得加罗林群岛的控制权并将其卖给德国。

得到了英国、日本、奥地利的和意大利的支持。这五国组成了一个五方联盟,反对由美国暗中支持的两方同盟(俄国和法国)。

两个集团之间的冲突已经很明显。把清国的事情推向极端的俄国及其列强法国,希望(他们会知道为什么)以这样或那样的方式解决清国内部冲突;而德国伙同其四个临时拉来的盟友,希望为了签订和约而满足其两个非常棘手的要求,即清国皇帝出现在北京,以及惩处所有在过去五个月里在清国特别是北京犯下屠杀罪行的元凶。

因此,德国这两个几乎不可能实现的要求,显然与俄国、法国和美国相悖。正如我们之前所说,无论如何,这三个国家都渴望尽早解决清国问题。

瓦德西伯爵几天之内即将到达北京,这可能会终结这一过渡时期,因为现在清国的现状如此。

当列强间准备内斗时,清国人趁此机会聚集和组织军队,目的是继续对帝国中的所有外国人进行进攻。

关于北京的局势,我们通过伦敦《晨报》从北京发出、经大沽转发的电报得知,日军占领的清国地区秩序良好。

德国人、俄国人和法国人也都在一定程度上维护了各自占领地区的秩序。

在英国的占领区,棕褐色肤色的英属印度士兵随时准备掠夺,指望其指挥官和军官们视而不见。

美国人采取了他们似乎所尊重的方式,但是在他们占领的地区公然进行抢劫。

简而言之,在北京的联军之间,自从不尊重或不遵守指挥官的命令之时起,就不可能维持行动的一致。如果瓦德西伯爵要所有联军承认并尊重他的领导或权威,那将是一项极其艰巨的任务。

19000925

清国问题依然毫无进展,但是有朝着一个方向或另一个方向迅速解决的趋势,因为几天之内最能直接解决这个问题的两个人——瓦德西伯爵和李鸿章将抵达北京。

那么,权且让我们耐心等待,直到这两位主角在清国问题上发言为止。

我们今天得到的消息可能是比真正的消息还要奇怪。在维也纳的政治圈子里,据计算,列强要求清政府支付的赔款总额在 6000 万—8000 万英镑。

19000926

总结了最新消息之后，今天我们可以向读者传达的、有关清帝国局势的消息包括如下内容：

俄国军队已开始撤离北京，法军和美军将很快效仿；另外，其他列强特别是德国的特遣队人数在清国首都正在大幅增加。

他们（德国人）激起了清国和其他列强的警觉与恐惧。德国在清国的需求日益增长。现在，不得不记录一个事实，即为了与清国人和解，德国人要求拆除长江两岸及入海口处的所有炮台和防御工事。

19000927

今天，我们自清国收到的最重要的消息，则是俄国、德国、法国和奥匈帝国军队炮击并占领由3000名清国人把守的北塘炮台。清国人在一阵象征性的抵抗后，在光天化日之下溃退且未被俘虏。

清国人在战场留下了一些尸体，而联军的损失则很少，三死五十伤。

由于到达太迟，英国、日本、美国和意大利的部队没有参加此次军事行动。

从国际政治的角度来看，关于目前的局势，只能说支持俄国或其竞争对手英国的列强集团之间的二元对抗日渐突出。人们也对瓦德西伯爵到达北京后，清国与各国冲突态势的转变抱有很高的期望。

同时，在北京和大沽周边地区，经常发生联军和义和团之间的战斗，因为又一次出现大规模的拳民。

关于开启和平谈判之事，鉴于德国的顽固立场，看来仍然需要很长时间才能实现。更重要的是，尽管有俄国和李鸿章的努力（也许是假装的努力），也没有办法劝说皇太后和皇帝离开太原府并返回北京，而不必担心联军留在北京。

没有清国皇帝的现身，列强就不会在完美而有效的基础上与清廷派出的代表议和。在我们看来，他们已经知道，清帝国正式做的所有事情中，经常会出现不正规的情况，更多的时候则满是恶意。

在此过渡期间，暴动正在帝国南部各省蔓延。

总之，远东地区仿佛陷入千般恶魔织就的困境之中，没有人能够预测谁或哪些人将破除这一困境，而且我们仍然不知道将其破除要花费多长时间。

因此，我们希望在清国看到奇迹。

作为最新的新闻，我们将为读者提供由伦敦《标准报》驻莫斯科通讯员在伦敦发表的一封紧急电报的译文，内容如下：

> 这里收到了有关俄国人最近在东北实施的大规模屠杀的真实消息。
>
> 黑龙江地区海兰泡的5000名清国人被解除了武装，被夺去了所有物品，在俄军的押送之下，被驱赶到距该城约七公里的（黑龙江）江岸。
>
> 到达那里后，清国人被编为小队，然后被带到江岸，被处以从江岸走到江对岸的"死刑"。
>
> 尽管发生这些事件的地点——黑龙江只有1.5公里宽，然而水流湍急，江中没有一条渡船。
>
> 看看这令人震惊的景象：大人们和孩子们被驱赶到水中，被俄国人用刺刀杀死；倘若他们拒绝进入江中，他们就会被枪杀。
>
> 被杀者的尸体像炮弹一样砸在活人身上，无论活着的人是否会游泳，他们都被赶进了河里。
>
> 这些野蛮的场面在其他城镇中屡屡发生，因此被俄国人杀死的清国人估计为数千人。

尽管上述内容可能会与伦敦《标准报》刊登的内容一致，但我们还是很不愿意相信。

19000928－1

在清国问题上，今天我们可以向我们的读者指出两个非常重要的观点：帝国首都已从北京迁到河南府，因此西方各国对清国的外交感到非常失望；美国和德国在清国显露出敌意。

在准备处理清国领土的事件中，越来越明显的一点是，和平正在逐渐消失。无论是在团结的程度上还是力量上，列强将不得不保持团结，且都必须完全信任联军统帅瓦德西伯爵，并尽早开展针对清国人的实际行动。不论他们是不是拳民，都要给他们上一堂令他们痛彻心扉并能让他们大彻大悟的课，可是对世界上八个最重要的国家来说，结果却充满了嘲讽和否定。

要使清国人步入正轨，并使他们立刻明白自己不能与有罪不罚的文明世界打交道，是一项是艰巨而持久的任务，除非列强现在已经团结一致。但正如俗话所说，当西方人真正联合在一起之时，相互之间就没有多少牌可打了。对于欧洲和日本来说，最好让美国人了解现在国际关系中的多样性，否则他们就会变成国际关系中不必要的祸根。

在清国，很快将有超过 10 万名联军士兵，他们由统帅瓦德西伯爵领导，能够在短时间内解决清国与各国间的冲突，而至少现在不必担心，各国在以后会发生什么。

目前的问题是必须尽早果断地结束远东目前的局势。否则，这对一些国家意味着普遍的动荡和不安，并对其工商业造成灾难性的破坏。

清国迁都的诏令如下："我们想将我们的帝国首都从北京迁到位于秦、汉、唐朝曾经定都的陕西省西安府。新首都还坐落在黄河拐弯处，这使外国人无法进入。"

已确认，俄国人最近对东北手无寸铁的清国人犯下了野蛮罪行。8 月 6 日纽约的《晚报》刊登了北美旅行家即俄亥俄州奥博瑞恩学院的教师怀特先生写自斯特雷肯斯克（西伯利亚）的一封信。他于信中在重复伦敦《标准报》记者从莫斯科发来的报道后补充道：他骑着马穿越东北，数了数，多达 30 个大小不一的清国城镇被大火焚毁，仅仅一天中就有 20000 名爱好和平的清国人的房屋被烧成灰烬，而哥萨克人则在田野里骑马射杀他们看见的所有清国人。没有人知道这些妇女和儿童发生了什么事，尽管他们或许死于杀戮。而且，俄国人称他们的各种军需品遭受损失，并以此为由又杀害了约 4000 名清国人。

19000928－2

根据美国国务院收到的正式照会，美国政府已告知德国、俄国和清国，称美国不同意德国对列强做出的说明。作为条件，在开始和谈之前，清国应向联军交付义和团运动的主要罪魁祸首，特别是端郡王。

美国政府已下令其驻清国公使开始和谈，无视那些希望与德国保持一致行动的列强。

19000929

由于德国的要求，在一些列强的支持下，清国与各国的冲突变得越来越丑陋不堪，负责与西方人和谈的清国外交官也宣布，甚至没有必要考虑开始谈判，因为外国人施加的主要和谈条件是清国交出端郡王和义和团运动的主要领导人，并对他们加以惩罚。而清廷并未准备将他们交给外国人，从而浪费和谈的时间。

作为清国人孤注一掷的有力证据，摄政皇太后任命端郡王为军机处领班军机大臣，皇帝又任命他为总理各国事务衙门王大臣。而端郡王正是外国人要求惩办的"首恶"。

因此，我们的读者能够看到，距离解决清国问题遥遥无期。

德国应为远东发生的一切事情负责，因为德国的行为不是善意的。柏林试图在清国设下的骗局开始变得清晰可见。

德国不会与其他列强一道试图恢复清国的秩序，而是为克林德男爵的惨死报仇。德国对因在北京城内对德国国旗的侮辱和践踏产生的所有赔偿款表示完全满意，该赔偿足以冲抵德国与其他列强在干预清国与各国的冲突中产生的费用，并且还有剩余。

但是，综合所有观点来看，德国在清国还有其他特殊目的，这清楚地表明了一个事实，即大多数列强在其部队进入北京并得到战争赔偿金的同时，几乎未与清国人发生冲突。德国拒绝撤离清国首都，并为签署和约强加给清国几乎不可能得到满足的条件，而这恰恰是在清国以及从大沽出发的德军军势强大的时候，也是在瓦德西伯爵到达目的地的前夕。

法国在最后一刻支持比洛[①]总理在照会中记录的德国的提议。这一事实进一步向我们证实了俄国和德国达成秘密协议的想法，因此圣彼得堡向巴黎发出的照会称，俄国支持德国的提议。

19000930

《殖民报》刊登了德国的照会：

> 许多报纸称，一些大国对德国的提议提出了某些意见，因为该提议被认为是德国对清国皇太后施加的一种惩罚。据我们所知，没有任何其他列强对此提出反对意见。
>
> 相反，该提议强调，清国问题不应归咎于皇太后，而应归咎于其臣

---

① 即伯恩哈德·海因里希·卡尔·马丁·冯·比洛(德语：Bernhard Heinrich Karl Martin von Bülow，1849.5.3—1929.10.28)，德国政治家，曾于1900—1909年任德意志帝国总理。

工。正如我们最近所说,没有必要对皇太后采取行动,除非她拒绝惩罚有罪之人。只有在那时,她才对所犯的罪行负责。由于尚未逮捕有罪之人,因此不否认将对皇太后的人采取行动。

许多报刊称,德国公使馆将迁往上海。然而,目前仍不确定该公使馆最终是留在北京还是天津。可以肯定的是,公使馆绝不会迁往上海,从来没有想过要迁往那里。

1900 年 10 月

19001001－1

清国问题依然处在过渡期。

柏林报纸评论了美国把德国发给清政府的照会与惩处端郡王及义和团运动主要领导人作为和谈的先决条件相联系而做出的否定回应，称这一否定回应与其他列强无关，考虑到临近美国总统大选，完全理解麦金莱总统的行为方式。

清国与列强进行和谈的可能性越来越小，因为后者的要求越来越高，强加了新的和谈条件。

现在，他们希望拆除清国人在大沽附近的所有炮台，因为这些炮台威胁着大沽与天津和北京等城市之间的交通往来。

在此期间，清国问题继续发酵。端郡王在国内逐渐拥有巨大的影响力，他在清国是万能的，但他将在无所不能的联军统帅面前找到自己的位置。

不久之后，将在清国进行一场清国人最喜欢的端郡王和德国人最喜欢的瓦德西伯爵之间的可怕的对决。

19001001－2

罗伯茨勋爵和他的将军们，以及英国人民和新闻界都认为英国人与布尔人的战争业已结束，安抚奥兰治自由邦和德兰士瓦的时期即将开始。以至于最乐观的人们称，英国将立即向清国派遣大量在南非的军队。他们相信，如果给英国 10 万人，他们将足以在亚洲特别是在清国重建英国的威望，现在英国的威望早已荡然无存。

一些更大胆的英文报纸则清楚地表明，与德国秘密结盟的俄国和法国仅提议在远东分割英国人的利益，以瓦解其在清国巨大的势力范围。一旦南非的战争结束，这10万人将准备妥当并将在非常合适的时机到达，从而避免英国在清国的影响力一落千丈，以挽救英国在长江沿岸的重大政治和商业利益。

19001002

列强就清国产生的分歧以及德国对和谈的过分要求给人们带来了令人恐惧的灾难性后果，因为了解到列强要瓜分清国的清国人用千般借口推迟和谈，宁愿将此事推向极端，也要继续与外国人决一死战。

此时，充满传奇、众所周知狡猾的俄国比其他任何国家都受益良多。俄国火中取栗，凭借其“不能被原谅的纯朴”吃掉了其他列强在火中烤熟的栗子。俄国已经正式吞并了东北，为了实现该目标，不仅占领清国领土对它来说如此重要，而且使英国在清国扮演的角色被认为是最不光彩与最可怜的也很重要。现在俄国的主要愿望已经得到满足，将在一定程度上退出同盟，并对其他国家说：“那里还剩下那些利益，诸位请便。”

俄国也对英国在南非做出的不光彩的事件进行了全面报复，从而取得了又一次外交胜利。这使其他列强几乎没有意识到英国人拥有他们认为的、在长江流域已经拥有的那种主权。

我们重申，俄国对英国的报复已经完成，而这恰逢英国议会选举之时。

关于现在的局势，我们将主要参考那份要求对义和团运动的五位始作俑者进行惩戒的德国照会。俄国和日本在原则上接受它，但要求对其进行重大修改；英国似乎在做梦，或者已经在大海中迷失航向，尚未对是否接受这份照会做出明确的回答；法国、奥地利和意大利无条件地遵守了这份照会，美国断然拒绝了该照会，不想与这样荒谬的国际玩笑捆绑在一起，更不想成为这些国家的同谋，因为美国认为德国在清国花费高昂，采取的只是荒谬绝伦的行为。

美国在这件事情上十分务实。由于它把赴清国的所有部队都集中在菲律宾，因此退出了与欧洲国家的任何联盟或协议，并准备给予清国人特别或单独对待。

同时，已经完全掌握局势、几乎已经将摄政皇太后和皇帝变为囚徒的端郡王，已经命令他的所有党羽和数以百万计的支持者准备继续与外国人决一死战，同时派遣信使到南方各省，以便清国官员、将领和军队可以北上捍卫帝国并抵抗共同的敌人，即那些“洋鬼子”。

瓦德西伯爵即将抵达北京。如果这位兼任联军统帅的政治家不以机灵的态度行事，或者如果柏林有严格的命令要坚持惩罚端郡王和义和团运动的其他领导人，那么他早已能够组织两次伟大的军事远征：一次是向北京的西边，另一次是向北[1]（通过汉口）。别忘了，根据第二次远征时会达到的效果，联军统帅将会面对面地遇到长江流域的所有督抚，甚至是与英国相遇。

因此，清国与各国间的问题比以往任何时候都更加纠结。如果德国自己玩自己的，坚持其顽固的意图，那么清帝国会做好将冲突常态化的打算，事情会变得更加荒谬，和谈将遥遥无期。

19001003

我们没有来自清国的新消息。通过收到的一些来自欧洲首都的消息，我们知道，从各种表象来看，瓦德西伯爵对清国做出了强有力的训示。因为在旅途中，他一直收到德皇威廉二世的指示，德皇基于德国与清国之间的战争状况，命令瓦德西伯爵向清政府要求立即移交并惩处近期发动针对外国人的暴乱的五名主要领导人。

根据上述内容，瓦德西伯爵抵达北京之时，将向清政府下达最后通牒，使清政府不得不用几个小时来满足以德国为代表的列强的要求。一旦瓦德西伯爵没有立即收到令其欣慰的答复，他将在联军面前发动一次大战，并要求联军按照各自政府的命令尊他为统帅。

瓦德西伯爵的目标是，即便只剩下他麾下的 22000 余名士兵，也要发起迅猛的攻击，以便出兵至清国的心脏地带，俘获皇太后、皇帝和整个清廷，并强迫他们返回北京，从而在列强，或更确切地说是在德国人强加的条件下签订和约。

在战役进行期间，列强将占领一些清国领土，以保障北京与海港之间的联系。

可以相信，这就是瓦德西伯爵试图做的事情。但是假设它是真实的（对此我们毫不怀疑），让我们的读者想象一下这样艰难的行动的荒谬性和危险性。我们在这里说的不是联军的统帅，更确切地说，我们说的是德国人，是指挥着 160000—200000 名士兵的德国人。

瓦德西伯爵目前希望做的事情是所有人认为欠缺考虑、非常困难且极

---

① 此处原文有偏误，应为向南。

有风险的。

当然，瓦德西伯爵将能够在万全的条件之下完全指挥德国、奥地利和意大利军队。粗略计算的话，他们的远征军总数不会超过35000人；法国、日本、俄国和英国军队对瓦德西伯爵有条件地服从，并且仍对他抱有某些反感与不信任；而伯爵完全指挥不了美军，美军甚至为了不想受德国军事长官的统治而匆忙从清国撤军。

即使假设日本人真诚地与德国人站在一条阵线上（这是我们怀疑的另一件事），考虑到瓦德西伯爵盘算的艰苦卓绝的战役，几乎也无法凑出一支由60000名战斗人员组成的军队。即便凑出来这支军队，数目仍显不足。

的确，对于像瓦德西伯爵这样身居高位的军人来说，在他的国家被毛奇认可；但是对于他的同行、在南非作战的罗伯茨勋爵来说，同样也会被他的祖国认可。尽管他拥有出色的军队履历、广博的知识和相当高的威望，但实际上他是一个真正的失败者，因为他可能在南非牺牲了五万多人的生命并耗费了数以亿计的英镑。而且，他在对抗布尔人时四大皆空。

但是，比起英国元帅，我们更信任德国的军事指挥官。而我们将要承受瓦德西伯爵的醒悟，因为与我们坚信的相反，瓦德西伯爵在清国成就非凡。

关于目前的时局，我们只能指出，本周一，目的地是马尼拉的美军定会离开北京，仅在北京的驻华公使馆留下了一支小规模的卫队。

中欧地区的报刊将麦金莱总统对柏林采取的政策归因于渴望赢得在美国数以百万计的德裔美国人的选票。不过据他们所说，他们谁也没见过德皇威廉二世，哪怕连画像也没见过。

最后，我们要说的是，根据最新收到的电报，瓦德西伯爵即将抵达北京，目前驻扎在天津与大沽的德军大部队也将到达北京。

人们还认为，这位德国元帅到达清国首都的时间将与清国外交官李鸿章一致。

19001004

从收到的极少的电文中，我们今天可以向读者指出以下几点：

俄国政府要接受一个可怜的结果。俄国将是列强中第一个撤出北京的国家，只在北京留下一支护卫公使馆的卫队，该卫队将由几百人组成。

列强将同时在北京和大沽之间的各个战略要塞维持适当规模的驻军，而位于后者附近的清国堡垒将被立即夷为平地，或至少被拆除。

在德国政府明确表示这一主张的背景下，所有列强可能都会接受这一主张。

我们必须让读者注意一封来自上海的电报，称李鸿章在天津的俄国军营待了几天后，现在对皇权进行公开辩护，并公开谴责端郡王为清帝国过去六七个月里发生的严重事件的“罪魁祸首”。

清帝国南方各省督抚支持或声援李鸿章的控诉并提出要求：皇太后与皇帝不仅要褫夺端郡王的一切职务，而且要对其量刑定罪，从重处置。

另一封来自同一地方的电报说，李鸿章和南方督抚们的控诉给清廷留下了这样的印象，即皇太后已经对端郡王完全失去信任，将起用原直隶总督王文昭来取代端郡王（如果可以的话）。

我们认为，我们刚才誊写的、来自上海的电报中所讲的一切，无非李鸿章打算抹黑他的政敌端郡王而制造的流言，借此取而代之，成为整个清帝国绝对的独裁者。

正如人们通常所说的，瓦德西伯爵在清国举步维艰，仿佛他想在进入北京之前，希望对清国的局势以及义和团运动以来的一切情况有充分的了解。那么，这位伯爵统帅将会在进入北京之前花费比原本预计的更多时间来了解清国局势。

而李鸿章将在读者阅读这些新闻之时进入北京城。

19001006

现在我们收到一条消息，清廷或者说清国皇帝希望对列强采取某种和解的态度。清国皇帝再次宣称自己在针对在京畿以及帝国其余领土上的外国人而发生的义和团运动中是无辜的。而为了更好地向西方人展示这一点，他准备惩罚义和团运动的五个主要领导人，包括端郡王。但不会将他们移交给列强的司法机构，而是由其君主即清国皇帝来惩罚他们。这使我们对清国正在发生的事情产生了更多疑惑。

清国继续沿着和解的道路前进，清国皇帝感谢俄国提出的让列强撤离北京提出的倡议，并最终提出隆重地举办在“拳乱”中被杀的德国驻华全权大臣克林德男爵的葬礼。

现在的情况就是这样。关于目前的新闻，我们只谈一下我们收到的最新的新闻。我们得知,联军统帅瓦德西伯爵已到达大沽。在抵京之前,军事占领直隶全境的行动已经开始。

我们还收到一些伦敦的报刊刊登的消息,称远征清国的法国、俄国和美国军队的将军们只会承认瓦德西伯爵在战场上的权威,而德国、英国、日本、奥地利和意大利的部队则完全认可其权威。

这是列强就清国问题出现的另一个不和的萌芽。

圣彼得堡媒体称,跨贝加尔铁路上军列事故频发,是由于在铁路沿线的东北强盗在抢劫时破坏铁轨、掀翻枕木,使列车脱轨。

这样俄国人就有一个借口,使清国东北的暴行继续发生。俄国人毫无怜悯地在清国东北射杀所有的当地人。不论他们是不是土匪,俄国人都会朝他们开枪。

19001007－1

最近,清国与列强的冲突业已变成清德冲突,这种情况是一个很好的预兆,能以此看到能否既不流血又能达成一项协议。德皇威廉二世与统治广袤领土的清国皇帝建立了直接联系。

清国皇帝首先想赢得威廉二世的同情和保护,推翻端郡王和义和团运动的其他主要领导人。他将对其施以极其严格的惩罚,这在清国是最可怕的。最后,这让我们看到瓦德西伯爵保证清国王室的存续以及应有的礼仪,让人们看到清国皇帝回到北京的希望。

对威廉二世来说,他对这些严苛的惩罚极不满意,他希望由欧洲人主导对义和团运动和谋杀外国人的主谋进行惩罚。也就是说,用更激进的方式,诸如绞刑、斩首或至少是枪决来惩罚他们。

瓦德西伯爵拥有名望与政治手腕,并考虑到清国人对和平也抱有极大的希望。因此,德国和清国很容易在细节问题上相互理解,并且随着和谈开始,帝国某些仍有拳民起事的地方也将恢复平静。

关于清国问题目前仍然有两个含糊的观点:明白摄政皇太后与皇帝之间是否达成了良好的协议,以及看清什么东西可以阻止俄国、法国和美国与瓦德西伯爵之间似乎存在的那种隐藏的敌对情绪。

毫无疑问,只要列强之间存在真正的对立,各国的内心深处就存在真正的对立,就不可能解决清国与各国的问题或是清德问题,无论这个问题究竟是什么。

我们可将最新的消息浓缩为以下内容:已正式确认端郡王已被降职;

英国最终在清国问题上坚决支持德国人;联军已将派驻保定府的征伐军之出发日期推迟至本月八日,自北京出发的联军讨伐队将由英国将军盖斯利指挥,而将由天津出发的军队则听从一位德国将军的指挥。

最后,我们收到的来自大沽的电报称,前往马尼拉的 4000 名美军士兵已离开中国。

19001007－2

当美国报纸报道称该国军队在菲律宾甚至马尼拉城内遭到被华盛顿屡次宣布已被歼灭的菲律宾叛乱分子的袭击时,他们说麦金莱总统已经采取了非常有力的行动,撤回了美国远征清国的大部分远征军,将其派往菲律宾群岛总督麦克阿瑟将军处。

随着来自大沽的 9500 名士兵在不久之后抵达马尼拉,麦克阿瑟将军将能够补充最近几周由疾病给他的部队造成的大量减员。目前,已经出现整个营几乎无一人能作战的情况。

19001008

法国刚刚在清国问题上发出了巨大的声音,因为几乎可以肯定,其他所有反对清国的列强都会站到法国这边,以支持德尔卡塞先生的提议,他正努力与各列强就此达成共识。如果不能达成共识,就不可能解决远东悬而未决的冲突。

极有能力的德尔卡塞已经找到了一个范式,可以折中某些列强提出的建议。

这位法国外交官提议拆除清国炮台,理由是列强认为这些炮台是危险的。拆除炮台是对暴乱事件的惩罚,不论这些暴乱事件是由清国政府还是列强挑起;他提议禁止清国与外国进行战争物资贸易。列强与清国要签订协议,即要先清偿一个国家,而后再清偿另一个国家。

德尔卡塞先生的提议已被俄国、德国、意大利、奥地利和日本接受;几乎可以肯定,英国也将接受该提议,而美国最终也会接受。在其他所有列强面前,美国可能会放弃与清国开启特殊谈判的想法。

那么,多亏德尔卡塞的提议得到接受,并感谢威廉皇帝放松了自己对和解的态度,因为他允许清国,或者更确切地说,由清国君主来负责对义和团运动的主要领导人进行惩罚。不久之后,我们将很容易地得知必须为这一切画上句号，耗时已久的和谈是否开始。如果不开启和谈，将意味着全世界会变为废墟。

尽管今天清国的局势似乎比前几天更加乐观，但是我们仍然怀疑，不仅清国，而且俄国、法国和美国都不怀好意。目前，在清国问题上，可以用一句非常形象的话来形容，那就是“谁欺骗了谁?”

19001010

有利的风气继续占据着解决棘手的清国与各国问题的主导地位。最终，各国达成了对义和团领导人惩罚的共识，德国和美国的不和浪费了非常宝贵的时间。现在看来，正如我们所说，华盛顿和柏林能够完全达成协议，而且清国与各国的和谈将很快成为事实。

关于军事行动，我们可以注意到，俄国人和德国人在几天前占领了山海关，几乎没有遇到抵抗。山海关是位于沿海地区的一个非常重要的战略要地，在海河北面约50里格处，10000名清军从上级那里接到不抵抗并撤出该地的命令。由于列强进行了大量的陆军与海军方面的准备，这将使清国臣民即使付出大量的生命为代价也无法守住。

由即将抵达北京的英军与德军组织一次强力远征，向或许有拳民的某些抵抗行动的保定府出击。

我们得知一条尚未得到官方确认的最新消息：本月四日，在距北京不远的地方，有两支军队，一支是俄军，一支是法军，双方均误认为对方是清国的暴乱分子，在发生许多不幸的流血事件之后，双方才停止长时间的交火并认识到了错误。

19001011

从收到的有关清国问题的电文来看，列强之间的协议现在变得越来越完整，这给人们带来了希望，即清国问题将会得到迅速并令人满意的解决。

看来，按照绝大多数在清国的联军将领的意见，他们将制止进行惩罚与复仇的行动，而德国人在原则上似乎愿意采取这种行动。

联军预计和平谈判将持续很长时间，因此开始为在清国建立过冬的兵营做出必要的安排。

约8000名德国人、3000名英国人和来自其他列强的各支部队将在北京过冬，其主要任务是保卫各自的使馆，镇压可能在清国首都及其周围爆发的任何起义。

19001012

巴黎来信

法国的照会

尽管《巴黎新闻报》反复声明，但几家巴黎报纸依然质疑德尔卡塞先生发表的关于清国事务的外交照会的存在。

由于我们的信息来源非常好，我们对那些所谓辟谣的消息不予理睬，因为很多事件已经证实了这件事。

法国外交部长的照会受到法国政治现状特别是在远东事务中的谨慎与诉求的启发。

尽管有些国家的政府匆忙地采取了鲁莽的行动，并且做出“承诺”，却不假思索，然后被迫“放弃”利益与诉求，但法国政府却保持镇定，等待有利的时机。

这种情况，部分归因于部长的谨慎，盖因其不草率行事；部分归因于法国政府得到的使团发来的中文的官方消息。

法国政府的照会来得恰逢其时。俄国政府已令其外交官员表态支持罗马和华盛顿的回应。英、德、奥的报刊对该照会表示欢迎。主要的困难在于对有罪之人的处罚问题。不可能使大屠杀的组织者不受惩罚。但是，有必要防止过分严厉地惩罚清国人，并使欧洲列强陷入一场无休止的破坏性战争之中。德国当时的主张过于苛刻。法国的提议已在照会中充分体现。法国充分信任并支持清政府对迫害列强驻京外交官的首恶者的搜捕以及惩罚。

欧洲的外交官们将调查对首恶者施加的惩罚是否严格执行。列强尊重清国领土的完整。然而，列强将采取某些永久性预防措施，以有效确保在华欧洲人的安全，并防止今年可悲的事件重演。

此外，列强要求对利益受到损害的国家、企业或个人给予相应的赔偿。

尽管巴黎新闻界的某些机构否认了这份照会，但我们依旧是根据真实性来叙述。而且，该照会似乎会得到各大国的支持，并最终胜过为解决清国和各国冲突而制定的其他各项提议。

19001013

在过去的24小时内，电报没有传来关于远东的新消息，但是发来一些有趣的事，其中一份官方电报称俄军已经撤离颐和园。还有另一份私人电报称，美国第十四步兵团与海军陆战队的一个旅已撤离北京，现在前往天津，并从那里经大沽到达菲律宾群岛。

发自天津的私人电报坚称，本月5日晨，在该城以南几公里的地方，有8000名清国人对出兵远征的德军发动进攻并将其击败，迫使他们逃回防御工事中。

说到德国人的挫折，《标准报》驻天津的记者称，在他看来，威廉皇帝的士兵这次不是与义和团战斗，而是与李鸿章的旧部作战。

我们可以精心挑出一封关于北京的近期的电报。电报称，将在清国首都过冬的日军人数不会超过2000人，其他日军都将回国。

俄军撤离后，颐和园现在由英军占领。

最后，我们有一封来自上海的电报称，清国偿付于1898年所贷贷款之利息的钱款已经准备好，而该贷款于本月到期。众所周知，这笔钱是由帝国海关的收入担保的。

19001014

发自天津的报道称，德国人接到命令，占领从北京到长江的铁路。其余的铁路被俄国人占领。

英军驻守 Cheng Tuan Tao。

800名法军已出发，释放了被监禁于献县的法国牧师。

征伐保定府的行动很可能被放弃。

瓦德西伯爵拒绝正式接见李鸿章。

瓦德西伯爵将很快出发前往北京。

19001015

现在，列强终于达成与清国人进行和谈的协议，然而它们发现，没有可以进行谈判的对象，因为清廷甚至皇帝都在逃亡。据信，他们正在向河南府逃亡，而且并未留下一个足够有资格与列强谈判的人。

就这么说吧，在德国皇帝恳求光绪皇帝重返北京之后，光绪皇帝的行为消除了人们对开启和谈的希望。而冬季的临近，将使为拯救清国皇帝免受其周围可怕的影响而进行的一切努力都归于失败。

由于上述原因，我们可以认为，陪同皇帝逃亡的高级官员端郡王和刚毅的官职将被完全恢复。然而之前按照列强的命令，他们已被撤职。

关于清国与各国冲突的奇怪局面，著名的《信使报》发自上海的电文建议：鉴于列强在派遣强大的远征军前往西安府逮捕皇帝和摄政皇太后时面临的巨大困难，最好完全不要想这件事了；邀请各督抚选举光绪皇帝的继任者，同时所有列强都坚决支持他，直到其统治得以巩固。

在从清国收到的大量令人困惑和荒谬的消息中，只有从那些经过圣彼得堡转发的消息里才能看出一些端倪。消息称，俄国人在本月 1 日攻占奉天；另一条信息称，大约 100 名哥萨克骑兵欲前往奥莫索(Omoso)加入奥尔洛夫上校的军队，9 月 16 日在哈巴林(Kharbalin)峡谷发现了一支 2500 人的清国军队，并将其完全击溃，缴获了六门大炮、许多旗帜以及大量的步枪与弹药，自己仅损失两匹马。

19001016

现在，一家主要的分社在北京和上海的清国“新闻工厂”向我们提供了一系列很好的新闻。然而，这些新闻在更具有轰动性的同时，也带有很大的虚假性。

根据上述我们出于好奇而呈送给读者的新闻，摄政皇太后目前在太原府病重(据说她已经薨逝)；皇帝已经行使自由管理国家事务的权力，他准备返回北京并直接与列强议和；义和团运动的主要领导人已被斩首或被判处无期徒刑，或是像端郡王一样被流放到邻近西伯利亚的边境。

至于欧洲方面，我们收到了联军占领保定府的消息，而未收到清国人抵抗的消息。

瓦德西伯爵和各国海军上将要求清廷文武官员在 48 小时内向列强屈服，而且时限不可延长，旨在使绝大多数被通知的官员解除其相应省份军民之武装。

8000 名担负修复长城任务的清国人逃亡，不知去向。清廷于本月 6 日到达沙城，沙城是一个位于山西以北的高海拔城镇。

19001017

在善于逢场作戏的清国人和拥有电线与电报的英国人之间，我们无法知道一丁点关于远东的真实情况，而且由于我们缺少信息，显然我们无法对清帝国当前的局势发表任何准确的评论。

或许，德国政治家可能不怎么指望不严肃的英国电报。他们指示瓦德西伯爵在清国领土上提前采取行动的必要性，既不必担心义和团，也不必担心其他列强。

因此，这位统帅一直在持续采取军事行动，盖因这是其政府委托他的任务之主要部分，这一系列军事行动旨在使直隶所有文武官员屈服。

瓦德西伯爵现在正忙着肃清从北京到大沽之间道路上的叛乱分子，天津与大沽之间的安全问题已经得到解决，也就是说，北京到大沽之间三分之一的道路已被肃清。

同时，联军统帅命令德国在上海的军队应在必须撤离大沽的德军大部队到达后立即北上。

瓦德西伯爵的目标是在本月底之前拥有一支实力强大的由德国、意大利、英国、奥匈帝国军队组成的联军，无须俄国、法国和美国军队援助或合作，就可以在军事上占领北京及整个直隶。

这位统帅还派军占领了京津间的铁路。在其命令之下，这条铁路正在由德国公司的施工队重建，施工队由德国的武装力量保护。

至于那些轰动一时的新闻，我们可以为我们的读者讲述一篇上海发来的新闻。该新闻称，在广西西南部爆发了一场大动乱，人们不相信苏将军①及麾下的30000名士兵能够戡定祸乱；另一篇来自香港的新闻称，广东省针对传教人员的迫害事件愈演愈烈。

19001018

在清国问题上，没有一个列强像美国那样务实。

可能是因为麦金莱总统在大选前夕意图胜选，抑或是因为菲律宾的地

---

① 即苏元春(1844—1908)，字子熙，义和团运动与八国联军侵华战争期间任广西提督。

理位置极其微妙,事实是美国人已经违背与列强的协议,从清国撤军至马尼拉,并准备单方面与李鸿章签订和约。华盛顿承认李鸿章为清国临时政府在天津的唯一代表,完全不担心列强会按照瓦德西伯爵的命令做出什么举动。

作为美国人已经和李鸿章开始和谈的证据,我们收到了一封电报,称查飞将军给华盛顿的美国战争部发了电报,说清国临时政府驻天津代表李鸿章请求他退还美军在破坏并洗劫北京时抢劫的财物,估价为278000美元。

这份奇怪的电报是美国国务院仔细研究的电报。美国国务院的工作人员不认为劫掠所得应在现在退还给清国人,但在问题得到完美解决时会予以考虑。

关于军事行动,我们只知道瓦德西伯爵在获得德国提供的增援之前将不会采取任何行动。尽管清国人口众多,但清国人似乎不愿与联军重要组成国的军队进行面对面的交战。他们试图变大战为小战,即游击战,以期在不久以后能消灭清帝国的所有外国人。

在东北,将针对俄国人采取同样的斗争策略,同时也依靠疟疾的帮助,盖因长期以来疟疾在尼古拉二世的军队中肆虐,并造成大量死亡。

关于清廷方面,我们则无法取证,也不知道皇太后是否还活着。

19001019

今日的好消息是,经过长时间的激烈战斗,联军占领了保定府。显然,没有人能解释两天前收到的、关于联军没有受到清国人的任何抵抗而成为这一重镇的主人的消息来自哪里。

按照联军统帅瓦德西伯爵的进攻计划,执行这项军事行动的部队由三支部队组成,一支是由坎贝尔将军指挥的1500名英军,一支是由凯特勒将军指挥的2000名德军和意军,另一支由1500名法军组成,由巴约[①]将军指挥,而巴约将军也是联军指挥官之一。

在该部离开天津前往保定府的同时,另一支从北京出发的部队也向同

① 即莫里斯·卡米尔·巴约(Maurice Camille Bailloud,1847.10.13—1921.7.1),八国联军侵华战争期间担任法国第二步兵旅旅长。

一地点前进，该部由 2000 名英军、2200 名德军和 1600 名法军组成。

我们缺乏有关列强和清国人的战斗人员伤亡的详细信息，其中该城防守军的伤亡人数达 10000 人。

关于其他令人感兴趣的新闻，我们可以列出，为赴陕西与清廷会面并保卫摄政皇太后（我们仍然不知道她是否还活着），大量清军也就是黑旗福军已从上海北上；此外，据报道，负责外国贷款事务的上海海关（江海关）已向清廷交送 30 万两白银，表示准备交送更多钱款。

最后，请读者们注意，根据从清国和列强首都收到的电报，尽管各国在清国的野心及利益显然不会一致，但这十分合乎逻辑且符合各国实际。然而，由于德尔卡塞提出的关于清国问题的提议，列强之间暂时达成一致的针对清国人的协议还是再次被打破。

这将导致如下景象：在东方，首先在清国与列强之间会爆发一场长期而血腥的战争，然后列强之间又会爆发另一场战争。

目前，除了美国人和李鸿章单独和谈之外，我们现在没有任何关于和谈的消息。

此外，德国正准备向清国派遣更多的陆海军，而这就是远东局势不利的迹象。

19001020－1

巴黎来信①

清帝国军机处

清国光绪皇帝的师傅最近被任命为帝国军机处领班大臣，引起了法国国会的注意。

军机处新任军机大臣是瞿鸿禨，他是强硬的端郡王的追随者。因此，我们可以相信，这个瞿鸿禨思想守旧，迂腐保守，是欧洲人的敌人。由国家高级官员组成的军机处有 32 名成员：16 名满人和 16 名汉人。为什么是 32 人呢？因为根据清国神话，古代有 8 个神仙，而 32 是 8 的倍数，这是一个重要的数字。每天早上六点，军机处在皇宫的一处特别的宫殿里办公，

① 此处内容与史实不符。

或者在皇帝在场的情况下办公，皇帝允许军机处成员坐在地面的席子上。每位军机处成员都以书面形式向皇帝表达其对日常政务的意见，而君主则用红色的毛笔批阅奏折。

A. 塞西

1900 年 10 月 15 日

19001020－2

尽管从远东和列强首都收到了关于清国人的数十封令人困惑、前后矛盾、抵牾重重的电报，但也许我们可以很清楚地看到，清国的局势已变得极端严重且令人震惊。

实际上，这似乎是清政府正在上演的喜剧。假设清国军队与义和团之间进行了可怕而持久的战斗，然而事实证明没有发生这样的战斗。相反，义和团和那些没有与之作战的清军达成协议，一起来反对共同的敌人。他们在清国领土的许多地方煽动暴乱，旨在无一例外地杀死所有外国人，用鲜血巩固帝国的根基。

这是远东形势在真实情况下的构想，是瓦德西伯爵甚至其所有追随者都没有遇到过的情况。只要列强在做自己想做的事，而且这些事对它们的特殊利益来说更方便，它们就有能力解决一切问题。

我们重申，只要列强之间没有达成自利的和带有特定目标的完美协议，在清国就不会建立一个严肃、稳定的政府来与列强进行和谈，我们就会一直被清国问题所困扰，流洒在帝国的鲜血和继续大量花费的金钱是绝对不会起作用的。

面对清国人对列强采取的策略，列强不得不改变自己的方略。列强间要取得完全一致的话，剩下的就是继续投入时间、生命和金钱。

19001021－1

巴黎来信

俄国的胜利

据《俄罗斯征服报》报道，七八月间，俄军缴获了 44 门大炮、1200 磅火药和 26 面旗帜，更不用说在义和团运动期间从义和团手中夺走的大量步枪、子弹和旗帜。

A. 塞西

1900 年 10 月 17 日

19001021－2

面对远东局势不堪入目的情形，列强似乎团结在法国周围，或者更确切地说团结在德尔卡塞周围，他的提议将成为与清国正式代表和谈的基础。最终，这位代表将是不可或缺的李鸿章。

为了解决清国人必须向不同列强支付赔偿金的问题，俄国的提议将起到作用。该提议规定，由海牙仲裁庭的成员国确定各列强将获得的赔偿金数额。

关于非官方的新闻，我们今天可以指出以下几条。

瓦德西将军称，随着征伐保定府行动的开始，针对清国人的积极军事行动正逐步展开，清国皇帝的不作为与消极行动被视为掩盖清国人正在采取的防御措施之策略。这意味着一场漫长而血腥的战斗将要开始。

根据德国人收到的发自天津的消息，从天津和北京出发征伐保定府的大军，其实是攻略河间府的庞大战略计划中的一支部队。故为达到这一目的，联军派出了两支部队。而这两支部队将在第三支部队也就是从沧州及时出发的部队的协助下，执行其完全封锁包围清廷的战略任务。根据联军的情报，清廷目前驻跸西安府。

关于清国皇帝遇袭的消息，我们收到了电报，称可能是一个来自上海的、可怜的疯子袭击了清国皇帝，但并没有杀死他，只是在袭击他的那一刻被击毙。目前缺少相关消息以佐证真伪。

我们将以一封来自北京的电文结束本部分。该电文称，根据来自清国的官方消息，帝国军队在保定府附近痛击义和团数次；然而，最近在清国首都，义和团大败帝国军队，而且在整个保定府西部，除了忠于皇帝的正规军外，还有大量的叛乱分子，也有与之数量相同的准备进攻他们的联军。

最后，李鸿章目前在北京。（这次是真的）

19001022

欧洲各国政要相信，不久之后，各列强代表在北京将与清国代表李鸿章和庆亲王开始和谈，基于法国外务部长照会中的倡议得到其他列强的支持。法国外交部长于9月26日致函其他列强的外交部门，并且其他列强几乎是在没有任何保留的情况下就接受了法国外交部的照会。

官方证实，在清帝国南部省份和其他地方，起义次数大幅增加；然而，这些起义不是针对外国人的，而是针对统治清国的满洲人[①]。这些起义旨在驱除满洲人，由另一个汉族皇室来代替他们。

如果这是真的，那么远东地区的外国人将会更加疲于应对。为此，瓦德西伯爵将必须获得针对摄政的皇太后和端郡王的起义者的信任。对外国人来说，即便不是不可能，摄政皇太后和端郡王的权力也很难被废除。

我们收到的最新的新闻称，要求清国皇帝立即返回北京的想法在列强的外交部门中引起不安。如若他不返回北京，各国将完全不承认其皇权，并以让各国驻京使节代行皇权相威胁。换句话说，列强将以和平或武力的方式对清国行使宗主权。

19001023

作为几乎无从得知的远东正在发生的事情之证据，我们不得不引用巴黎和伦敦所有报纸于本月18日刊登的发自上海的最新电报。据说，端郡王曾向清国各官员发电，称其目前相当安全，并向各机器制造局发电，建议各处努力生产足够多的战争物资，以便对外国人长期作战。

这封电报似乎是对另一封本月14日于北京发出的电报的补充。电报称，处罚一切动乱的始作俑者之诏令为错误的诏令。然而，李鸿章和庆亲王均表示对此一无所知，并称类似的诏令是矫诏，旨在阻止联军顺利抵达

① 此处应指的是惠州起义。

保定府。

因此，关于清国方面，我们仅能用虚假新闻以飨读者。因此，我们不可能就那里实际发生的事情进行评论。

关于某些确切的消息或刚刚收到的最新消息，尽管不是官方的消息，我们已确认，本月 13 日，保定府已由英军、德军、法军和意军组成的联军讨伐军占领。该消息补充称，该城的清军指挥官在城墙外迎接联军，而全城的百姓几乎都因恐慌而逃离。

英军立即占领了该城，并于 14 日到达东林(房山县)。

尽管有针对清国的军事行动，和谈将很快在北京开始，基于德尔卡塞提议的内容并稍做修改。

关于清国南方的起义，我们可以指出，其规模正在以惊人的速度扩大，负责平叛的力量因得到来自广州的 7000 名援军而增强。

帝国整个东部的水域遍布海盗。尽管他们尽其所能地劫掠物品，但是这或许是与帝国中部的暴乱行动相呼应。

最后，美国公使提出的由美军护送清国皇帝返京问题，没有收到任何正面回应。

19001024

如果从北京收到的最新消息属实，那么上周六代表清帝国的李鸿章和庆亲王与居住在北京的各国外交使节的第一次会晤已经进行。列强以法国外务部长德尔卡塞照会中的内容为基础进行和谈，说明该照会已被其他西方列强和日本接受。

但是，我们非常怀疑这样的谈判只会导致短暂而不合实际的结果。由于列强试图对某些中国传统发起攻讦，谈判者之间的分歧很快就会爆发，而清国的狂热者几乎不会放弃这些传统。

当我们向读者写下如此令人愉快的消息之时，收到的其他消息却令人不快且让人惊诧，例如在北京城北部，有大量拳民异动。而为击溃拳民，必须由清国正规军(他们暗中同情那些乱民)和联军共同行动。

另一封我们收到的、发自北京亦令人不快的电报称，联军的征伐与攻占保定府的行动主要归功于法国人。而这些行动对上至皇帝下到最底层的清国人造成了灾难性的影响，甚至可能阻碍和谈成功。

还有一个坏消息，即在清国的常规军中，已经开始出现大规模的逃兵。列强认为逃兵会带着武器、弹药和辎重加入义和团及其他反叛组织。

我们收到的另一则发自上海的电报里面的消息则称，作为清廷不怎么想返回北京的证明，帝国最终决定迁都。根据诏令，新都将建于西安府。根据另一项诏令，西安府将建造一座预算为400万两白银的、宏伟的皇宫。

伦敦《每日电讯报》驻圣彼得堡的记者披露了一条令人震惊的消息。他在本月18日的电报中说，俄国人不可能不考虑将东北吞并这一事实作为既成事实，尽管所有官方的电报都对其表示否认。

简而言之，现在的远东局势比以往任何时候都更加严峻。也就是说，在清国与各国开始和谈之时，这种局势倘若没有导致一场国际政治灾难，将是一个真正的奇迹。

时局极为悲观。

19001025

根据北京方面的最新电报，为在法国外务部长德尔卡塞提出的条件下尽快实现议和，清国和谈代表，或者更确切地说是李鸿章，做出了极好的安排。清国政府向列强支付其应得的补偿，并承诺防止发生导致联军武装干涉清帝国的悲惨事件。然而，达成这一切的条件则是，一旦清国人满足了和平的条件，联军就会从清国领土特别是从北京撤离，回到位于各列强租界和势力范围内的阵地。因为联军在义和团运动爆发以及清国与各国的战争爆发之前，就占领了这些地方。

目前唯一缺少的正是美好的真相。我们将让读者观察到，与之前的电文一起收到的，则是与其他内容相反的电文。也就是说，李鸿章所做的一切，都是按照清廷争取时间的计划进行的，以便清国人能够更好地组织反对外国人的抵抗运动。该抵抗运动是由摄政皇太后下令组织的，而皇太后屈服于端郡王的绝对影响力。端郡王现在实际上是清国真正的、唯一的主人。

19001026

发自远东的消息使我们明白，尽管清国与各国的和谈仍在继续，但我们必须每时每刻都准备妥当，以便知悉这些谈判是被无限期中断还是完全失败。

正如烹饪之道，在烤肉之前，我们就往肉上浇满了油。也就是说，还没有开始谈判的时候，我们已可以窥见谈判各方态度都不真诚。然而，真诚的态度却是谈判成功的首要条件。

首先，似乎同意接受一切的清国已开始拒绝接受有关废除总理衙门的条款，并希望（不情愿地）在确定向参与谈判的每个国家偿付的赔偿金额后，所有联军彻底撤离。

也就是说，清国人通过承诺他们或许会支付、或许永远不会支付的赔偿金，已完全承认他们对外国犯下的罪行。纵使他们支付赔偿金，正如先前所说，也会拖拖拉拉。

列强不愿被狡猾的李鸿章所愚弄，李鸿章在远处操控着和谈，在和谈中弄虚作假。各国外交官员通过法国驻华公使毕盛先生表示，任何诡计都不会得逞的。这次，清国绝对有必要摒弃纷乱并公平公开，因为如果不这样做，和谈将彻底告终，甚至可能再也无法恢复，从而使列强不再开玩笑，而是真正开始瓜分清帝国的领土。清帝国的版图将会大变，甚至连李鸿章本人也不清楚。

我们可以用以下几条内容来概述收到的消息：

> 为在唐山大规模起事的拳民之行径而赔偿。
>
> 在所有城镇中，均能看到煽动性的告示，称要求人民武装反抗外国人。此外，收到的消息称，李鸿章莅临帝国北部的唯一目的，则是组织针对欧洲人的抵抗活动，并称热爱祖国与宗教的清国人理应团结在那位大人物、组织者周围。
>
> 距唐山几公里处，成千上万的拳民沉迷于抢劫并焚烧他们看到的东西。而许多拳民却以给外国人工作或谋生为托词返回北京，但他们的想法是在外国人中不受惩罚地掠夺和破坏。
>
> 最后则是十三人被斩首，其首级被悬挂在北京城墙上的长矛上。

我们收到的另一条消息则正式确认，法国人在一炮未发的情况下于本月 15 日将保定府占领；而另一则消息称，由配备炮兵的 1000 名法军组成的远征军于 19 日占领了德州，该城位于山东北部省界。

香港方面称，叛军在惠州建立了牢固的阵地，在那里他们张贴了标语，称全国现在都受到敌人——外国人的摆布，一切皆是由于官员的背叛，这些官员必须被清除。

最后，他们从上海电报说，英国远征军的波兹舰长最近从俄军士兵那里以几比塞塔的价格购得装饰有钻石的黑鹰勋章，就像通过他的朋友，即普鲁士的海因里希亲王得到的德皇威廉二世送给清国皇太后的那枚勋章一样。

根据最新的电讯新闻，清廷仍驻跸于西安府。

19001027

目前，清国与列强的冲突完全改变，盖因英、德就对付俄国达成一项协定，其目的是保证清帝国的完整性。该协定的签署或许是由于英德对俄国单独地贯彻自己的想法表示不满。事实上，俄国已吞并东北，尽管圣彼得堡多次否认要吞并东北。

当人们对清国事务不怎么抱有希望之时，德英缔结盟约，而这似乎是新任德国总理比洛伯爵的首次政治行动。结盟满足了威廉二世的个人意愿，即靠近英国，正如他的前任（霍恩洛厄亲王[1]）努力使德国接近俄国一样。

通过这种变更，联军现在分为两个阵营：维护清国领土完整并支持“门户开放”政策的德国、英国、日本与三国集团的两个成员——奥匈帝国与意大利为一方，俄国与法国为一方，两国完全拥护沙皇政府的一切对外政策。

众所周知，美国仍然对清国实行单独的政策，只希望就清国问题解除与其他列强的承诺，并尽快与清国签署和约，但前提是清国人同意向美国偿付远征清国的费用。

这种政策的变化并没有使我们感到意外，因为最近几天俄国报刊与德国报刊之间攻击性的、在某些情况下甚至是暴力的语言预示了这一根本的变化。这种变化，也是列强关于清国政策之变化。

这种变化不会导致国际社会发生巨变。假设确实会发生巨变，该变化会导致德国人和俄国人之间全新的竞争。当然，我们可以肯定地说，由于列强之间全新的关系，任何国家都不会在全世界都希望达成清国与各国的议和之事上获得真正的胜利。

现在，霍恩洛厄亲王辞职的原因已然清晰明了。他从未与威廉皇帝就清国的问题，以及在这一问题上德国应该采取的态度取得一致。威廉皇帝对英国推崇备至，尽管其统治下的德国人民对英国并没有这么热衷，相反，众所周知，他们对英国很反感。

---

① 即克洛德维希·卡尔·维克托（德语：Chlodwig Carl Viktor，Fürstzu Hohenlohe-Schillingsfürst，Fürstvon Ratiborund Corvey，1819.3.31—1901.7.6），1894 年 10 月至 1900 年 10 月担任德意志第二帝国总理，曾参与三国干涉还辽。其外交政策是拉近德国与俄国，疏远英国。

霍恩洛厄亲王也许不想屈从于皇帝的远东政策。因此，他辞去了总理职务，比洛取而代之，尽管他了解德国和俄国的分离对前者而言或许是致命的打击，但是他更喜欢取悦君主，因此同英国人结盟。

毫无疑问，真正会嘲笑列强就清国问题发生龃龉的人将是李鸿章。其政策始终是基于这样的原则：清国人在任何情况下都不会失去与俄国皇帝的友谊。可以说，俄国皇帝一直并将永远是仲裁者，甚至在某种程度上可以说，俄国是整个亚洲大陆绝对的主人、真正的主人。

远东局势现在也将取决于法国坚决采取的态度。也就是说，让法国与俄国人站在一起或针对俄国人，即与英国和德国站在一起。

国际政治也许很少经历如此严峻的时期。

请注意，我们所说的一切，只是在假设德国人和俄国人之间开始出现的裂痕是事实的前提下才会发生。

关于新收到的消息，有一条是令我们特别震惊的，即联军统帅瓦德西伯爵称赴清国之公务即将结束，并已经在谈论即将返回欧洲的事宜。

在了解了上述内容以及有关清国人和义和团为大规模发动针对外国人的游击战争做准备，甚至不惜将他们赶出清国领土之后，瓦德西伯爵的所作所为，自然而然让我们想到罗伯茨勋爵和德兰士瓦。

19001028－1

今天，可以用以下简短的话来概括清国问题：“英德在清国一致对抗俄国”。正如我们已经说过的那样，上述宣言中包括绝对维护清国领土完整的原则，甚至包括东北，而东北实际上已经并入俄国。

鉴于索尔兹伯里侯爵在与德国及俄国的外交中取得了巨大胜利，英美两国的报刊均对其表示热烈祝贺。因为英德协定恰好会是一个针对俄国与法国的攻守同盟条约。

不要忘了，伦敦《每日邮报》是最重要的英国民粹主义喉舌，居然厚颜无耻地强调说，由于相关条约的签署，德国针对布尔人和克鲁格先生[①]而制造的、哪怕最小规模的示威游行的一切危险都消失了。

德国和英国所有的报社称，英德协定结束了清国与各国的冲突，因为与清国的和平将因此立即到来。

关于今天成为街头巷尾所有对话主题的条约，巴黎的《晨报》逐字逐句

① 时任德国驻英国大使。

地说道：

> 据说柏林方面原则上同意霍恩洛厄亲王退休，无需在帝国议会召开后再公开此消息。盖因预知到这位老臣愿望的德皇威廉令其正式地提前公布此消息。
>
> 其他人则说，这位机敏的亲王不想承担英德同盟的责任。他曾亲口对李鸿章说过，这是一个巨大的错误。
>
> 然而，索尔兹伯里侯爵意识到其侮辱性的言语是残酷无情的，他赶忙指责电报员疏忽大意。然而，圣彼得堡方面已经知道在这一点上应该遵守什么原则了。

如此重要的巴黎报纸《晨报》之言语，已经对法国的做法给出了一个相当清晰的脉络，一如对俄国行为的阐述。人们总是会想起英德同盟，因为这对俄国皇帝尼古拉二世来说，恰巧就是德皇威廉二世和张伯伦在外交上给他的一记耳光。

现在，我们将看到俄国皇帝以及法国内阁如何应对。顺便说一下，在德国的外交政策问题上，威廉皇帝与他的大臣们以及舆论已完全分裂，因为舆论对英国人相当不友好。

我们只收到了一则从天津发来的有点意思的消息。这则消息称，瓦德西伯爵在北京患了痢疾，而且在清国首都的和谈要等到新的德国全权大臣到达后才能继续。

19001028－2

从发自清国的消息来看，暴动正在帝国南部蔓延。

各省督抚派遣军队追剿叛乱分子。但由于人数众多，故只有使用更大规模的军队才能减少叛乱者的人数。

19001029

发自敖德萨的电报在伦敦、柏林和维也纳引起了极大的关注。电报除了称来自俄国西部边境的军团在前往远东的途中在这座俄国城市停留之外，也提到了上级命令他们返回原驻地。此外，许多军团也处于备战状态，然而并没有被派往俄德边境驻防，而是被派往横跨高加索山的俄土边境，与一开始给他们下达的前往清国的命令并不相符。

最后提到的这些军团在前往东方的舰船离港前夕才刚刚出发，他们途经新切尔卡斯克、格鲁吉亚的军用道路以及高加索山穿过的省份。

该电报补充说，俄军的军事行动发生这些变化的原因是，土耳其在其北部边界聚集了大量军队。柏林方面很清楚这一行动，因为苏丹几年前曾在柏林征求过德方的意见。

最后，该电报将这一切军事变化与德国和俄国彼此敌对的态度联系在一起，也与俄国少将维尔纳最近发表的非同寻常的讲话联系到一起。这表明，俄国与欧陆最强大国家之间的战争已不遥远。

19001030

在过去的 24 小时内，从远东收到的消息很少，几乎没有什么能让我们产生兴趣的消息。在仅有的消息中，列强似乎一直试图以最后通牒的形式向清国提出明确的议和章程。这些章程均基于法国外务部长德尔卡塞先生的照会，新的照会根据最近的英德协定进行了一些修改。正如预期的那样，奥匈帝国和意大利迅速接受了新照会的内容。

人们希望，最终美国人会毫不犹豫地加入上述协议。而对于法国、俄国和日本来说，它们对该协定采取何种态度仍然是完全未知的。

在电报最后，据说应李鸿章的强烈要求，清国皇帝决定立即返回首都。一旦到达北京，李鸿章与庆亲王代表清国皇帝与驻清国的各国外交使节的和谈便可继续。

同时，有关清帝国南部特别是广州一带叛乱活动增加的消息仍然令人非常不快。

19001031

俄国是否确实遵守英德协定，仍然是清国问题的焦点。这是因为，一方面，该协定对俄国而言是安全的，因此俄军得以从清国东北撤军；另一方面，俄国几乎不怎么想改变其在清国的政策，特别是在东北的意图。俄国政府向俄国的垦殖者提供了条件，以便他们在黑龙江南岸进行垦殖，因为这里比黑龙江北岸更加肥沃。出于纯粹的战略原因，俄国军事工程师打算立即在黑龙江流域修建一条从海兰泡到齐齐哈尔的铁路。

只有时间才能告诉我们这两方面哪一个才是正确的。

我们尚未确定清廷目前所处的实际地点。然而我们知道，在帝国的政务中，端郡王和主战派的将领继续执掌权柄，或者说，他们是帝国境内对外国人来说最致命的敌人。

看来，一次由联军统帅在北京亲自主持的大会，将鼓舞清国首都内的列强外交官员。在这次大会上，列强就最终将采取的行动达成一致，并尽快以某种方式停止清国与各国的冲突。

同时，军事行动仍在继续。列强试图以此确保其在清国的处境，并保证通信与交通。

关于起义，我们只能说，起义愈演愈烈，完全无视清政府与列强（为戡定祸乱而做出的真实的或虚假的）努力。

1900 年 11 月

19001101

清国与各国的问题越来越纠缠不清。因此，随着时间的推移，我们会看到该问题会引发一段时间的冲突。

列强之间既无法相互理解，也存在大量潜在的不满。

无论有没有权力，李鸿章都非常渴望抓紧解决和谈问题，但是各国对他提出了一个非常苛刻的条件，即惩处本次针对外国人的暴乱中的“首恶”。由于共计七人，且他们在清廷中影响力很大，因此很难抓捕他们。

因此，这次席卷帝国多地的动乱使清国问题变得极为复杂。正如我们之前所说，该问题没有任何迅速解决的希望。

19001102－1

据说在柏林的政治中心，反对清国的列强尚未就要提交给负责谈判的清国人之议和章程达成共识。

实际上，这则新闻并未与刚刚从北京收到的其他消息联系在一起。其他消息则称，为进行和谈，众人已经做好一切准备。

《科隆报》刊登了一位德国人的来信。他在清国居住了四十多年，称居住在清国的欧洲人已经起草了一份书信，并要呈交给相应国家在北京的外交官们。根据这些欧洲人的话，列强必须坚持下去，并提出未来为避免发生令全世界都为之悲伤的暴动事件，联军应占领上海、天津、汉口、福州、广州以及帝国其他最重要的城市；严禁清国进口各种武器，尤其是清政府要服从列强，不论这个政府是什么样的政府。

在我们看来，由先前完成的对义和团运动始作俑者的严惩、对北京的劫掠以及战争赔偿的支付构成的和谈条件，恰好成为一些列强领导人制定的清国与各国的议和方案的基础，尤其符合德国、英国、奥匈帝国和意大利等国的提议。

毋庸置疑，在这样的前提下，和谈几乎是不可能实现的，因为这一切意味着这个存续了若干世纪的帝国的毁灭，这是清国人和日本人永远都不会接受的，因为这正如古训所言，“前事不忘，后事之师”。

这就是清国问题的现状。与往常一样，除了继续等待事件随着时间的推移继续发展之外，没有别的补救方法。列强必定会就该问题提出一个解决方案，不管这个方案是什么。

清国皇帝由一队联军护送返回北京的消息目前尚未得到证实，况且现在确定这则消息也不容易。据说此消息是由联军统帅瓦德西伯爵提供的，人数为5000人。

我们复制了巴黎的《晨报》刊登的消息，这都是与清国问题相关的、引人注目的内容：

> 我们还掌握了一些德国的丑行，这些丑行都来自瓦德西元帅麾下的某些士兵书写的言语粗鄙(只是字面意义上)的书信。
>
> 其中一位士兵称，他们挖掉了遇到的所有清国人的双眼，之后用放牛的鞭子抽打他们五十下。
>
> 另一封信则称，所有城镇都被烧毁，所有人都被屠杀。清国的囚徒被迫劳作，直到筋疲力尽之时才被枪杀。

《晨报》对这些信件做出如下评论：

> 那些士兵一字一句地遵照威廉皇帝本人在演讲中对他们的训诫，或许更甚。不过，其演讲内容后来被淡化了。然而，士兵们只知道第一个演讲版本，对淡化后的版本一无所知。

19001102－2

清帝国时局造就的首批牺牲品之一便是清国的茶。在诸多购买商中，茶是最受俄国商人欢迎的。他们现在主要在印度和锡兰采购这种芳香植物，因为海上保险公司拒绝为在清俄之间进行商业运输的商船提供针对战争与海盗行为的保险，也因为清国的银行、钱庄不希望借钱给茶农。

同时，人们对清国茶的味道失去了兴致，并逐渐习惯了印度茶。

19001103－1

有人从圣彼得堡向伦敦报纸发电文，传递了一个惊人的消息：俄皇尼古拉二世在里瓦几亚宫收到了清国皇帝的电报。在电文中，清国皇帝恳求他将清国的东北置于俄国的保护之下。

这会是俄国皇帝对英德关于清国问题的解决方案中，就严格维护清帝国领土完整的条款做出的答复吗？

这清楚地证明，我们对俄国与清国背着其他列强搞秘密协议的揣测完全没有错误。而且，尽管已经做出了一切安排，抑或未来会做出其他的安排，全俄至高无上的皇帝依旧在清国为所欲为。他可能得到了法兰西共和国在物质与精神上的支持，也许还有日本的物质支持。日本人毕竟是亚洲人，与清国人的关系复杂。

关于和平谈判，似乎清国和列强的真正愿望是尽快以某种方式结束清国与各国间的冲突，并希望尽快同列强重启和谈，而列强也会对清国是否惩处义和团运动的始作俑者视而不见。

各国面临的问题是要迅速摆脱它们在远东地区的可怕窘境，收取清国要向它们支付的赔偿金，使清国问题恢复至战前状态，撤离相应国家的海陆武装以及其他武装力量。

和谈延迟这么久，或许不是为了其他目的。问题在于，对于在清国拥有良好市场的所有西方国家来说，长期的暴力情势是灾难中的灾难。

我们收到的最新消息则是：只要和谈出现有利的转折，只要列强承诺承认年轻皇帝的权力合法，并动用联军保证清国皇帝的人身安全，清廷就预备返回北京。

我们还收到一条新闻，称摄政皇太后病重，甚至邀请了日本最著名的医生来为她治疗。收到的另一条新闻则是，俄国为了弥补对清战争开支，试图在纽约贷款 5000 万美元。然而，到目前为止，由于美国货币市场的糟糕状况，俄国人仍未达到目的。所以，俄国或许会从巴黎的资本家那里寻求所需的资金。

19001103－2

北京方面发来的电文称，列强代表在 10 月 28 日举行的会议上，并没有达成一致意见，因为各国就和谈进行期间是否应与清政府停火存在反对意见。

19001104－1

收到的发自北京的电报，其内容很可能是李鸿章授意的。这些电文坚称，清廷表示希望以列强最新的章程为基础，与列强尽快议和。然而，议和有先决条件，即联军尽快撤离清国首都。因为只要这种占领继续持续，全世界的华人都将是帝国的劲敌。

最终，看来清国现在将同意对义和团的主要领导人进行惩罚，并同意向列强支付赔偿金。根据最新的电报，赔偿金的数额达到4000万英镑，各列强将按比例得到这笔赔偿金。

关于收到的新闻，我们收到了维也纳发给伦敦的《晨报》的新闻——法国和俄国最终可能会支持英德两国在清国事务中的安排，以及一条证实刚毅死亡的消息。他是清国反动的政治人物之一，以仇恨外国人而著称。

还有一条消息称，皇帝、摄政皇太后（并未说明她是生病还是健康）和清廷终于到达西安府。

一条消息称，上周二，一直在帝国南部追剿叛乱分子的帝国军队与叛乱分子进行了激烈的战斗，600名叛乱分子被杀。

19001104－2

圣彼得堡方面称，根据俄军总参谋部发来的关于清国的电报，摧毁了双城堡和哈尔滨之间的铁路线与吉林的俄国恳殖地的3000名中国人已经逃离，目前下落不明。

俄军总参谋部还称，奉天的居民正在返回该城。事实证明，在俄国占领东北之前，义和团杀害了400多名信奉基督教的清国教徒。[①] 俄国人在奉天发现了约50门用现代工艺制造的火炮，主要是小口径的克虏伯和马克沁火炮[②]，以及8000发装上引信的炮弹、7000支小口径毛瑟步枪[③]和约2000万发子弹。

他们还发现了一个设备与器具齐全的弹药工厂，以及超过1000阿罗

① 即1900年7月3日的“沈阳教难”。

② 此处的马克沁小口径火炮应为马克沁37毫米砰砰炮，即QF1磅炮。

③ 即Gewehr 98步枪（毛瑟M1898）。

瓦①(Arroba)的火药。

在从仓库以及从清国叛军的手中缴获的物品中，发现了爆炸子弹(达姆弹)，这可以解释为什么俄军遭受了巨大伤亡。

19001104－3

美国总统选举的结果仍然存在很大悬念。

尽管麦金莱总统对清国采取的政策是灾难性的，但这似乎增加了他获得成功的机会。

美国的选举人团总票数为447票，而胜选则需要224张选票。

纽约州和伊利诺伊州可能会决定11月6日选举的成败。

应当指出的是，这次公众对选举问题和总统选举的投票无甚兴趣。

19001104－4

俄国报纸《新时代报》比较了英国在南非的血战与联军在清国同拳民的鏖战，并认为拳民是更该被原谅的，因为他们是保卫祖国，抵御外国人。

然而，该报补充说："英国人并没有想到，他们在一个被完全摧毁的国家中战斗时将遇到多少困难。"

19001104－5

从官方清单中可以看出，法国从英国、德国、比利时、阿根廷、阿尔及利亚、意大利和清国进口的产品大幅增加，而从西班牙、美国和俄国的相关进口量则有所减少。

19001105

俄国政府终于对伦敦和柏林请求俄国在清国事务中拥护英德协定事宜做出了回应。俄国称，俄国原则上接受"门户开放"政策及其确立的基础——维护天朝帝国的领土完整，以及接受上述英德协定第三条之规定。在规定中，英国与德国各自承诺互相保护对方的利益。如若列强中某个国

---

① 西班牙的重量单位，合11.5公斤或25磅。

家试图利用目前异常的局势来达到其领土上的目的，其余国家则根据圣彼得堡于 8 月 25 日最后一次发出的通函采取行动。

关于北京的局势，英国报刊称，尽管列强做出了努力，宣称将尊重清国领土的完整，但实际上还是开始将北京分割成几个区域，并被各列强划为自己的势力范围。日本采取更加坚决的态度，并事先收取了部分赔偿金，这些赔偿金是清政府承诺偿付给列强的赔偿款的一部分。日本人从帝国国库中拿走了 3500 万两黄金与 700 万两白银。而其他列强则没有这样做，因为国库中已没有更多的钱。

根据北京最近的电报，好像各国使节终于同意进行谈判。法国的提议将成为谈判的基础。

军事行动方面，联军针对袭扰北京周围拳民的局部击溃进攻已逐渐减少，要对他们进行一次歼灭战。

尽管采取了这样的积极作战行动，但清国南部省份，特别是广东省的叛乱每年都在增加而不是减少，这是令人震惊的。我们可以给大家提供一条非常严重的最新消息，该消息是伦敦《每日邮报》驻天津通讯员发出的：尽管联军统帅瓦德西伯爵的命令是严格的，但俄国人仍不想让英国人在 Manhaikonan 悬挂国旗。

19001106

首先，我们必须谈一下《法兰克福报》的通讯员从芝罘发来的电报。电报称：据信各国公使已同李鸿章与庆亲王开始和谈，和谈基础为清国所有的内河港口和海港将向各国开放；清国各省督抚将配置一名外国官员以备咨政；端郡王将因其对外国人以及其他人所犯的罪行被判处无期徒刑。

根据相关电报，清国皇帝接受了上述和谈条件，并准备立即返回北京。

不要只浅显地看表面。现在让我们看看从上海发来的另一封电报中提到的相反的情况，该电报由伦敦的一些报刊全文刊登，内容如下：

> 由于清国皇帝在联军面前表现得仁慈而软弱，摄政皇太后大怒不已，并派遣大臣至帝国的各个地区征召武装人员，尤其是长江流域，以消灭境内所有外国人，不论其国籍、宗教，并任命毓贤为署理消灭外国人的官员，他是外国人最痛恨的敌人之一。

关于我们收到的新闻，我们目前拥有一则消息，称尽管联军统帅瓦德西伯爵付出了很大的努力，但是我们知道，他仍然无法强制联军其他部队的指挥官执行其命令。

还有一条消息称，尚未确认各国在清国事务中对英德协定的遵守情况。法国和日本尚未给出明确的答复。一条关于美国的消息称，考虑到总统选举临近，美国会非常有条件且认真地保留意见。

最后，我们收到的一条消息称，广州发生了可怕的爆炸。叛乱分子想用棉火药炸毁两广总督的官署。他们造成了一场真正的灾难，因为他们完全炸毁了四栋房屋，并造成大量人员伤亡。

19001107－1

和谈再次面临失败的危险。因为在德国的影响下，列强公使们坚持处死端郡王以及其余十名王爷、皇室成员以及满族大臣。

这样的要求就像列强拒绝与清帝国进行和谈一样。

由于先前收到的电报所说的内容完全相反，很显然，我们无法了解甚至无法猜测远东正在发生的事情。

关于解决清国问题的英德协定一事，奥匈帝国、意大利和日本已完全无条件地加入进来，而俄国、法国和美国则是有条件地、相当谨慎地接受了这一协定，特别是对该协定第三条接受得相当谨慎。

我们可以呈现给读者的最新消息如下：一道闪电击中了南京的火药库，导致火药库爆炸，造成多人伤亡，城中尽是断肢残躯。

以及下面这条消息：在清国，有一种对德军的深仇大恨，因为他们对待清国人残忍而野蛮。

一条消息称，在北京的列强担心，从天津及大沽到清国首都的铁道重建工作尚未准备就绪。由于白河已被冻结，航道现已封闭，交通与物资供应将面临严重困难。另一条消息提到，据伦敦的《标准报》收到的发自西安府的电报，端郡王已从清国的领土上消失，现已奔赴蒙古避难。而联军需要他的首级，以便达成和谈。

19001107－2

关于德国人在清国采取的最新行动，该国的报纸刊登了以下内容：

11月1日，有必要对位于紫荆关西北10公里处的一个城镇[①]发动袭击，该城镇被勇敢的、着装统一的拳民和众多匪盗守卫着。

我们的减员情况如下：一名海军陆战队士兵以及一名军号手受伤。而敌人的伤亡数量则相当可观。

19001109－1

从北京发来的消息称，一支英军特遣部队于10月30日与一支清国正规军遭遇。

由于一个误会，一名印度号手杀死了清军的将军。

英国将军对此事件表示非常遗憾。

之后，英国人摧毁了两个村庄，10月4日有两名英国公民于此地被杀。

此外，英国人在到达北京之前烧毁了廊坊附近四个有拳民的村庄。

19001109－2

根据发自上海的电文称，列强已要求清国皇帝认可联军在保定府做出的裁决。

《泰晤士报》驻北京的通讯员报道，英国公使在外交官会议上提议，和约草案中应有一项条款。根据该条款，清国的商业条约必须被完全复验。

一些列强反对该主张。

19001110

明智的吉纳教授从北京返回巴黎，他对西班牙驻清国公使葛络干先生[②]表示赞赏。

他说，葛络干先生是热情好客与优雅慷慨的典范，拥有西班牙人民高尚而慷慨的优良传统。

当时，葛络干先生睡在大厅的床垫上，把他的卧室留给了赴西班牙驻北京公使馆避难的女难民。

---

① 此处指的应为插箭岭关，即今河北省涞源县。

② 即贝尔纳多·哈辛托·葛络干(Bernardo Jacinto Cólogan y Cólogan，1847.1.13—1921.7.30)，义和团运动与八国联军侵华期间曾担任西班牙驻清国公使。

19001112

根据刚刚从北京收到的电报，初步的和谈仍在进行中。和谈的基础为法国的提议，该提议的六项内容也将进一步扩充，提议文本也记录得十分详细，以免日后出现导致冲突的歪曲解释。

无论如何，有没有清国皇帝的帮助，我们似乎都会走向和平。

19001114－1

我们收到本月六日发自北京的电报。电报称列强公使针对清国的会议仍在继续，他们一致要求两件事，即公布对针对外国人的暴行负责的官员之名单并对他们进行惩处，哪怕其中有王子与高官；在北京竖立一座宏伟的纪念碑，以纪念被义和团杀害的德国驻华公使克林德男爵。

清国代表深信，目前已无法逃避问题。他们再次给皇帝发报，禀称列强坚持对有罪之人进行惩罚，而清国除了屈服别无选择。

似乎法国、俄国、美国和日本组成了一个同盟，而该同盟旨在平衡英德协定对清国事务的影响。然而，这个同盟的成立无非谣言，正如俄国人梦寐以求吞并天津一带的新闻一样。

我们从一位通讯员那里获得了一条相当敏感的消息，他曾在北亚旅行。在新闻中，他详细地写道：

> ……在长崎，我们与《比利时纪事报》和安特卫普《晨报》的记者一同登船。他们乘火车在西伯利亚铁路旅行后，要前往天津，并证实俄国格里布斯基将军[①]在海兰泡附近溺杀约 8000 名清国人的传闻。清国人被五个五个地绑在一起——头发绑在一起，胳膊绑在一起，腿也绑在一起，就这样被扔进河里。
>
> 这个令人毛骨悚然的事件之细节将在不久后公布。

---

① 格里布斯基时任俄国阿穆尔军区司令，主导制造了海兰泡惨案与江东六十四屯惨案。

19001114－2

泰晤士报北京分社的记者确定，李鸿章正在等待指示，以回应俄国海军上将阿列克谢耶夫的邀请，该邀请旨在使清国在俄国的保护之下组建东北政府。

在这种情况下，确定该政府掌权者的人选需要俄国批准，而俄国在东北留下了足够多的军队来保护经其批准组建的政府。

通讯员明白，这就等同于对上述领土的最终占领，而清国人不得不接受丢失东北的事实。

19001114－3

根据一封发自天津的电报，一些次等列强，包括西班牙、比利时、荷兰和丹麦，已申请并被允许参加与清国的和谈。

该电报补充说，俄国支持这些次等列强的主张，然而其他对清国问题感兴趣的国家则表示反对。

19001116

根据德国收到的一封发自北京的电报，现在和谈根本还没有开始。作为时间拖得越久越不利于尽早解决清国与各国问题的证据，伦敦方面称，清国皇帝与摄政皇太后命成都知府入宫，随时接受他们二人召见，并接受朝廷的下一步指令。

因此，清廷没有向北京移动、迈出解决冲突的第一步，而是试图远离这个帝国的真正首都。

我们收到了一条轰动性的新闻，称俄国人在秦皇岛火车站悬挂俄国国旗，而这种行为践踏了英国的权利，英国人一直认为这里是他们的势力范围。

秦皇岛也是辽东湾重要的港口，位于旅顺港对面。英国人已经在这里经营了一段时间，租借期为八个月，租借目的是将该地作为陆上和海上军事仓库，而港口设施和那里的铁路都是由英国工程师设计以及英国出资建造的。

另一则令人瞠目结舌的消息则不禁令人发笑。一支由 15 名士兵组成的意大利小队从北京出发前往天津，一枪未发，在翟各庄附近俘虏了三个营的清国步兵。

19001117－1

世界上最严肃、最有见地的报纸《科隆报》报道，列强驻华公使在不久之后将以最后通牒的形式向清国外交代表递交和谈的条件。条件如下：

1.处决参与残害外国人的行动中主要的王子与官员。
2.让列强的代表监斩。
3.向列强偿付远征清国的费用。
4.对清国叛乱分子对个人与传教团体造成的损失进行赔偿。
5.在北京建立常备武装力量，以保证该城内外国使领馆的安全。
6.摧毁大沽的所有炮台。
7.确保北京与沿海地区之间交通通畅。

这些是清国人很难服从的条件，特别是第二条和第六条。这也意味着，就目前而言，签订和约还是很成问题的。

我们收到一条最新消息，称清国的摄政皇太后已经去世。

这篇来自俄国的新闻，暂且搁置一旁吧。

另一则让我们真正想笑出声的消息，则是由伦敦《每日邮报》与《每日电讯报》驻天津的通讯员发出的，称一些次等列强如西班牙、比利时、荷兰和丹麦请求一等列强允许它们参加与清国的和谈。而俄国支持它们！但是其他列强对此提出抗议。

前文提到的英国通讯员发出的内容惊人的新闻很可能是善意或恶趣味的玩笑。

19001117－2

美国驻清国公使康格先生①在11月12日给清国政府的电报中说，相信欧洲代表就和谈条件将比之前大家所认为的时间更早知会清国政府，因

① 即爱德文·胡尔德·康格（Edwin Hurd Conger，1843.3.7—1907.5.18），美国外交官，义和团运动与八国联军侵华战争期间曾担任美国驻清国公使（1898.7.8—1905.4.4）。

为这些代表对大多数和谈基础表示完全同意。

19001118

巴黎来信

列强的集体照会

《泰晤士报》自北京发出了一封电报，其中包括一份各国全权公使一致通过的集体照会。在照会中，各国公使以所有文明国家的名义把议和条件强加给了全体清国人。

虽然该文件的真实性与官方性尚未确认，但在我们看来似乎很合理。因此，我们可以对其进行一些简短的评论。

这份照会是严谨的。各国公使终于相信，与清国人进行虚假的客套是没有用的，因为他们认为，他们做出再多的让步，都是出于清国对列强的恐惧，以及对清国皇帝的尊重。最终，各国公使把“欧洲人并不逊于清国人”这一清晰而明确的想法刻在清国人的脑海里。相反，他们比清国人优越，并且他们不希望清国人继续像以前那样取笑欧洲人。当11位始作俑者被处决后，清国高级官员将更加谨慎并会采取预防措施，以防止针对外国人的持久的敌对活动，尽管他们常常主动发起这种倡议。

英国人与德国人

前面引用的《泰晤士报》也刊登了其驻威斯巴登的通讯员发来的来信：

我们的邻居德国人每天都对我们在德兰士瓦地区的“残酷而怯懦”的行为指指点点。我可以反驳德国人的行为吗？比如用从日耳曼士兵写的信中找到破绽的方法？《不来梅汉堡报》摘录并刊登了一位在北京的德国士兵于1900年8月20日写的一封信。而威斯巴登的一份报纸(11月4日的《日报》)则重新刊登了这封信，并发表了重要的评论，称发布于不来梅港(德皇威廉二世的演说)的“不准优待俘虏”这一命令被德军士兵执行得非常到位。

信中说：“今天，在晚饭时间，我们接到命令，要去帮助德国海军陆战队。我们捉住了清国人，把他们一个一个地用辫子绑在一起，再让他们待在我们中间。我们的一些同志——有些粗鲁的同伴，暴打他们，他们都流血了，那太可怕了。吃完饭后，有人向我们下达了枪决他们的命令，而我被点名执行枪决。当我们驱赶着他们前往行刑地点时，其中两个人逃脱了。其他八人，非常年轻的八个人，他们被赦免了，侥幸逃生。其余六十八人则被枪杀。我们让四个清国人站在一排，每个清国人之间隔十二到十五步。在指挥官下令时，他们跪下求饶。但是当'开火!'的命令响起后，一瞬间，一切都结束了。每个人都身中四弹，跌落进早已为他们挖好的土坑之中。"

《哈尔伯施塔特人民报》刊登了另一封来信。该信用铅笔写在清国商品的包装纸上，是一位士兵写给他的母亲的，日期为11月1日：

亲爱的母亲，您问我战争进行得如何？我无法写明详情，因为这些死亡和屠杀是疯狂的。但这理应如此，因为清国人不在国际法的保护范围之内。这样他们就不会被俘虏了，而是所有人都被射杀了。或者说，为了节约弹药，他们都被刺杀了。

周日下午，我们用刺刀杀死了74名囚犯。他们向我们的巡逻队开火，那太可怕了。我们希望这种事情不会持续太久，否则我们将会忘记我们还是人。

德国报纸刊登了一些志愿兵的来信，其中也提到了一些类似的骇人听闻的事件。

A. 赛西

1900年11月14日

19001119

俄国新闻机构似乎对由德军在清国实施的暴力、破坏和抢劫行为深感愤慨。

该报称，这对一个文明国家来说，真的是非常令人感到耻辱的行为。这种行为，或者说是极其野蛮的行为，足以使清国人感到愤怒，甚至使那些迄今为止仍保持和平的人，也能付诸最严重的复仇与报复行动。

圣彼得堡《新闻报》严厉谴责与野蛮的德国人同谋的法国政府，盖因其允许法国军队配合联军统帅瓦德西伯爵进行野蛮镇压，尤其是派遣一支法国特遣队前往清帝国的皇陵，其唯一目的是对清廷的决策施加压力。

应该指出的是，假使莫斯科的报刊在听说俄国将军在黑龙江和东北的其他地方犯下暴行，溺毙成千上万清国人之后，若是其能够保持沉默，那就更好了。

19001120

来自清国的最新电报载有本月十三日的诏令[①]全文，其中端郡王和庄亲王已完全被解除职务并被判处无期徒刑，怡亲王与贝勒载滢也被判入狱，贝勒载濂也被剥夺公职，辅国公载澜和英年已被降级，毓贤被放逐到边疆；赵舒翘也被剥夺职务，只是还让他戴罪继续工作。

19001121

关于清国，除了宣布向直隶的北部派遣小规模远征军以外，只有一些可疑的消息，别无其他消息。当《蓓尔美尔报》从上海发来端郡王与董福祥将军已在甘肃竖起“反叛”之旗时，我们就得重新审视那些可疑的消息了。在这一切发生后，我们只能说这太让人难以置信了。但是，当《环球报》刊出一条关于皇帝褫夺上述官员的官职，甚至下令将其监禁，直到其他问题解决为止的诏令的新闻时，人们不得不对这些消息表示怀疑，直到收到新的消息为止。

19001123

用华盛顿报纸的话说，美国政府决心尽快从中国事务中摆脱出来。

然而，他们补充说，只要美国的利益没有得到充分保护，美国就不会退出与欧洲国家签署的协定。

19001124

清国皇帝任命杨儒为清国驻圣彼得堡特命全权大臣。

19001125

反对清国的列强公使们认为，清国皇帝最近发布的诏令是不利于缔结和约的。他们准备向清国代表发出照会，明确并最终宣布列强对清国的议

① 即《光绪二十六年九月二十二日内阁奉上谕》。

和要求，使清国做出调整。

因此，清国问题的解决被推迟了，而推迟的时间难以计算。

我们收到了一条令我们感兴趣的消息，称在整个东北南部，清国人大肆破坏铁道，焚烧车站和仓库，几乎摧毁了所有固定和移动的设施。

到目前为止，计算出的损坏赔偿价值为1000万卢布，这是俄国必须索取的赔偿数额。

有人从上海发报给伦敦的《每日电讯报》称，本月20日摄政皇太后下达密令，命令各省督抚做好准备，立即对在清国领土上出现的所有外国人发动灭绝战争。

我们终于收到了最新的消息，该消息令人震惊，关乎北京城内人们的健康状况。消息称，那里的传染病尤其是病毒使大多数因病去世的人曝尸荒野，因为没有人能够掩埋他们。这引起了人们的恐慌，人们害怕传染病在首都及其近郊肆虐。更糟糕的是，在这样危急的局势之下，几乎无法在那里采取强有力的抗疫手段。

19001126

尽管自民党领袖里希特先生在议会上针对德国强加给联军统帅瓦德西伯爵的命令、针对德国政府与德皇发表了精辟而有力的演讲，但冯·比洛伯爵赔偿金议案还是以绝大多数票获得通过，这将使德国政府在清国问题上背着国家、背着里希特先生做的事情“由坏转好”。此外，俄军因不愿服从瓦德西伯爵的指挥而退兵。

里希特对德国现在采取的“装饰性”外交政策表示遗憾，并称：“以前，德国说得很少，却做得很多。然而，现在说得很多，但是什么也不做。除了那些刺激俄国的敏感与脆弱等愚蠢的事情之外，它没有在远东寻求友谊，甚至没有与大不列颠王国建立坚固的同盟。”

如果不是战争部长偶尔散布一些胡说八道的言论，总理本可以从议会那里获得议员对德军在清国犯下的暴行的纵容，而这些暴行均是皇帝充满仇恨的演说导致的。

19001127

由于列强公使之间爆发了四五次争端，在收到各自政府的新指示之前，和谈被迫中止。

与往常一样，争论的焦点还是对领导屠杀外国人的暴动领导人之惩罚。德国在该问题上绝不让步。

19001130

由于清国与列强的谈判又一次中止，全世界都感到某种不适。而且人们已经开始讨论，有在欧洲某国首都或华盛顿召开大会的说法，这会是什么地方也不去就能够浪费时间和精力的绝佳手段。

关于远东地区的情况，巴黎《晨报》说，该报开始对从清国传到欧洲的有关欧洲军队无缘无故地杀人和掠夺的消息产生深刻印象。无须对这些行为做任何调查取证，而且有必要对我们的士兵（法国士兵）表示敬意，因为没人敢责怪他们，并会把他们事出有因或无原因的暴行归咎于其他国家的士兵。

关于类似的指控，以及几天前德国议会在处理发生于清国的事件时引起的热烈讨论，倍倍尔[①]议员发言坚持对德国士兵谋杀清国人这一行为进行指控。

在议会中的大混乱中，比洛伯爵站起来，对那位主张社会主义的演说家（倍倍尔）说："我为阁下谈到德国士兵和我们军队的行为方式深表遗憾。"

"请注意，还没有一个例子能证明我们的士兵不配享有这高贵的荣誉。一例也没有！不仅是他们，德国人民也一样，都配得上享有这高贵的荣誉。"

"如果发生这种情况，他将受到最可怕的惩罚。人们不应从孤立的事实中得出普遍性结论，更重要的是，因为就人性和军纪而言，德国士兵不会输给任何人。因此，我以一切必要的力量，抗议社会民主党代表的指控。"

---

① 即奥古斯特·费迪南德·倍倍尔（August Ferdinand Bebel，1840.2.22—1913.8.13），德国社会民主党的创始人之一兼领袖，参与创建第二国际。

1900 年 12 月

19001202

清国与列强的问题愈发纠缠不清。因此，随着时间的推移，我们必会看到该问题会引发一段时间的冲突。

从北京和其他几个欧洲国家的首都收到的电报称，毫无疑问，现在列强与清国间恢复和谈之事将很快成为事实。

也有来自清国的令人震惊的消息称，李鸿章病得很重，以至于给他的养子(李经方)发送了电报。

惩罚性远征等军事行动仍在继续。联军在没有任何人员伤亡的情况下歼灭了数千名清国人。

19001204

巴黎来信

清国发生的事情

迄今为止，尚不能准确地表明目前的谈判已经取得了什么结果。因此，政治家和不同国家的媒体对局势的判断是不同的。

似乎列强公使已经同意将要提交清国政府的照会条款。但是，清政府会接受吗?

如果答案是否定的，清政府会不会利用这一新的休战期来集结分散的部队，并尝试对联军进行新的进攻吗?

联军将采取措施，以防止新的攻击行动。

一支远征部队到达张家口，解除了驻扎在那里的清国正规军的武装。

19001205

据说在清国的联军人数已增加到7万人。由于天气原因,联军特别是来自欧洲的部队遭受了重大伤亡。

人们认为,如果不尽快签署和约,将有必要派遣大规模的增援部队。

19001207－1

在肯普夫[1]司令和罗杰斯[2]司令的指挥下,美国的亚太舰队将分成两部分:一部分针对清国,另一部分部署于菲律宾。

19001207－2

法国公使毕盛先生似乎已经受到北京外交使团所有同僚的委托,负责签署并向清国和谈代表递交有关列强强加给清帝国的和约签署的最终议和章程。

军事行动方面,在北京有很多关于联军尤其是关于规模庞大的德意联军的传闻。在发生于距清国首都不远处的不幸事故中,除了确认了死亡人数之外,也造成了严重的损失,如约克·德·瓦尔腾堡伯爵上校[3]——远征张家口部队的侦查队长阵亡。消息补充道,由于义和团取得了一些优势,联军在华北的行动已经有所收敛。

使联军状况恶化的另一个原因,是今年他们将不得不在相当恶劣的条件下忍受严酷的冬天。

---

① 即路易斯·肯普夫(Louis Kempff,1841.10.11—1920.7.29),八国联军侵华战争期间在美国海军服役,随后担任美国亚太舰队司令。

② 即雷蒙德·佩里·罗杰斯(Raymond Perry Rodgers,1849.12.20—1925.12.28),八国联军侵华战争期间在美国海军服役,担任"纳什维尔"号(PG-7)炮舰舰长。

③ 即马克西米利安·约克·冯·瓦尔滕堡(Maximilian York von Wartenburg,1850.6.12—1900.11.27),德国陆军上校。1900年11月27日被击毙于怀来。

19001207－3

为了使我们的读者了解俄国为应对当前的清国与各国冲突所做的努力，我们从重要的报纸《政府公报》上摘录了以下资料：

在三个月里（俄历），西伯利亚铁路已将送了 54410 名士兵和 11407 匹马到外贝加尔州，从海上运送了 10107 名士兵到符拉迪沃斯托克（海参崴），并把 9709 名士兵运送到了旅顺口。共有 74226 人到达了阿穆尔河（黑龙江）沿岸与关东。

同一时期，西伯利亚铁路从西部向远东运送了 3062 吨物资，通过海运向符拉迪沃斯托克（海参崴）运输了 7081 吨物资，并且向旅顺口运输了 9385 吨物资。

由于伊尔库茨克城具有良好的仓储或储存军事物资的条件，俄国军事管理部门向那里运送了 20221 吨各种材料。

莫斯科行政管理的卓越组织方式，成功地克服了莫斯科军政力量在管理整个庞大的部队、调配和战争中必须克服的障碍。

除了斯利坚斯克之外，政府还使用了水路，通过阿穆尔河（黑龙江）和石勒喀河将 46204 人、3145 匹马和 3305 吨战争物资与给养运送到了战区。

俄国陆军目前在远东的粮食和弹药储备可以满足 1901 年 3 月之前的所有需求。

19001209

《每日邮报》刊发了一封发自北京的电文，电文称坚持和平是不可能的，因此认为明年春天恢复战事是绝对必要的。

电文补充道，唯一可行的解决方案是瓜分清国。

19001210

清国与各国的冲突并未得到解决，而是变得越来越复杂。

鉴于联军继续驻扎在那里，清廷坚决拒绝返回北京。

和谈的进展非常慢，而且联军，尤其是德军对清国人的野蛮行径，使他们的宗教情绪不断受到困扰，这昭示着该谈判未必能尽早取得一个好的结果。

同时，远东的严冬也使联军陷入困境。严冬导致严寒与疾病，使联军中出现大量伤亡。

大规模的拳民团体并未减少，相反，仿佛在增加。最近，一个由2500多人组成的拳民团体在距保定府不远的地方击败了一支德国部队，造成德军26人死亡、100多人受伤。

天津街头出现了许多告示，以此煽动所有清国人起事，杀死外国人。

这引起了人们的担忧。或许某天，由于外国人与当地人交往方式不当，清国将再次发生大范围屠杀外国人事件。

为了应对这种令人不快的局势，联军统帅瓦德西伯爵在神圣的明朝君主的陵园内升起了德国国旗。

正如我们所看到的，盲目追随威廉二世灵感的瓦德西伯爵在远东所走的道路，已经走不通了。

到目前为止，瓦德西伯爵未能利用好麾下的七万联军。这表明他没有完成任务，其职务与任务毫不匹配。

19001212

根据北京方面的消息，两名同德国远征军从张家口返回的英国上尉讲述了发生在归化城的、针对百余名传教士与百余名本地基督徒的大屠杀。

许多传教士被拳民甚至清国正规军包围。

19001213－1

巴黎来信

英国议会

英国下议院议会举行了开幕仪式。

御座演讲很简短。

内容如下：

> 爵士们、先生们：
>
> 有必要再次关注朕的军队在南非与清国的行动中产生的开支。

朕已晓谕众卿，召开特别立法会议，以批准出于该原因而必须采取的措施。在议会普通立法会通过的法案于春季生效之前，朕将不会提请众卿考虑处理其他公共利益问题。

A. 赛西

1900 年 12 月 7 日

19001213－2

华盛顿方面从北京收到消息，称列强代表已就将要提交给清国合法政府的和平提议，包括其中的议和建议，达成了最终协议。列强称，清政府应对那些在清帝国发生的、关于外国人的严重事件负责，应对有罪之人施加最严厉的惩罚，而不是让这些人的生命安全丝毫不受威胁。

至于赔偿，似乎列强同意赔偿款的额度尽可能低；而就其他条件而言，那些条件是很久以前在法国外交照会中就早已规定的。

华盛顿收到的发自北京的电报补充称，被新的、非常温和的议和章程打动的李鸿章对列强的公使们表示诚挚的感谢，并向他们保证和平将很快成为事实，皇帝与摄政皇太后以及整个清廷将返回北京。

与此相反，从伦敦《每日新闻报》驻长崎的记者那里收到了与上述记述相反的信息。他说，圣彼得堡已废除了先前下达给 5000 名俄军士兵的返乡令。

驻北京的《晨报》通讯员也发文称，在清国首都，清国与各国不可能签订和约的说法占据主流，而双方将于明年春天恢复敌对。此外，清廷并不会回到北京，正准备从现在驻跸的西安府迁至武昌府。

19001215

欧洲列强在清国的远征，除了具有一种微妙的优势外，还会为科学发展提供独特的服务，这真是出乎意料。

联军在进驻东北的圣城奉天之际，发现了数个存有大量关于东方历史抄本的图书馆。直到现在，鲜有西方学者知悉此事。

此外，我们发现了非常令人感兴趣的一点，即我们发现了大量希腊语和拉丁语手稿。

由考古学家、拉丁语学者和希腊语学者组成的俄国使团目前正准备前往奉天，研究这些宝藏。

这些学者的主流看法是，找到的文献皆为公元 12—13 世纪时鞑靼人与蒙古人突然入侵欧洲时抢夺的文献。

学界也相信，这些手稿来自基辅，来自德属波兰①，即来自整个东欧。此外，学者期望从中能够找到一些古代巨匠的著作，这些著作迄今为止仍被认为是已完全遗失的，其中包括佩特罗尼乌斯②的完整著作，甚至可能包括波利比乌斯③和蒂托·李维④的完整著作。

19001217

可以预料的是，清国与各国的和谈将再次陷入胶着，盖因英国仍未就已呈交给清国代表的议和提议表示赞同。此外，清国代表的谈判资格现在已被确认。

关于收到的新闻，最重要的则是，自从清国发生政治动荡以来，从天津出发的第一趟火车抵达北京；清国皇帝很有可能回到北京，而摄政皇太后与清廷的一部分大臣撤回西安府。

我们从报纸上摘录了下列内容：

> 柏林《本地新闻报》记者从北京发来的电报在柏林和巴黎引起了极大的轰动。电文称，一段时间以来，一些德国与法国军官在清国首都的天文台忙碌，窃取了十种享誉世界的天文仪器。
>
> 由于法德协定，被上述记者称为“非常有趣的战利品”的上述仪器中的五种被运抵柏林，而其余五种则运抵巴黎。
>
> 但是，应该指出的是，上周四，在内阁的指示下，法国人突然放弃了对天文仪器的劫掠。然而，尽管如此，德国官兵仍继续在德国工兵

① 波兰当时被德意志帝国与俄罗斯帝国占据。

② 即盖厄斯·佩特罗尼乌斯·阿尔比特(Gaius Petronius Arbiter，27—66 年)，罗马帝国朝臣、抒情诗人与小说家，代表作为《爱情神话》。

③ 波利比乌斯(希腊语：Πολ ΰ3 ιos，约前 200—前 118 年)，希腊化时代罗马政治家和历史学家，以《通史》一书留名传世，原书 40 卷，只有前 5 卷及余量的少数片段传世，记叙地中海周边的历史，尤其着重于罗马帝国的崛起。

④ 蒂托·李维(Titus Livius，前 64 年或前 59—17 年)，古罗马著名历史学家，写有多部哲学和诗歌著作，但最著名的是他的巨著《罗马史》。

中尉根德尔的指挥下实施抢劫。

19001219

英国议会以284票赞成、8票反对的结果，对1600万英镑的贷款进行了分配：60万英镑用于清国战役，100万英镑用于在英属南非创办警察机构，100万英镑用于重建南非的铁路，其余的则分配给与布尔人作战的帝国军队。

英国财政大臣已经从英国议会获得了必要的权力，可以通过贷款或发行国债的方式来筹集1100万英镑。

19001220

根据伦敦的《泰晤士报》刊发的一封发自天津的电文，清国皇帝同意接受列强公使提出的以下十项条件：

> 支付7亿两白银的赔款，分70年付清并由厘金担保。
>
> 在北京竖起一座纪念被拳民杀害的克林德男爵的纪念碑。
>
> 一位清国的亲王、皇帝的近亲奔赴柏林谢罪，直到令德国政府对谋杀之处理感到满意。
>
> 联军占领大沽与北京之间的交通线。
>
> 惩治拳乱的主要领导人。
>
> 杀害、凌虐外国人的城镇停止科考五年。
>
> 废除迄今为止一直存在的总理衙门。
>
> 外国全权大臣有权在必要时谒见皇帝。
>
> 禁止向清国出口武器弹药。
>
> 拆毁山海关、大沽与北京之间的内陆堡垒与海防炮台。

根据天津发来的另一封电报，在清国的德国人继续实施他们可憎的灭绝行径。德国人的确派遣了一支远征军前往讨伐领军驻守位于大运河沿岸的沧州府的梅将军[①]，并刚刚回到天津。

这次德国的惩罚性远征几乎歼灭了清军，德军洗劫了其辎重并释放了许多危险的拳民，因为梅将军一直囚禁着这些罪犯。

---

① 此处指梅东益将军。

如果有人考虑到梅将军一直是清国军事领袖，坚定地同拳民战斗，那么德国人的这种举动更应被谴责。

作为俄国对迅速解决清国与各国冲突的信心不足之证明，俄国决定大幅增加其派驻清国水域的舰船数量，并派出地中海舰队[①]的部分舰船。

目前，圣彼得堡方面已经命令两艘战列舰、两艘炮舰和四艘驱逐舰前往远东。

19001221

英国议会对国债与借贷法案进行了投票，以支付在清国与南非的战争费用。英国议会将会议议程延长至圣诞节之后。

在第三次对有关战争贷款的法律草案进行研读时，布林·罗伯茨(Bryn Roberts)先生称，英国士兵在南非对待妇女的方式是对文明的侮辱，然后发问道："自从罗伯茨勋爵宣布战争结束后，为什么'yeomanrg[②]'(帝国志愿军)依然在南非？"

之后，劳合·乔治[③]议员称，收到的消息详细说明了布尔人在目前的战争中遭到了英军灾难性的攻击。

劳合·乔治先生还称，德·怀特[④]第十次逃脱了英军的追捕，使英国成为全世界的笑柄，这明显表明战争又持续了数月之久。

最后，劳合·乔治先生称，英国在南非有一支拥有21万名士兵的军队。然而，这支军队却不能利用自己的实力来避免被一些牧民的游击队攻击与袭扰。

19001223

据巴黎《法兰西报》报道，一位占领紫禁城的联军军官称，得益于对紫

① 即黑海舰队。

② 即英国志愿军，出现于18世纪90年代暨拿破仑战争初期，起初为骑兵部队，二战期间改为装甲部队，二战后规模逐渐缩减。

③ 即大卫·劳合·乔治(David Lloyd George，1863.1.17—1945.3.26)，英国自由党政治家，义和团运动与八国联军侵华战争期间担任下院议员，1916—1922年领导战时内阁，1926—1931年担任自由党党魁。

④ 即克里斯蒂安·鲁道夫·德·怀特(Christian Rudolf de Wet，1854.10.7—1922.2.3)，布尔军队总参谋长。

禁城的最新调查,有关哥伦布发现美洲多个世纪之前中国人访问美洲的观点已被证明是正确的。

这位军官的确找到了佛教慧深和尚的日记。公元458年,他与另外四名中国和尚一起前往美洲,并于495年返回。对其日记的解读表明,中国人确实真正造访了美洲,尤其是墨西哥和秘鲁,哪怕只是一些和尚去过那里。然而,在慧深和尚的日记中,对中国人移民美洲之事并未有任何记载。

19001224－1

由于英国驻华公使的特别要求,和谈开始的日期再次延期,因为其他列强公使现在必须就该特别要求向各自政府请求指示。

关于收到的最新消息,简而言之,由于华北地区的严寒,北京与东南部港口的铁路交通与水运变得非常困难,清国首都与北部及西北各省之间的铁路与河流运输也变得异常困难。

由于严寒,联军似乎遭受了很多困难,尤其是英属印度军队。

最后,从北京和天津收到的电文称,义和团时下极为活跃,目的是恢复针对帝国全境内外国人的敌对行动,尤其可能是针对德国人的敌对行动。如果可能的话,拳民会全歼外国人。

19001224－2

在乌霍姆斯基亲王[①]的敦促下,李鸿章代表清国给沙皇尼古拉二世发去电报,对他致以最诚挚的感谢,感谢他允许清国文官政府在俄国的保护下重建东北。从现在开始,东北得以处于俄国的暗中统治之下。

俄国将其军队派驻清国东北,可能有两万人的兵力,这还不包括其在旅顺港的庞大驻军。

19001224－3

英国报刊并未掩饰自己的反感,称俄国人在牛庄肆意妄为,那里的英国商业活动减少了75%以上。他们还补充说,尽管伦敦对上述行为多次

---

① 即埃斯珀·埃斯珀洛维奇·乌霍姆斯基亲王(俄语:Эспер Эсперович Ухтомский,Esper Esperovich Ukhtomsky,1861.8.26—1921.11.26),俄国亲王,热衷于向东方扩张。

提出抗议，但俄国人依旧在牛庄乃至长城北部地区声名狼藉。

发来的电报称，俄国志愿舰队的“基辅”号巡洋舰从清国运回的第一支俄国远征部队抵达费奥多西亚。从即日起至4月1日，12个步兵团与数个炮兵连将返回俄国。

19001227

我们必须就与清国问题相关的两封电报，向我们的读者做出解释。

两封电报都来自北京，内容如下：首先，所有针对清国的列强之公使对议和章程表示完全同意，该章程将尽快呈交给清国议和代表。此外，该章程也考虑了英国政府的特殊请求。

电报补充称，毫无疑问，在半个月之内，清国与各国签订和约将成为事实。

根据另一封来自北京的电报，瓦德西伯爵已下令将清国首都划分为军事占领区，由列强占领军占领与管理。然后，该电报补充称，瓦德西伯爵与法军和美军的指挥官之间几乎没达成什么一致。

最后，我们收到的另一份公文称，京津之间的铁路运输仍然完好，每天都有一趟往返于两地的列车。

19001230

有人从北京发电报称，在列强外交官代表按字母顺序签字后，西班牙公使已于本月22日将签字的、法文撰写的照会呈交给庆亲王与李鸿章，李鸿章刚刚从登革热中康复。该照会与列强强迫清帝国签署和约相关。

这份约有1300个单词的照会将附有一份由所有公使馆的译员译出的中文版本。

在收到亟待讨论的照会后，庆亲王通过西班牙公使馆的译员对西班牙大臣说：

> 我很荣幸收到关于清国与列强建立友好关系的照会。为此，我将不遗余力地将其传达给我国的皇帝陛下。我将在得到答复后，立即将之传达给各列强外交代表。

关于清国皇帝对集体照会的保留态度，有几种意见。一方面，有人说清国皇帝打算对列强施加的和平条件加上许多限制；另一方面，有人称要保证仅讨论将赔款金额固定为12.6亿法郎的条款，以及就清国如何偿付赔款的方式进行讨论。

该照会还声明，在超过保护各国使领馆所需的联军占领清国首都的情况下，无须等待清国皇帝与清廷回京。

无论如何，似乎可怕的清国与列强冲突的解决方案进展非常顺利。

英国报刊于本月二十三日在北京以"掠夺"为标题刊发了一份电报，内容如下：

> 德国人夺取了名为"北京俱乐部"的建筑，家具以及其中一切物品，价值超过30万两白银，并把这一切都抢走，用来装饰布置他们的公使馆，并拒绝归还。

看来，清国人已向各国公使表示强烈抗议，要求他们停止这种暴行。

19001231

假设李鸿章已经从登革热中有所恢复，那么此时在京的外国公使们将向他递交载有对清国人之要求的、关于议和的集体照会。由于清国已决定毫无疑问地接受该照会，在半个月之内签署和约将是轻而易举的，清国与列强间的冲突也能画上句号。

1901 年 1 月

19010104

发生在清国的战役遭到了刻薄而严厉的批评。

最后，即使是德皇本人也无法逃脱那些附有插图的刊物的攻击。

19010105

今日，《纽约先驱报》从香港发电文，报道了一次相当严重的事件。

电文称，英国海军旗舰“巴尔夫勒”(Barfleur)号[①]上的船员发动兵变，盖因船员对没有得到在清国战役中应得的战利品表示不满。

电文补充称，兵变者将加农炮护套扔入海中，一名士官在稳定局势时受伤。

没有更多关于此事件的详细信息。

19010107

日本人在清国

从“道德意义”层面来讲，日本是目前使帝国陷入“美好而愉快的”阿提拉式回忆中的八个列强里最文明的国家。至少，这是对远东了解相当透彻

① “巴尔夫勒”号是 19 世纪 90 年代以来英国皇家海军的最后一艘二级战列舰。该舰排水量小，吃水线浅，便于在中国的江河中航行。1898 年 10 月 1 日，“巴尔夫勒”号成为英国皇家海军中国舰队旗舰。义和团运动与八国联军侵华战争期间，“巴尔夫勒”号先后参与攻占大沽与天津的战役。

的旅行家弗雷泽夫人的看法。

这位女士说，日本的社会生活代表着家庭生活、简单生活与父权制度的胜利。无须质疑“上帝救赎我们！”的准确性，我们只须回想一下清国与其拳民以及发生的一切，以及张伯伦的祖国——英国与针对南非共和国的令人愉快的掠夺就知道了。

除了上述方面之外，日本还是一个不世俗的国家，因此美好的爱情在这里是看不到的。

这位女士建议人们不要相信那些通过待在国际化都市横滨或在习惯、时尚以及习俗上都模仿欧洲大城市的东京几天，就声称自己了解这个旭日帝国的旅行者的故事。

哪些旅行家是值得相信的呢？弗雷泽女士认为，必须信任那些深入该国内部的人，因为他们在村庄与小城镇中生活了很长时间。

在这样的地方，确实能看到文明的象征，诸如铁路、电报、电话、军服与议会选举。但是，我们的影响力尚未渗透到他们之中，并且很可能在很长时间之后也不会渗透进去。

因此，事实证明，在真实的日本，占主导地位的是家——家庭与家人。嗨，至于钱，没什么吸引力，而这也不能决定那些有钱人的优越性。那些想要比别人更富有的人，会被视为疯子。

从社会关系的角度来看，在绝对平等的基础之上，生活宽裕的人与贫穷的人都没有虚荣之心，也不会因为幸运之神没有眷顾他们而感到卑微羞耻。

然而，两者（家与绝对平等）都认真地保存着那些纯洁而可笑的珍宝。实际上，这些珍宝构成了世界上最珍贵的东西：荣誉、自尊、对童年的热爱、家庭和睦、爱国主义以及对教育的重视。

在这样的赞颂之后，我们只剩下两件事要做，那就是嫉妒日本人，并认识到对那些念祷着“哈利路亚”的人来说，那里还是世外桃源。

19010128

圣彼得堡方面已决定，最近导致国内各地三起暴乱的150名学生以及出于同样原因在首都被捕的30名学生，将终止学业或正在从事的研究，然后前往旅顺口（清国），在驻扎在那里的俄国军团服役。

军事信报

（*La Correspondencia Militar*）

1901年1月

19010102－1

战争物资

巴黎2日

格吕贝尔远征军在Liu-Nan-Tchien发现了大量克虏伯火炮、马克沁速射炮、步枪、电报装置及可拆卸的小艇。这些装备均被清国军队在溃逃中丢弃。

19010102－2

休战

伦敦31日

（于1日收到）

《蓓尔美尔报》今天刊发了发自北京的公文，称清国政府已声明无条件接受议和条款，并已发出停战协定。

19010102－3

在清国的军事行动

巴黎 1 日

哈瓦斯通讯社特约记者发自北京的电报称，观察到该城市附近以及从该城市到保定府的铁路线周围聚集了许多拳民。法国和德国的据点均得到加固，以避免发生任何意外。

率领 500 名士兵的吉耶特上校在重庆府附近受到数千清国正规军的威胁。贝洛德将军已尽快为其提供帮助。

19010102－4

战后归国的俄国人

圣彼得堡 1 日

（于 2 日收到）

今天，自清国启程的汽船“塔马塔夫”号已抵达雅尔塔，汽船运载着一支轻骑兵与炮兵分队。

沙皇在里瓦几亚宫接见了这些部队，并对其勇武进行嘉奖。

之后，沙皇登上汽轮，向多位指挥官、军官与士兵授勋。

19010103－1

军事行动陷入瘫痪

伦敦 3 日

《每日邮报》今天上午从北京发出一份电文。电文称，列强的军事行动完全瘫痪。

清国北部地区天气非常恶劣。

19010103－2

战争事故

伦敦 3 日

自天津发来电报称，昨天在北塘，有一门大炮在装弹时发生爆炸，当时德国炮兵在进行射击训练。事故导致 5 名士兵丧生、14 人受伤，其中 5 人重伤，命悬一线。

19010103－3

列强的力量

伦敦 3 日

一份由某报社于今天下午发出的电文称，联军一枪未发便占领定州，而清国人在联军靠近之时拔腿就跑，未做任何抵抗。

19010103－4

将军生病了

伦敦 3 日

英国报刊在北京发文称，法军①将领盖斯利目前病重。

19010104－1

为了保护天主教徒

巴黎 4 日

有人从广州称，为了保护天主教徒的生命安全，法国的一艘炮舰已逆西江而上，驶往桂林。

---

① 疑为作者笔误，此处应为英军。

19010104－2

对比利时的赔偿

巴黎 4 日

布鲁塞尔有人称，比利时要求清国赔偿一亿法郎。

19010104－3

兵变的船员

纽约 3 日

《纽约先驱报》今天从香港刊发了一封电报，报道了一场真正的严重事件。

电文称，英国海军旗舰“巴尔夫勒”号船员发动兵变，盖因船员对没有得到在清国战役中应得的战利品表示不满。

电文补充称，兵变者将加农炮护套扔入海中，一名士官在恢复秩序时受伤。

没有更多关于此事件的详细信息。（发自法布拉通讯社）

19010104－4

远征军

巴黎 4 日

清国皇帝向议和全权代表下令，命令他们要求各国代表终止远征军的行动。

19010105

在清国东北的俄国人

巴黎 5 日

圣彼得堡方面收到电报，称由于松花江源头地区清国盗匪猖獗，福克斯将军对松花江源头的考察已被推迟。

19010107

俄国在中国

巴黎 7 日

外交界已确认,俄国与清国之间存在密约是事实,而且俄国将在极短的时间内与列强分道扬镳。

19010109－1

法国的归国者

巴黎 9 日

249 名乘坐"永隆"号运输舰从清国返回法国的伤病员已在土伦港下船。

19010109－2

以华制华

巴黎 9 日

有人从上海发出电报,称摄政皇太后已命云南省的帝国军队勤王,以便平息董福祥将军所部叛乱。

19010109－3

协议审定

巴黎 9 日

《泰晤士报》驻上海的通讯员称,清国驻圣彼得堡公使已获得充分的权力,以便能够修改俄清两国关于东北协定的内容。

19010109－4

海梅·德·波旁先生[1]因罹患黄热病住在清国的一家医院内。

19010109－5

上交文件

巴黎 9 日

《泰晤士报》今天上午刊登了一封昨天发自北京的公文。公文称，为了能够在两天之内让清国议和代表在和约上签字用印，多份相同的和约已经交给清国谈判人员。

记者补充称，毋需担心清政府在这方面会带来新的困难。（发自法布拉通讯社）

19010110

清国驻美公使伍廷芳在华盛顿称，著名的塞西尔·约翰·罗兹[2]正是那个将英国变为“德兰士瓦战争中的胆小鬼”的那个人，基奇纳伯爵本人也是如此。

---

① 海梅·德·波旁(Jaime de Borbón, 1870.6.27—1931.10.2)，马德里公爵、安茹公爵、西班牙王室成员。义和团运动与八国联军侵华战争期间，他加入俄军，在攻占北塘要塞的战斗中表现突出，并因此被授勋。

② 即塞西尔·约翰·罗兹(Cecil John Rhodes, 1853.7.5—1902.3.26)，1890—1896 年担任英国开普殖民地总理，是英国帝国主义与殖民主义的拥趸。在任期间他帮助英国控制了津巴布韦与赞比亚，并力主在非洲修建铁路来维系英国的非洲殖民地。

19010111

困难

伦敦 11 日

昨晚收到的发自上海的一封电报与今晨收到的一封电报均称，与清国的和谈出现了新的困难。

清廷已给刘坤一和张之洞发了电报，命令他们立即前往北京，看看他们是否可以改变议和条件。清廷目前对和谈条件并不满意。

19010112

国际政治

巴黎 12 日

一封来自维也纳的电报称，和谈能否结束完全取决于清国，而这或许能够决定欧洲对英国人与布尔人关系政策的变化。这种变化与在克鲁格国家公园游玩不同，因为需要忍受列国政要之主张。

19010114－1

俄清协定

巴黎 14 日

俄国外交大臣否认俄国与清国之间存在任何秘密条约，并对俄国反对与其他列强达成的协议这一传闻表示否认。

俄清协定仅限于清国东北。

19010114－2

一份抗议

巴黎 14 日

由于对天主教会传教组织的破坏，罗马教廷要求清政府赔偿 2000 万法郎。

19010114－3

拖延

巴黎 13 日

来自清国的最新消息表明，刘坤一总督和张之洞总督的干预正是推迟谈判的手段。

就这一问题，一些英国报刊表示，欧洲的外交一直表现出极大的软弱性，并且失去了将其外交意愿强加于清帝国的机会。

19010114－4

清国的黄热病

巴黎 14 日

那不勒斯一家报纸确认，参加清国远征军的意大利军队中出现了一些黄热病病例。

19010114－5

盖印的副本

巴黎 14 日

今天上午的报纸刊发了一份发自北京的公文。公文称，可以肯定的是，清国全权议和代表已经签署了与议和相关的照会副本并钤印，然而列强的代表尚未就此事收到任何消息。

19010114－6

签字的照会

纽约 14 日

北京发来的邮件证实，清国议和全权代表已经签署了照会。庆亲王在周六签字，李鸿章总督在周日签字。

19010117

被签署的《议和大纲》

纽约 16 日

一封发自昨日（15 日）的电文称，庆亲王星期一进入了北京城，并在《议和大纲》上用印。《议和大纲》将于明天递交给各国使节。

19010118－1

一份瓦德西伯爵的公文

巴黎 18 日

一份瓦德西伯爵的公文报告了帕威尔远征军返回柏林的情况。

一支分队在提宁指挥官的指挥下离开驻地前往沧州，叛军在该地区大肆劫掠。

19010118－2

清国人的请求

巴黎 18 日

清国议和全权代表已向各国代表递交了一份照会。其中，清国皇帝要求列强规定一个期限，以便在期限内一切权力能逐步回到清政府手中。另一项要求则与禁止清帝国进口武器有关。

清国皇帝还要求列强确定赔偿金额，以及对使馆区卫兵的赔偿。尽管他不反对联军占领大沽炮台，但是他抗议拆除大沽炮台。

19010118－3

照会的更改

巴黎 18 日

在卢贝先生于爱丽舍宫主持的部长会议上，外交部长德尔卡塞先生称，昨天(17 日)清国议和全权代表与列强代表开会，并将清国皇帝的诏书转交各国代表。诏书称，清国皇帝同意接受列强的集体照会。皇帝已在该照会上用玺。

19010119

美国政策在清国

巴黎 19 日

来自华盛顿的消息称，海伊先生已经草拟了一份照会，请求其他列强从北京撤军，并对美国的行为即此后美国在北京只会留下一支守卫公使馆的卫队做出解释。

19010125－1

清国政策

伦敦 25 日

《晨报》从北京发布了一则消息，称崇礼被任命为户部尚书，该官员以憎恶外国人而著称。

这一认命被认为是清廷表里不一的依据。

19010125－2

列强的要求

巴黎 25 日

清国议和全权代表已经收到列强代表的函电。函电称，直到帝国政府能完全满足他们的要求之时，联军才会撤离。（发自法布拉通讯社）

19010126－1

自由港

巴黎 26 日

清政府已同意宣布将广州至汉口铁路的终点武昌开为自由港。

19010126－2

外交协议

上海 25 日

列强外交使团一致同意致信清国议和全权代表庆亲王与李鸿章。信中宣称，列强在军事问题上采取的行为，将取决于帝国政府兑现其余承诺的迅速性。

列强外交使团已令清政府对四位高级官员执行死刑。（发自法布拉通讯社）

19010128－1

公正的观察

巴黎 27 日

一份重要的德国报刊观察到，联军试图强加给帝国"令人印象深刻的印象"，但最终一无所获；联军只要能获得一部分战争费用的补偿就心满意足，并且清国已经赢得了这场胜利，因为它既未遭受大量损失，端郡王与其他叛乱的祸首也未遭受惩罚，而这些人的确需要被惩处。

19010128－2

被判决的王子

伦敦 28 日

《晨报》于今晨刊发了一则发自北京的公文。公文称，清廷下令将处决涉嫌杀害欧洲人的祸首毓贤和庄亲王。（发自法布拉通讯社）

19010128－3

俄国铁路

巴黎 28 日

俄国人负责占领山海关到北京之间的铁路。

19010129－1

可疑的归还

上海 28 日

根据来自清国的消息，俄国已同意在不要求战争赔偿的情况下将东北归还帝国。

胶澳总督叶世克[①]死于伤寒。

① 即保罗·叶世克（Paul Jaeschke，1851.8.4—1901.1.27），德国海军上校，德属胶澳租借地第二任总督。他大肆镇压义和团运动，多次出兵武力平息山东内地民变。

19010129－2

饥饿而死

伦敦 28 日

收到的来自北京方面的消息显示，山西省有数千中国人死于饥饿。

19010131

帝国代表

巴黎 31 日

从北京发来的电报称，瓦德西伯爵在北京接待了庆亲王及其兄弟，他们是清国皇帝的代表。

1901年2月

19010202

惩处叛乱者

伦敦2日

一份来自北京的电报称，各国公使与清国议和全权代表将于本月5日会晤，届时商议对犯下谋杀欧洲人这一罪行的首恶的惩处。

诏令提到准备处死端郡王与徐承煜，将毓贤斩首，勒令庄亲王自杀，削夺赵舒翘的职位，将董福祥降级，而已死的刚毅和李秉衡被褫夺一切荣誉。（发自法布拉通讯社）

19010205－1

奥地利的信息

维也纳4日

德皇在帝国议会开幕时的御座演讲清楚表明，奥匈帝国与其他列强非常友好，并为保障和平做出了巨大贡献；皇帝陛下对翁贝托国王（意大利国王）与维多利亚女王的驾崩表示沉痛哀悼。在谈到清国发生的事件时，皇帝陛下称无须担心清国发生的事情会不利于欧洲和平。

19010205—2

惊人的消息

伦敦 5 日

今晨的报纸刊登了来自清国的惊人消息。

根据发自北京的电报，山西省的饥荒十分严重。该省约有 1500 万名居民根本得不到食物，且已出现人吃人的现象。（发自法布拉通讯社）

19010206

秘密远征

巴黎 6 日

一封发自天津的电报称，一支德国远征军在冯·特罗特[①]的指挥下，已离开天津向西北进军。

各报记者被排除在此次远征之外，这次远征的目的地依然保密。

19010207—1

在清国的收购

巴黎 7 日

有人从北京发电报称，俄国正在对北京附近的煤矿进行特许经营，比利时的一个资本委员会已经接管粤汉铁路。

---

① 即阿德里安·迪特里希·洛塔尔·冯·特罗特（Adrian Dietrich Lothar von Trotha，1848.7.3—1920.3.31），德国将军，八国联军侵华战争时担任德国东亚远征军指挥官。

19010207－2

拒绝

巴黎6日

比利时《晚报》称，沃特斯已拒绝接受清国议和全权代表提供的顾问职位。

19010207－3

俄国

鉴于东西伯利亚侦查分队在打击义和团拳民中取得了无与伦比的战果，俄军已准备将该新建部队转为固定的支队。

这些骑兵支队中的一支在24小时内行军100公里，以追击清国正规军。

19010208

清国公使

巴黎8日

来自广州的电文称，清国皇帝已任命张百熙为特命全权大使，以便向爱德华七世登基表示祝贺。

19010209

一份瓦德西伯爵的电报

巴黎9日

柏林收到了一封发自瓦德西元帅的电报。电报称，伊洛塔部队已经开始向广昌进发。

北京与廊坊之间已建立远程通信。

19010212

军事行动

巴黎 12 日

在柏林收到了一封瓦德西元帅的电报。电报称，科勒夫部队已返回天津，一无所获；特罗特部队返回了距北京十公里的清河。

一支由步兵、骑兵、骑马步兵和炮兵组成的部队向北京的东北方向进军，在清国首都附近巡逻。

19010213

改革与皇太后

巴黎 13 日

英国报刊刊发了一份发自北京的电报。电报称，皇太后正准备发布一份诏书，以接受所有的改革。

19010214－1

清国人

伦敦 13 日

(收于 14 日)

《蓓尔美尔报》今晚刊发了一封本月 11 日发于山海关的电报。电报称，俄军在一起与清国乱军的遭遇战中出现减员，死亡人数多达 42 人。

该电文补充道，俄国人不想接受其他联军部队的援助。

19010214－2

一份伏隆将军的电文

巴黎 14 日

海军部长收到了一份伏隆将军[①]发来的电文。电文称，他参加了从北京到保定府铁路的竣工典礼，比利时和法国的公使也参加了典礼。

19010215－1

英国国会开幕

伦敦 14 日

关于清国，御座演讲仅提到谈判仍在继续。

19010215－2

信任投票

巴黎 15 日

由于在清国的战争，德国议会最终对政府投了信任票。

19010216

在清国

巴黎 16 日

一封发自上海的电报称，法国远征军奔赴正定的目的是随扈清国皇帝返回北京，并称希望通过西安府天主教区的主教居中调停，以实现其目的。

---

① 即埃米里・让・弗朗索瓦・里吉斯・伏隆(Émile Jean François Régis Voyron，1838.8.5—1921.11.26)，法国少将。八国联军侵华战争期间担任法国远征军指挥官。

19010218

不同的声音

巴黎18日

有人在北京发文称，法国人与德国人赞成向西部派遣一支远征军，但是俄国人、美国人和日本人对此则表示反对。

与先前的消息相关，这支远征军将很快离开北京。它由德国远征军除海军陆战步兵营之外的所有力量组成。

19010219－1

清国问题

伦敦19日

下议院——昨晚的会议。

外交部常务次官格兰伯恩子爵[①]在谈到清国问题时称，在很大程度上，英国在此问题上的利益与欧陆列强的利益相似。

他声明，英国与俄国的关系一直很亲切。

他补充道，俄国人对清国某些地区实施的占领只是暂时的。

他指出，英国内阁考虑到了其他国家的利益。

最后，他确认道，既然已经对外发布了公告，因此不会对清国内陆进行远征。(发自法布拉通讯社)

① 即詹姆斯·爱德华·休伯特·加斯科因-塞西尔(James Edward Hubert Gascoyne-Cecil，1861.10.23—1947.4.4)，1868—1903年为格兰伯恩子爵，父亲是英国首相、第三代索尔兹伯里侯爵，因此承袭其父爵位，成为第四代索尔兹伯里侯爵。义和团运动与八国联军侵华战争期间担任外交部常务次官。

19010219－2

清国问题

巴黎 19 日

收到的发自北京的电报显示，列强公使与清国代表们为了达成妥协仍然存在困难。

外交使团举行了一次会议，在会议中，列强使团一致对清帝国政府最近做出的答复不甚满意。该答复乃是对那些主导对外国人的屠杀的官员、主谋以及共犯的惩罚，各国一致坚持让清国对他们最初的提议[①]给予肯定的答复。（发自法布拉通讯社）

19010219－3

德国远征军

巴黎 19 日

来自北京的电文称，瓦德西元帅率领的远征军将于 23 日离开北京。

俄军与美军将不参加此次远征行动。

19010220－1

爱德华七世的旅行

巴黎 20 日

尽管英国官方称英国国王的旅行是私人性质的，各国政界仍然对其赴德之旅尤为关注。

据称，在爱德华七世与德皇会晤之后，与清国的谈判将会出现变化。

① 即按照列强的意愿惩治“首恶”。

19010220－2

清国问题

巴黎 19 日

哈瓦斯通讯社在北京的特约记者今日发电称，清国议和全权代表李鸿章与庆亲王抵达使馆区，称清廷已同意列强强加给相关人员的罪名。（发自法布拉通讯社）

19010220－3

有罪之人的罪行

纽约 20 日

一份发自北京的电文称，列强在京代表已给予帝国政府八天的期限，以便按照列强外交官提出的要求发布诏书，惩处残杀外国人的主谋与从犯。

华盛顿 20 日

美国政府已同意告知欧洲列强，美国将不参加联军计划的远征行动。

19010220－4

在清国的收获

巴黎 20 日

《法兰克福报》称，奥匈帝国在天津占据的地区位于白河左岸，与意大利占领的区域接壤，与清国城市及日本人的据点相对。

19010221－1

对清国内地的远征

巴黎 20 日

一封发自北京的电报称，联军将不会向内地发动远征，其筹备工作除迫使清国人接受各国公使提出的条件之外，没有其他目的。

联军军事指挥层对该消息进行辟谣，并称如若不进行远征，外国人在清国将失去一切道德上的制高点。

19010221－2

俄军

巴黎 20 日

俄国人的三个团在海参崴（符拉迪沃斯托克）登船，一个团将进驻天津，另外两个团将进驻山海关。

19010222－1

下议院——昨晚的会议——协议

伦敦 21 日

海军大臣秘书称，不久之后，海军大臣将就潜水舰事件发表声明。

外交部常务次官格兰伯恩子爵称，俄国和清国就占领东北达成的协议是临时性的，并且不以任何方式影响清国授予英国的权利。

乔治·汉密尔顿勋爵称，他希望完成他所要求的有关瓦德西伯爵准备进行的军事行动的报告，以观察是否有必要改变英国政府对在华英军的指令。（发自法布拉通讯社）

19010222－2

天真的问题

伦敦 22 日

《每日新闻报》对大英帝国在帝国中扮演的卑鄙角色进行抱怨。

这份报刊称：德国人收集了所有的荣誉，俄国人占领了东北，甚至意大利人也将赫德爵士从北京海关赶了出来。同时，英国人花费人力与财力来进行一场我们无法批准的野蛮复仇。根据英德协定，这是我们必须为德国在南非战争中保持中立付出的代价吗？

19010223－1

推迟的远征

柏林 22 日

昨天发自北京的一封电文称，清帝国政府同意实施列强要求的惩罚，瓦德西伯爵已推迟向清国内地远征的计划。

19010223－2

将罪人处死

伦敦 23 日

一份由《晨报》刊登的昨日发自北京的电文称，李鸿章总督已声明，被判处死刑的载勋及毓贤已被处决。

19010224

借款

巴黎 25 日

柏林方面发电文称，政府已向帝国议会递交了一份借款一亿马克的文件，以便支付远征清国的费用。

19010226－1

一次战斗

巴黎 26 日

一份柏林方面收到的电报称，在保定府以西一次清国正规军向德国军队发动的进攻中，清军伤亡 200 人。

19010226－2

休假的代表

巴黎 26 日

有人在北京称，美国代表康格先生将于近日返回美国，进行为期两个月的休假。

19010227－1

清国皇太后的健康状况

巴黎 27 日

柏林方面称，清国皇太后的身体状况目前令人绝望，恐怕即将离世。

19010227－2

三百名死者

巴黎 27 日

一份瓦德西伯爵发来的公文称，清国人在 Konang Tchang 对德国人的进攻中，死亡人数多达 300 人。

霍夫梅斯特部队已返回保定府。

19010228

在清国东北

巴黎 28 日

据说，圣彼得堡方面已下令，在清国东北的南部要保留勒涅维奇将军率领的四个步兵团、两个野战炮营、三个重炮支队、一个骑兵旅与一个工兵连。

1901 年 3 月

19010301－1

赔偿

巴黎 1 日

上海方面发电文称，皇帝的亲随已接到赴西安府随君伴驾的命令。清廷将于 3 月 10 日返回北京。

19010301－2

赔偿

巴黎 1 日

清国人已向英国代表与美国代表建议任命专员，以便讨论应向传教士支付的赔偿数额。

19010302－1

对意图的辟谣

巴黎 2 日

一些德国报纸对英国媒体抛出的德皇意欲吞并部分清国领土的意图进行辟谣。

19010302－2

开放的海港

伦敦 1 日

一则发自天津的消息称，大沽港已重新开放。不久后，几艘蒸汽轮就驶进了港口。

19010304－1

俄国的战败

巴黎 3 日

一家上海的日报今天刊发了一份来自牛庄的电文。电文称，3000 名俄军袭击了盛京的 10000 名土匪。结局非常不幸，土匪们损失了一门大炮，不得不撤回奉天。俄军 20 人死亡，30 人受伤。

19010304－2

对内陆的远征

伦敦 4 日

《标准报》晨刊发了一份发自天津的公文。公文称，瓦德西伯爵不相信清国人的承诺，因此更新命令称，已准备于本月 7 日发起对清帝国内陆地区的远征。（发自法布拉通讯社）

19010304－3

有德国报刊称，在清国，德国的政策便是反对俄国的一切行动，然而并未看到俄国对德国的政策采取相同的态度。

19010305—1

俄清协定

巴黎5日

有人在圣彼得堡称，俄清协定中关于东北的条款已被刊发该协定文件的外国报刊篡改，以挑起针对俄国的普遍不信任。

19010305—2

一次遭遇战中的伤亡

巴黎5日

根据瓦德西伯爵方面的官方信息，在一次联军步兵于天津附近发起的针对清国人的战斗中，清军死亡100人。

联军的减员情况为死亡两人，受伤数人。

19010305—3

国会激烈的辩论

巴黎5日

法国议会会议在热烈的气氛中召开，会议上人头攒动。

就清国事件，德斯图尔内勒[1]先生向政府提出了一个问题。

外交部长德尔卡塞先生说，目前没有准备针对清国的大型远征。但他补充道："很难说我们未来一定会做什么。政府只能说，唯有重大原因，才能发起这样的大规模远征。只有国会的决定才能认定这种原因为重大原因。"（掌声）

辩论就这样结束了。

---

① 即保罗·亨利·本雅明·德斯图尔内勒·德·康斯坦(Paul Henri Benjamin d'Estournelles de Constant，1852.11.22—1924.5.15)，法国众议院议员，外交家，反对殖民与瓜分清国。

19010305－4

清国问题

伦敦 2 日

《蓓尔美尔报》刊发了一份发自北京的电文。电文称，清国皇帝将在本月底返京，皇帝的禁卫军已经聚集在西安府。

电文补充称，迅速解决和谈问题的唯一困难在于有关贸易条约条款的修订。

根据同一消息来源，联军中出现了一些天花病例，但均为轻症。

19010306－1

被焚烧的寺庙

巴黎 6 日

英国报刊刊发了一份发自北京的电报。电报称，意大利军队纵火烧毁了一座寺庙，该寺庙是颐和园的一部分。

19010306－2

日本军队

巴黎 6 日

一份发自北京的电文称，日本政府将于本月底之前决定撤回派驻清国的军队。

19010306－3

关于北京

巴黎 5 日

从北京发来的一封电报称，清国皇帝颁布了一则诏书[①]，废除了 1900 年 6 月 20 日至 8 月 14 日发布的所有诏令与敕令，以便这段时期的诏令在历史上不留任何痕迹。

19010306－4

部长级会议

巴黎 5 日

今日，在爱丽舍宫举行的部长会议上，外交部长德尔卡塞先生在卢贝先生面前宣读了来自清国的电报。电报称，所有在北京犯下罪行的清国官员都将受到惩罚，清国皇帝颁布了两份诏书[②]以昭告其罪行，并命令在出现袭击外国人的情况的省份封锁该消息。

19010307－1

协议与抗议

巴黎 7 日

在北京的各国代表已就使用清国皇室建筑物的材料来重建使领馆达成一致。

---

① 或为光绪二十七年正月初三颁布的《撤销交内阁上年十二月十三日颁发教案谕旨二道诏》(光绪二十七年第八道上谕)，撤销的是光绪二十六年十二月十三日颁布的两则有关教案的上谕(第一八二〇、一八二一道上谕)。

② 光绪二十七年正月初三日与惩办大臣有关的上谕(光绪二十七年第七道上谕)以及光绪二十七年正月十一日与惩办载漪相关的上谕(光绪二十七年第三十六道上谕)。

李鸿章已对此决议表示抗议。

19010307－2

俄清协定

巴黎7日

清国驻欧洲列强的外交官已收到指示，请求所在国政府干预东北事件。

奥匈帝国、意大利、日本，英国与德国回答称，如果清国不同意俄国的主张，俄国将对清国采取行动。然而，他们无意要求圣彼得堡对其行为进行解释。

19010307－3

清国皇帝——一个问题，一个答案

巴黎7日

一份发自北京的官方电文辟谣称，清国皇帝试图离开其位于西安府的行宫，目前皇帝正暂时驻跸于此。

李鸿章总督询问联军是否可能放弃对内陆的远征。瓦德西伯爵元帅回应称，远征行动是自由的，但当情况允许时，他就会同意李鸿章的要求。

19010307－4

俄国的打算

伦敦7日

《标准报》刊登了一份发自上海的电文。电文称，俄国政府已向清国政府发电文，阐述了其欲在短期内归还东北的打算。

19010308

另一次冲突？

巴黎 8 日

发自伦敦的电文称，英国与德国在远东、在各个方面都反对俄国的政策。

19010309－1

日本军队

巴黎 9 日

一则来自北京方面的消息称，日军已从清国撤离。

19010309－2

清国皇帝与皇太后

巴黎 9 日

上海方面发来电报称，清国皇帝无意返回北京。如若列强执意要求，他很可能永远都不会回到北京。

19010309－3

清国问题

巴黎 8 日

在清帝国发生动荡期间，使馆区共损失 186 名人员，其中包括 52 名儿童。

19010311－1

拳民——撤退的军队

巴黎 11 日

一份发自保定府的电文称,拳民采取了更多新的行动。

记者们一致认为,在这种情况下撤离军队,对于列强来说是致命的。

19010311－2

重要的讨论

巴黎 11 日

一封发自北京的电文称,因讨论赔偿问题而被任命的委员会发布的全面报告将引起大范围讨论。

19010312－1

抵御俄国

巴黎 12 日

伦敦的一则电文称,两江总督刘坤一向英国、日本和美国政府发出呼吁,请求上述国家向清国提供帮助,以摆脱俄国施加的压力。

19010312－2

意大利士兵在清国

巴黎 12 日

意大利报刊要求战争大臣对一位清国的通讯员刊发的新闻进行辟谣。该新闻称意大利士兵饥寒交迫,缺乏最基本的必需品。

19010312－3

在下议院

伦敦 12 日

昨晚的会议情况如下。

印度事务大臣汉密尔顿勋爵在回答一位代表的问题时声明，英军没有与其他国家的军队一起参与对北京和天津的劫掠。

19010314－1

大型兵工厂

巴黎 14 日

上海方面发电文称，德国大型公司的代表与清国高级官员一起，对清帝国四个港口的兵工厂设施进行管理。

19010314－2

清国与俄国的协定

巴黎 14 日

北京发来的一份电报确认，清国官员将在本月 20 日之前与俄国签署协定。

19010314－3

一艘驶往清国的巡洋舰

巴黎 14 日

预定部署于远东舰队的“安菲奈特”号巡洋舰已于布雷斯特启航。

19010315－1

法国援军

巴黎 15 日

4 月 1 日,540 名法国炮兵将登船启航,以增援在清国的法国炮兵。

19010315－2

外交会议

伦敦 15 日

发自北京的一则电文称,各国公使在昨天开会,对与清国必须向列强偿付的赔偿金相关的事项进行核查。

该电文还称,李鸿章总督已完全康复。(发自法布拉通讯社)

19010315－3

在英国议会

伦敦 14 日

英国议会下议院的会议情况如下。

贝尔福①在回答一个问题②时宣称,今日就清国问题提供细节将有违国家利益。

---

① 即阿瑟·詹姆斯·贝尔福(Arthur James Balfour,1848.7.25—1930.3.19),义和团运动与八国联军侵华战争期间担任英国第一财政大臣兼外交事务官。

② 该问题为:"我请问主管外交事务的事务官,陛下的政府是否就俄国在东北的行动向美国政府提出了任何建议?如果提出了,他是否会点明这些建议的本质?"(I beg to ask the Under Secretary of State for Foreign Affairs whether His Majesty's Government have made any proposals to the United States Government in reference to the action of Russia in Manchuria; and, if so, whether he will state the nature of these proposals.)提问者为威廉·霍伊·科尔尼·雷德蒙德(William Hoey Kearney Redmond,1861.4.13—1917.6.7),爱尔兰民族主义政治家,时任下议院议员。

19010316—1

即将到来的冲突

巴黎16日

有人从伦敦发电文称，在最近的公使会议上，公使们就俄清协定向英国驻俄国公使提出一些限制。

人们担心，不久之后俄国、英国和德国之间将出现严重的问题。

19010316—2

海军力量展示

巴黎16日

一封发自北京的电报称，俄国政府已决定向直隶海湾派遣大量舰只，以展示海军力量，这将给清国造成压力，并会令日本有所警醒。

19010316—3

俄国的抗议

巴黎16日

在各国代表在北京举行的最后一次会议上，俄国公使对各国要求对清国官员采取新的惩罚方案提出抗议。

19010316—4

俄国人在清国

俄国军队占领了东北，使其他对身处冲突中的清帝国感兴趣的列强感到震惊。但是，我们能够回想起的则是，俄国知道如何利用形势，声称拳民入侵了西伯利亚各省，以实施后来被所有国家默认的占领东北行动。在美国人的支持下，英国与德国希望参与所有欧亚问题，而这对它们来说是轻松而迅速的事业。帝国的胜利之火为我们清空了殖民世界,彼时没有任何国家敢于同我们争论。而现在,各国均反对俄国在清国一家独大,从一开始俄国就在清国拥有排他性的单独影响力。

来自其他列强的挑动一定是非常紧迫的。因此,俄国政府向英国驻俄国公使保证,俄国对东北的占领是临时性的。从逻辑上讲,这还不足以消除英国政府的怀疑,而且英国政府对此承诺几乎没有信心。我们从逻辑上将英国人的不信任概念化,因为他们必须牢记他们占领埃及时的相同诺言①,或者如同奥匈帝国在结束对波斯尼亚和黑塞哥维那的占领时所作的类似宣誓②。顺便说一下,由于卡莱③部长合适而明智的管理,奥匈帝国获得了如此积极的优势,为受奥斯曼帝国奴役的各省之未来繁荣奠定了新的坚实而可靠的基础,然而这些省份并未被其目前的保护国(奥斯曼帝国)抛弃。

对埃及的占领将完全契合英国的利益,否则世人将忽视盎格鲁-撒克逊人的种族意志与韧性。就此而言,在我们看来,对这些被大国占领的国家而言,其境遇与被中立国占领之时有些类似。也就是说,在事实与承诺不一致的时候,永远也不要相信他国的话语。

伦敦方面有人称,奥斯曼帝国内阁大臣会议已复核英国的外交策略,而这是极为重要的。因为有人怀疑英国掌权者匆忙召开的会议与南非的和谈有关,而其他人则将之归咎于俄清问题。

我们可以接受这两种说法,因为英国人迫切需要摆脱与布尔人的残酷而胶着的斗争,而英国人仿佛已经将这场斗争变为长期的战争,因为他们在清国投入了更多精力来维护在清国的利益与诉求。我们已经说过,俄国在远东的固执态度可能不符合英国的最大利益,英国需要在亚洲保持无可争议的声望。

长期以来,俄国在波斯实施的明确性的扩张政策也开始使英国人感到担忧。根据最近的报道,英国人得到了德国人的外交支持,这些原因交织在一起,很可能导致解决南非问题方法的变化。迄今为止,南非冲突的解

---

① 英国最初的目标是在埃及重建稳定的政治制度和国际社会对埃及的影响力,并未打算长期占领埃及。

② 波斯尼亚与黑塞哥维那在 1878 年形式上属于奥斯曼帝国,而实际上被奥匈帝国统治,之后逐步地被奥匈帝国加强统治,1908 年正式被奥匈帝国吞并。

③ 即贝尼·卡莱·德·纳吉·卡洛(Béni Kállay de Nagy-Kálló,1839.12.22—1903.7.13),时任奥匈帝国财政部长,负责波斯尼亚与黑塞哥维那事务。

决方案一直在执行：我们在政治上占领这个新王国的同时，也对这个王国的上上下下做出一些暗指与影射。就我们看来，在目前情况下，我们可以相信，我们的推定①也许会得到证实。

值得一提的是，一封关于英国负责检查直布罗陀海峡防御工事的委员会启程奔赴直布罗陀的电报吸引了我们的注意，电报称负责检查英国人在岩石上进行的工作的委员会离开直布罗陀。而著名的评论杂志创始人鲍勒斯先生②也将加入该委员会。我们想要一份和平的保证，以防止列强一个接一个地相互背叛。但是，最好不要忽视军事准备工作，因为到处都有迹象显示，列强之间许多悬而未决的问题不断恶化。

19010316－5

在德国议会

柏林 15 日

德国议会会议就补充预算进行了讨论。

比洛伯爵称，自发表最后一次声明以来，与清帝国的谈判虽然进展缓慢，但成果斐然，而此事也将最终得到解决。

他补充道，英德协定倾向于尽可能长时间地维护清国的完整性，而这与东北无关。但是，感到遗憾的是，目前帝国或许会为了一个债权人的利益而舍弃重要的抵押品。③

德国和俄国之间的良好关系没有任何改变。

柏林 15 日(新的)

(于 16 日收到)

德国议会会议仍在持续。

比洛伯爵回答了比希尔与贝哈尔两位议员就德国从清国撤军事宜的提问。他说，他赞成德意志帝国与大英帝国继续保持良好关系，但德国保留其最绝对的独立性，以便在捍卫其在清国的利益时享有完全的行动自由。

---

① 指俄国在东北的做法。

② 即托马斯·吉布森·鲍勒斯(1842.1.15—1922.1.12)，英国《女士》(*The Lady*)与《名利场》(*Vanity Fair*)两本杂志的创始人，下院议员。

③ 指清国或许会为了尽量多地维护主权完整而割让东北。

在这些陈述之后，议会立刻批准了待处理的补充预算提案。

19010318－1

战争流言

鉴于天津即将结束的铁路工程以及英俄两国之间的激烈争端，这仿佛意味着英国人已开始入侵那些俄国人不想放弃的那部分领土，侵犯了俄国人对这里的管辖权，而俄国人决定用最安全的手段来维护自己的权利、占领有争议的领土。根据最新的电报，俄国人准备抵抗巴罗将军指挥的英军。巴罗将军担心英军在这样安全的局面之下畏惧与俄军的交战行为，以致造成严重的后果。

正如我们在上一篇文章[①]中说过的那样，俄国在清国问题上的优势非常容易引起俄国和英国之间的矛盾，如果发生冲突的话，引爆矛盾的问题可不只是某个单一的问题。如果没有有效的外交手段来维护其他列强的利益，清国问题现在就会呈现出一个相当令人震惊的局面，盖因列强长期以来采取的犹豫不决而令人生疑的政策，而这一点本不应令我们感到惊讶。

凭借国与国之间相互关系的摇摆不定以及互相做出的友好保证，各国徒劳地寻求国与国之间利益的调和，一等列强终有一天会用世人厌恶的战争来获得利益。为此，这些国家会等待找到合法的理由，将大军部署于海岸线以保障战争中出现减员后军队得到补充。

英国地位的下降以及最近的一封电报显示，英国的意见引起的巨大不安，足以使我们开始怀疑维持和平是否将变得再困难不过。因为尽管欧洲最杰出的政治家们打算单纯地对某些国家的经济利益与其他国家的道德利益或政治影响进行调和，但很明显，目前所有国家之间的联系都如此紧密，以至于只能断言这些政治家的主张只是假装满足他们当下要求、缓解各国普遍性焦虑的权宜之计。

我们不能断定俄英两国在天津的争端[②]中是否决裂。然而，尽管我们

---

① 即《俄国人在清国》这篇文章。

② 1901年3月，天津发生侧轨事件，英俄军队之间争夺土地所有权的斗争几乎一触即发，英国人金达（Claude William Kinder）当时正在其争抢的土地上铺设新的铁路侧轨，而俄国人夺取了清国关内外铁路的所有权。

惯常看到外交能够干预解决所有冲突，但这两个国家已在许多情况下诉诸武力。这是由于两国如若不决定和平解决冲突，某一次定会以使双方瘫痪的行动(战争)告终。或者如果没有发生冲突，则首先让对方声名狼藉，然后在国际社会声誉扫地。

英国自称是在亚洲拥有权益最多的国家。该国在与之毗连的大陆上拥有数百万臣民；而俄国本就是一个亚洲国家，天生就是英国的对手，因此不断扩大其领土以应对这一方面的影响。而且，如果欧洲国家的外交关系在彼此间经受了和平或战争，那么众所周知，英国人和俄国人之间从来就不存在真诚，也不存在相互的和谐。两国人民的利益是完全不相容的，而冲突将恰恰发生在亚洲。

这将是两国斗争的前奏，并且在其他冲突领域会产生极大的影响。并且这样的斗争还可以在海洋中得到验证。一切都取决于国际环境、负责指导国家大事的人员的能力以及冲突的激烈程度。今日的英国仍在与南非交战，英国议会正在讨论其陆军的重组。但是，由于在欧洲存在一个俄国无法放弃的重大战略方向，因此俄国可能会以更有效的方式来引导政治导向与舆论，以便在其他地方弥补损失。

我们不习惯于对被夸大的新闻印象深刻。因此，为避免夸大其词，必须对新闻内容加以思考。我们一定不能否认现实，因为现实导致了两个强大的竞争对手之间切身利益的对立，两国在亚洲的野心似乎是互相矛盾的。

19010318－2

英俄冲突

巴黎 18 日

一份天津的电文称，一支规模庞大的英国援军已向俄英两国有争议的地区进军。

19010319－1

瓦德西的电报

巴黎 19 日

瓦德西伯爵在 15 日发电通报称，石岭关的清国军队有 3000 人，正朝五台山方向逃离。

联军在此处的战斗中的伤亡情况为两伤一死。

19010319－2

出售一条电报线

巴黎 19 日

他们从上海说，美国人已经以 30 万墨西哥比索的价格出售了他们在大沽和北京之间架设的电报线。

19010319－3

铁路落成典礼

伦敦 18 日

根据北京发来的电文，清国首都至正定府之间的铁路于 16 日开通，法国和比利时公使出席了剪彩仪式。

伏隆将军检阅了参与修建该铁路的工兵部队。

19010319－4

德国介入

伦敦 19 日

《泰晤士报》在今日出版的报纸上刊文称，根据北京方面发来的消息，瓦德西伯爵已决定介入发生在清国的英俄冲突，以便冲突得以妥善解决。

19010320－1

英俄冲突

巴黎 20 日

总体来说，人们将英俄冲突归咎于英军在清国的总司令。

19010320－2

英俄冲突

纽约 19 日

《先锋报》刊登了一则天津发来的电文。电文称，据说俄国的沃佳克[①]将军拒绝接受瓦德西伯爵提出的和解方案。

局势恶化到令人们担心冲突扩大化。一些法国士兵潜入英租界，大喊敌视英国人的口号，甚至某些法国士兵手中也拿着一些这种口号。

瓦德西伯爵呼吁大家冷静，并让法国人离开了他们已潜入的区域。

19010320－3

在英国议会

伦敦 20 日

以下内容是昨晚下议院会议的内容。

印度事务大臣汉密尔顿勋爵在谈到英俄两国在清国发生的事件时说，两国哨兵依旧坚守自己的位置，直到现在两国武装力量都没有采取进攻态势。

外交部常务次官格兰伯恩先生在谈到与英德协定有关的问题时说，上述协定无非英国与德意志帝国之间旨在保护中国港口贸易自由的相互谅

① 即康斯坦丁·伊波利波托维奇·沃佳克（Константин Ипполитович Вогак，1859.8.3—1923.8.10），俄国骑兵少将，八国联军侵华战争期间负责搜集清国与日本方面的情报。

解。两国均无意夺取清国领土，因为两国都希望维护清帝国的完整。（发自法布拉通讯社）

19010321－1

不仅是英俄冲突——反思

巴黎 21 日

《威斯敏斯特报》试图淡化英俄两国在清国冲突，并回忆起英国在俄国占据东北时对俄国的野心保持沉默并声称："如果我们当时没有提出抗议，我们现在就无权进行谴责。"

今天，我们只能冷漠地看待俄国追求的目标。如果我们不能或不希望阻止俄国实现其目标，则要在最优的条件下与之保持友谊。

19010321－2

一次"最后通牒"

纽约 21 日

《先锋报》刊发了一份发自天津的电文。电文称，沃佳克将军提出的撤回英军的申请招致了一次真正的"最后通牒"。（发自法布拉通讯社）

19010322－1

秘密条约

巴黎 22 日

已经证实，俄国撤回了俄清两国关于东北的秘密条约中的某些条款，但是这些条款没有改变条约的性质。

19010322－2

一次会晤

巴黎 22 日

布鲁塞尔方面称，利奥波德国王在和卢贝先生于尼斯进行的会晤中，将就清国问题讨论法比协约中的条款。

19010322－3

赔偿

巴黎 22 日

北京方面称，列强公使们未能就赔偿达成一致。

美国提议清国提供一定数量的资金，然后由列强分配。

19010323－1

贝劳德将军

巴黎 22 日

贝劳德将军已离开北京，调查法国士兵在天津的行为并搜集相关证据。

19010323－2

被拒绝的协定

纽约 23 日

一份美国政府的照会被华盛顿的报刊刊发出来。刊文称，清国拒绝接受俄清协定。

似乎目前，反对上述协定的列强之间正在交换大量外交照会，以防止俄国为实现其目标而做出新的努力。

如果是一些欧洲国家的施压影响了清国在此问题上的态度，这并不令人感到奇怪。

19010325－1

在清国的冲突

伦敦25日

北京的报刊今日刊发了一份发自北京的电文。电文称清帝国政府拒绝批准俄国与清国关于东北的协定。

电报补充称，鉴于清国的态度，圣彼得堡方面以向清国再派遣一支重要的军事力量为由，威胁清国。

伦敦25日

昨日天津方面发电报称，距该城14公里处，一个英国传教士团的所有成员被一伙清国的匪徒杀死。

19010325－2

巴黎24日

《威斯敏斯特报》建议英国政府避免发生国际冲突，如其在清国做出的关于发生国际冲突的威胁，因为这将与南非的无休止的战斗一样，是灾难性的。该报补充道，德国支持的任何奢望都是虚幻的。最后说道："因此，让我们接受不可避免的情势，如俄国对清国东北的侵占，避免发生严重冲突。"

19010326－1

俄清条约

伦敦26日

《泰晤士报》刊发了一份发自上海的电文，确认清廷拒绝签署与东北有关的条约。

电文还称，俄国驻北京公使格尔斯先生[①]拒绝了清廷要求推迟签署或修改条约的要求。

19010326－2

一次新的意外

伦敦 26 日

天津方面称，英俄冲突再次出现，因为俄国人在撤离后回到了有争议的地区，并在那里降下了许多国家的国旗。

尽管俄国人在执行了这一行动后撤离，但可以确信这次事件将会带来更多困难。

19010327

美国的对华政策

华盛顿 27 日

部长们昨天参加了会议，在会议中讨论了俄清有关东北的条约问题。

部长级会议决定公布美国政府发给其在清国外交代表的指令，这些指令已传达给北京的其他公使。

在这些指令中，美国政府认为有必要维护清帝国的完整性。

美国政府准备利用其一切合乎道德的手段来阻止俄清条约的签署。（发自法布拉通讯社）

19010328－1

对德国的赔偿

巴黎 28 日

一封发自华盛顿的电报确认，德国向清国索取了三亿法郎的赔偿。

---

① 即米哈伊尔·尼古拉耶维奇·格尔斯（Михаил Николаевич Гирс，1856.4.22—1932.11.27），义和团运动与八国联军侵华战争期间担任俄国驻清国公使。

19010328－2

美国的政策

巴黎 28 日

伦敦方面称，美国对自己的立场持怀疑态度，盖因美国担心其对清国坚持不懈的保护会损害其他列强在清国的利益。

19010329－1

俄清条约

巴黎 29 日

伦敦方面发电报称，在该城的外交圈中，人们相信，尽管英国做出了努力，但清国仍将在短时间内与俄国签署与东北有关的条约。

19010329－2

非正式照会

伦敦 29 日

发自横滨的电报称，日本政府已经发布了一份非正式照会，声明英国已向日本知会英德两国就清国问题达成的协定，协定包括与清国东北有关的一切问题。

伦敦 29 日

东京的报纸刊发了一份非正式照会。照会指出，清国尚未批准与俄国签署的有关东北的条约。

19010329－3

在清国的列强

伦敦 29 日

在昨晚举行的下议院会议上，外交大臣兰斯多恩[①]侯爵回答了一个问题，宣布列强在以下几点上完全达成共识：

不会再同清国发生战争。

我们不想获得领土上的好处，而是一扇继续敞开的大门。

如果对一个列强授予特权，那么其他列强将享有同等权利。

侯爵还宣称，与东北有关的条约不需要引起过多关注，因为它丝毫没有削弱列强的权利，也没有让牛庄和大连湾的港口变为自由港。但是，政府完全意识到在清国存在的困难，并将尽一切努力消除危局。

19010330

俄国与清国

巴黎 30 日

《标准报》刊发的一份电文称，清国动员了五万名士兵来保卫处在俄国人威胁下的长江。

① 即亨利·查尔斯·佩蒂·菲茨莫里斯（Henry Charles Keith Petty-Fitzmaurice，1845.1.14—1927.6.3），第五代兰斯多恩侯爵，1900—1905 年任英国外交大臣。

1901年4月

19010401

俄清协定

巴黎1日

传闻称，清国已于3月26日签署了俄清协定。

19010402－1

东北的暴动

圣彼得堡1日

一些清国士兵和拳民在通州附近暴动。由于此次暴动和担心春季期间拳民会再次举事，俄国人加固了要塞。

齐齐哈尔的卫生状况非常危险。由于冰天雪地中保存的许多清国人的遗体逐渐解冻并开始腐烂，空气开始被污染。（发自法布拉通讯社）

19010402－2

日本的企图

巴黎2日

外交界传言，如果俄国吞并清国东北，日本将占领清国的福建省，这将是清帝国分裂的信号。

19010402－3

俄国与法国

巴黎 2 日

《星期日特别报》刊发了一封来自圣彼得堡的电报。电报称，本月 20 日，德尔卡塞先生将在圣彼得堡与俄国外交大臣就清国问题进行磋商。

19010402－4

通向和平

巴黎 2 日

哈瓦斯通讯社驻北京特约记者在电报中称，为维护清国和平而进行的谈判进展很快，希望不久后就能达成最终解决方案。

电报还称，法国公使毕盛先生已经推迟了其已公布的出行日期。① （发自法布拉通讯社）

19010402－5

官方拒绝

伦敦 2 日

今天早晨的报刊刊发了一封发自北京的电文。电文声明，清国皇帝已经向俄国皇帝发去电报，宣布清帝国不可能接受其关于东北问题的提议。（发自法布拉通讯社）

① 毕盛于 1901 年 3 月 19 日被任命为法国驻突尼斯全权代表。

19010403－1

在清国东北

巴黎 3 日

关于清国东北无序的现状，圣彼得堡方面的消息称，这一切均是由清国溃军与拳民组成的匪帮造成的。

俄国人向该地区的一些要塞据点增派了援军。

有人担心，不久将爆发更猛烈的义和团运动。面对这种恐惧，俄国将军要求增援。

由于伤亡人数大量增加，在清国东北的俄军将士的健康状况引起了人们极大的关注。

19010403－2

在朝鲜的战斗

巴黎 3 日

横滨方面发来电报说，在清国边境上，清国人和朝鲜人之间发生了多次战斗。

战斗细节尚未可知。

19010403－3

确认我们的消息

伦敦 3 日

今天《晨报》刊发了一封电报，电报于 3 月 31 日自保定府发出，该电报与迄今为止就俄清协定传出的消息互相矛盾。

该电报称，保定府的高级官员已经收到李鸿章的通知。通知称，该协定已被签署。

19010403－4

清国的大火

巴黎2日

伏隆将军从清国发来电报称，3月18日和3月27日，两场大火烧毁了北京皇宫内法占区的一座宝塔和半个帝国仓库。

这些建筑物没有被法国军队占领。

两场大火的元凶都是清国强盗。（发自法布拉通讯社）

19010405

被接受的提议

巴黎5日

北京方面称，清国政府已经接受将 Kon Sang Son 变为类似于上海租界的提议。

19010406－1

日本与清国

巴黎6日

北京方面的一封电报称，日本政府已书面通知清国，接受清国与俄国签署条约之后产生的一切消极后果。

这则新闻引起了大范围的轰动。因为若照会的存在得到确认的话，就等同于宣战。

19010406－2

关于东北

清国的否认

巴黎 5 日

与《新时代报》(*Novoye Vremya*，Но́воевре́мя)、《斯维特报》(*Svet*)和其他报纸的评论一样，圣彼得堡的官员们都认为，清国拒绝签署协定除了无限期延长俄国在东北的占领之外，没有其他后果。

俄国的态度

圣彼得堡 5 日

《政府信使报》称，俄国希望与清国取得一致，以逐步撤离东北。但是由于谣言四起，俄国将继续保持对上述地区的占领，并忠实执行其一再重申的计划，并会静观事态进一步发展。

一封公报

华盛顿 5 日

俄国驻美公使在华盛顿向美国政府递交公报，重申俄国对清国领土不感兴趣，决心尊重清国东北的领土完整，并打算在情况允许时尽快撤军。

在国务院，人们认为该公报消除了关于清国东北的各种疑虑与恐惧。

19010406－3

军事行动

伦敦 6 日

今晨的报刊刊发了一份发自北京的电文，电文称直隶的清国军队由于对法军的军事行动感到恐惧，已撤退到山西。

19010409

关于天津

巴黎9日

瓦德西伯爵的电报称，在天津东北部发生了一场战斗，30名拳民被打死。

联军缴获了1门大炮和29辆装有武器弹药的马车。

19010410

德国的让步

巴黎10日

一封发自柏林的电报称，德国已准备好对意大利在一切商贸领域做出让步，以便维持三国同盟。

19010411－1

外交大臣拉姆斯多夫[①]先生与清国公使举行外交会议时，将他赶到街上，大臣的仆人迅速地把公使从楼梯上扔了下去，公使受到了致命伤。

19010411－2

今日在议政宫召开了内阁大臣会议，摄政王太后陛下[②]莅临观会。

---

① 即弗拉基米尔·尼古拉耶维奇·拉姆斯多夫(Vladimir Nikolayevich Lamsdorf，俄语:Влади́мир Никола́евич Ла́мсдорф，1846.1.6—1907.3.19)，俄罗斯帝国外交大臣、伯爵。任期内他主张维护在清国铁路方面的利益，并避免与英国产生冲突。

② 当时西班牙国王阿方索十三世(Alfonso XIII)年仅15岁，因此由其母玛利亚·克里斯蒂娜(Maria Christina)，即先王阿方索十二世(Alfonso XII)的第二任王后摄政。

外交大臣泛泛地谈了一下外交政策，但特别提到了卢贝先生之行[1]的作用和意义。阿莫多瓦公爵[2]补充说，他没有收到有人侵犯清国驻俄国公使的官方消息。

19010411－3

大沽炮台

巴黎 11 日

上海方面发电文称，联军指挥官已决定拆除大沽炮台。

19010416

一份美国照会

巴黎 16 日

华盛顿方面发出电报称，美国政府已向各列强发出照会，提议向清国索求的赔偿金不应超过两亿美元，以等额黄金支付，且应平均分配。

电报补充称，如果列强不接受这一提议，美国将提请海牙仲裁法院仲裁。

19010417－1

赔偿

巴黎 17 日

北京方面称，美国有关赔偿的提议确定了赔偿款的分配方法，即各国获得的赔偿数量与各国用来解救使馆区的部队数量成正比。

---

① 法国总统卢贝于 1901 年 4 月 8 日至 10 日在法国尼斯与土伦视察，其间接见了俄罗斯大公鲍里斯、保加利亚亲王费迪南以及热那亚公爵。

② 即胡安·曼努埃尔·桑切斯·古铁雷斯·德·卡斯特罗(Juan Manuel Sánchez y Gutiérrez de Castro，1850.12.15—1906.6.23)，阿莫多瓦公爵，西班牙外交大臣。

19010417－2

俄国在清国

巴黎 17 日

根据伦敦《经济学人》的消息，俄国外交在清国的主要目的是通过条约获得东北的保护权。

该报对俄国国内状况抱持非常悲观的态度，学生频频暴动显示俄国现状堪忧。

19010418－1

德国远征军

巴黎 18 日

北京方面称，500 名配备大型弹药运输马车的德国骑兵已经离开清国首都，前往占领娘子关。

一个由 4000 名士兵组成的德国旅将从保定府离开，攻占其他关隘，以阻止离开陕西省的端郡王和董福祥的部队。

19010418－2

北京的一次大火

巴黎 18 日

今晨，哈瓦斯通讯社驻北京记者的电报称，皇太后的宫殿——即国家元首居住的宫殿，也就是瓦德西伯爵目前居住的地方正在燃烧。

电报补充称，施瓦尔茨霍夫①将军不见踪影，应该是死于大火。

---

① 尤里乌斯·卡尔·冯·格罗斯格南特·冯·施瓦尔茨霍夫(Julius Karl von Großgenannt von Schwarzhoff，1850.9.7—1901.4.16)，德国陆军少将，1900 年 7 月 9 日担任德国第一东亚步兵旅旅长，同年 8 月 12 日被任命为德国东亚远征军参谋长，在任期间积极参与调停联军各部之间的分歧。1901 年 4 月 16 日，死于北京宫廷大火。

该建筑物被认为已完全损毁，只抢救出了一些军事档案馆中的文档。（发自法布拉通讯社）

19010418－3

北京的大火——细节

巴黎 18 日

以下是哈瓦斯通讯社驻北京特约记者就清国皇太后的宫殿被焚毁传出的一些细节。

大火使瓦德西伯爵在房内受到惊吓，迫使他从居住的房间跳窗逃离，得以活命。

施瓦尔茨霍夫将军本已设法逃脱，然而他又回到火场，原因不明，之后便被火焰包围。

尚未发生其他不幸事件。

人们认为，大火应该是从拉文斯泰因少校的房间燃起的，不过在悲剧发生时，少校并不在场。

人们普遍认为这是一次犯罪行为。

19010419－1

德国远征军

巴黎 19 日

伦敦方面称，英国政府憎恶瓦德西伯爵安排的远征计划，并指责德国试图使清国的和平化为泡影。

19010419－2

清国人的备战措施

伦敦 19 日

《标准报》刊发了一份发自天津的电报。电报称，清国人正在集结，以便抵抗预备攻占西安府的远征军。

伦敦 19 日

今天的报刊刊发了发自北京的电文。电文称，李鸿章已奏请皇帝将军队从直隶边界撤离。

刘将军[①]宣布，他决定等待战斗到来。

电文还称，外国代表已经批准了总计划中拆毁相关炮台、设施和哨所以及逐步撤离北京的内容。(发自法布拉通讯社)

19010419－3

俄国人在清国东北

巴黎 19 日

《每日快报》称，70000 名俄国士兵聚集在清国东北，准备在第一时间进入战场。

19010419－4

北京的火灾

柏林 18 日

一封发自北京的电文称，已无法找到施瓦尔茨霍夫将军的遗体。据称，大火已经将其完全烧焦。

北京 18 日

(已在早晨的报纸中公开。)

施瓦尔茨霍夫将军的遗体及其爱犬的尸体一起被找到。人们猜想将军返回火场欲将狗从大火中救出，而他试图救出狗时，却被房梁木砸死。据称，火灾是从军官厨房的烟囱处燃起的。

法国马尔尚[②]上校在救援行动中表现出色。(发自法布拉通讯社)

---

① 此处指刘光才。

② 即让-巴普蒂斯特·马尔尚(Jean-Baptiste Marchand，1863.11.22—1934.1.13)，法国陆军少将，八国联军侵华战争期间任法国海军陆战队第四团中校副团长。

19010420－1

法德远征军

巴黎 22 日

北京方面称，执行瓦德西元帅新的远征计划的特遣军包括 5000 名德国军人和 3000 名法国军人，特遣军听从德军军官吉尔将军的命令。

特遣军向固关开进，在那里，清国的刘将军指挥着 10000 名正规军。

19010420－2

好战的清国人

巴黎 20 日

保定府的铁路被破坏的消息已经得到证实。

最近几封发自东方的电文显示，清国人表现出侵略性，因为清国人准备对列强发动攻势。

19010422－1

清国的形势

巴黎 22 日

俄国报纸坚称，列强在清国的局势日益严重。

他们认为，鉴于清廷的动向，俄国最终将不得不动员新的军队。而该动向显然是对列强，特别是对俄国的行动不利。

19010422－2

被毁坏的铁路

伦敦 22 日

《每日电讯报》今晨刊发了一份发自圣彼得堡的电报。电报称，清国人摧毁了东北新建的铁路，破坏长度达 150 俄里。电报补充称，该铁路线上的所有警卫人员都被杀害了。电报还称，由于担心清国人继续犯下暴行，政府已派遣俄军前往确保对该铁路进行维修，保卫该铁路沿线的其他据点。（发自法布拉通讯社）

19010422－3

火灾的危害

巴黎 22 日

根据北京方面的消息，由于火灾，北京宫殿的六个小宫殿被完全烧毁，而其中的许多物品都没有被抢救出来。

19010423－1

被辟谣的消息

巴黎 23 日

一封发自圣彼得堡的电报对英国报刊上发表的有关俄国在清国的态度的新闻进行辟谣。

俄国政府不准备降低其索赔金额，并进一步维持其占领清国东北的意图，在现状不变的情况下不再在东北问题上制造事端。

19010423－2

和谈

《科隆报》刊发了一份发自北京的电文，电文称谈判正在进行，进展令人满意。

负责审查财务问题的委员会现已完成审查工作。

19010424－1

致谢的证明

柏林 23 日

法兰西共和国卢贝总统及共和国政府向施瓦尔茨霍夫将军表示哀悼，令德皇非常感动。比洛伯爵代表德皇请法国驻德国公使诺瓦耶侯爵向法方表示感谢。

比洛伯爵还就马尔尚上校领导的法国军队在清国提供的协助向法国大使表示感谢。

19010424－2

一支被包围的连队

巴黎 24 日

发自上海的一则消息称，为救援被清国人包围的英国连队，援军已赶赴阜平。

19010424－3

赔偿

巴黎 24 日

《标准报》确认称，比利时对清国要求的赔偿金为 3000 万法郎。

19010425－1

在清国东北的另一次战斗

巴黎 25 日

一封发自圣彼得堡的电报称，50000 名装备毛瑟步枪与克虏伯大炮的清国人在奉天周围深挖工事备战。

阿列克谢耶夫海军上将派出一支强大的军队与清国人奋力作战，并击败了他们。

俄军 13 人死亡，4 名军官和 18 名士兵被俘。

19010425－2

一次战斗

伦敦 25 日

一封昨天发自北京的电文称，由 800 名英军、法军和日军组成的支队打败了一伙清国人，这伙清国人最近袭击了山海关附近的一支英国特遣队。

战斗中，50 名清国人与 9 名联军士兵丧生。

19010425－3

德国与俄国

巴黎 25 日

维也纳的《新自由报》认为，由于清国问题，德俄关系日趋缓和，因为两国在清国的利益无甚冲突。

19010425－4

一份报告

巴黎 25 日

在今天于爱丽舍宫举行的部长级会议上，海军部长拉尼桑[①]先生转述了伏隆将军的一份报告。报告指出，远征军将士在清国的健康状况良好，部队的道德状况无可指摘，众人皆知，军人在任何情况下都能以最高的人性来履行职责。

19010425－5

赔偿

巴黎 24 日

一份发自北京的电文称，向清国索取的赔款已达到四亿五千万两白银。

19010426－1

清国事务

巴黎 26 日

伦敦方面发电文称，清国的情况将很快发生变化，因为德国将允许俄国在不考虑英国反对的情况下动用一切已部署好的力量。

---

① 即让·马里·安托万·路易·德·拉尼桑(Jean Marie Antoine Louis de Lanessan，1843.7.13—919.11.7)，时任法国海军部长。

19010426－2

赔偿

伦敦 26 日

北京方面向《纽约时报》发电报称，截至目前，列强代表向清国政府索取的赔偿总额达到 6500 万英镑。

19010426－3

清国问题

巴黎 26 日

哈瓦斯通讯社驻北京特约记者报道称，伪装撤退的清国正规军在另一地点再次出现。

清国议和全权代表被要求该部队永久撤离该区域。

巴约将军一直在监视而未采取进一步行动，因为他们已经接到命令——在检验诏书是否有效力之前不要采取任何行动。(发自法布拉通讯社)

19010426－4

英国的预算

北京 26 日

德国报刊对以下事实尤为关注：尽管英国增加了税收，但新的预算仍出现 5500 万英镑的赤字。

19010429

一次战斗

巴黎 29 日

瓦德西伯爵发来的一份官方电报称，一支旁遮普连队与北塘以北 15

公里处的一群拳民发生了激烈的遭遇战。

一支由英日联军组成的特遣队与一支法军中由阿尔及利亚人组成的连队向印度士兵施以援手。

在这次遭遇战中，联军有九名士兵受伤。

19010430－1

在清国的战斗

巴黎 30 日

在柏林收到了瓦德西元帅发来的电文，电文描述了长城附近发生的几场战役，联军遭受了较大的伤亡。

19010430－2

五月一日

巴黎 30 日

德国的社会主义组织谴责了发生在德兰士瓦和清国的战争，并呼吁所有国家的无产阶级联合起来。

19010430－3

一场惨剧

伦敦 30 日

一份从北京发给伦敦报刊的电文称，远征山西的德军的一个小分队被困在固关外的一处峡谷中。

该分队的 80 人中，死伤 45 人。

德国人的远征对清国人非常不利，但他们声称德国人被击退且损失惨重。(发自法布拉通讯社)

1901年5月

19010501

俄清协定

巴黎1日

远东地区的最新几份电文证实，义和团乱民已占领了保定府周围的大片地区，德国人很难守住自己的阵地。

19010502－1

从清国撤军

巴黎2日

北京方面发电文称，巴约将军已下令从洪子店和正定撤军。

19010502－2

为了能够重新登基

巴黎2日

纽约的一封电文称，清廷已请求英国与美国政府发出倡议，以便清国皇帝返回北京。

19010503－1

在清国东北

伦敦 2 日

一封发自北京的电文谣传俄国人和清国人在东北发生了新的冲突。然而,许多人认为这样的谣言是没有根据的,只是俄军为加强增援寻找的借口。(发自法布拉通讯社)

19010503－2

议和之路

巴黎 3 日

一封来自远东地区的电报称,根据美国遵守的法国和俄国达成的协定,可以认为清国必须向列强支付赔偿金的问题已经解决。

19010503－3

包围使馆区

巴黎 3 日

北京方面发电文称,人们正迅速地加固防御工事以拱卫使馆区。

19010503－4

一份协议

巴黎 3 日

远征清国军队的指挥官们原则上同意仅在北京、天津和山海关驻军。

19010504

俄国的伤亡

巴黎 4 日

收到的一份发自北京的电文称，在清国人于奉天附近发起的袭击中，俄军伤亡 60 人。

死亡人员中有四名军官，伤者包括切尔皮茨基①将军。

19010506－1

在清国东北

圣彼得堡 5 日

《俄罗斯荣军报》刊登了有关俄国军队在清国东北行动的令人感兴趣的细节。

威胁该地区安宁的两伙清国匪徒被歼灭。俄军正在追剿第三伙匪徒。（发自法布拉通讯社）

19010506－2

清国饥荒

伦敦 3 日

《标准报》刊发的一封发自上海的电文称，由于陕西爆发大规模的饥荒，清廷将被迫离开，前往河南开封府。

① 即康斯坦丁五世・切尔皮茨基（俄语：Константин Викентьевич Церпицкий，英语：Konstantin V. Tserpitsky，1849.12.11—1905.11.14），俄国少将，八国联军侵华战争期间先后参与北塘战役等，1900 年 10 月 26 日被任命为南满州支队指挥官。

19010507－1

在英国国会

伦敦 6 日

张伯伦先生在下议院举行的会议上回答问题时说，俄国已宣布将继续对清帝国进行临时占领，直到建立一个能够保证不会引起动乱的清国政府为止。

英德协定并不涉及朝鲜。

张伯伦先生还补充说，端郡王被判处流放并被终生监禁于新疆，董福祥被流放至甘南[①]。（发自法布拉通讯社）

19010507－2

诏书

伦敦 7 日

今晨的报纸刊登了昨天从北京发来的电文。电文称，除了一些特殊的消息和对之前信息的修改，清廷发布了一份诏书[②]，该诏书对针对定居在北京与清帝国其他城市的欧洲人的大屠杀的始作俑者与煽动者实施列强代表提议的惩罚。（发自法布拉通讯社）

19010507－3

英德之间的一次偶发事件

巴黎 7 日

伦敦收到的一封来自天津的电报称，德国士兵向一艘英国拖船开火，

① 查英国国会下议院的会议记录，1901 年 5 月 6 日，张伯伦在谈到董福祥被流放的时候，原文用的是"Tung-fuh-Siang has been banished to Kansu, there to await further punishment"，也就是说，原文中称董福祥被流放到了甘肃。

② 该诏书为光绪二十七年三月十一日上谕。

炸伤了两名船员。

19010508－1

英德之间的一次偶然事件

巴黎7日

上海方面发电文称，清政府已向列强提议对东北实行“门户开放”政策。

美国要求将该政策适用范围扩大到整个帝国。

19010508－2

一个清国人的话

巴黎7日

俄国《证交所新闻报》在刊发了由撰稿人对清国人的采访后，对俄国提出的向清国索取赔偿的要求以及数以亿计的百姓需支付此款项这一不公正的事实感到遗憾，因为这些百姓并未参加最近发生的事件。他观察到，实际上，当可以推定列强努力倾向于对清帝国进行改组之时，德国人、英国人、奥匈帝国人与意大利人便会遭到清国人的残酷对待。

19010508－3

赔偿

伦敦8日

北京方面的一则电文称，各国公使已决定向清政府递交照会，告知其赔偿金额达4.5亿两白银，并询问其打算如何付款。

预计将在周末得到答案。（发自法布拉通讯社）

19010509

辟谣的消息

圣彼得堡 8 日

在奉天与清国人进行大战以及切尔皮茨基将军去世这两则消息已被一些外国报刊正式辟谣。(发自法布拉通讯社)

19010510－1

一封官方的电报

巴黎 10 日

柏林已收到一封官方电报。瓦德西伯爵在电报中称，一支德国骑兵部队击败了距张家口 200 公里的清国骑兵。

他还说下口附近已建起一座桥。

19010510－2

在清国东北

巴黎 10 日

尽管官方否认，《俄罗斯荣军报》将继续提供在清国东北发生的战役细节，并声称在南部地区进行了残酷的战斗。

19010511－1

赔款的偿付

伦敦 11 日

北京发来的一份内含北京报刊内容的邮件称，李鸿章总督已收到清廷发来的信息，称将海关收入纳入欧洲人要求的赔款之中。

李鸿章回答称，海关收入不足以实现偿付赔款的目标。

19010511－2

一次偶然事件

伦敦 11 日

《每日邮报》刊发了一则发自圣彼得堡的电文，电文称由于清国人恶意纵火，符拉迪沃斯托克（海参崴）地区发生了火灾。

19010511－3

俄英间的另一次偶然事件

巴黎 11 日

《太阳报》称，俄国人与英国人在天津又发生了新的争端，瓦德西伯爵努力避免发生严重冲突。

19010513－1

赴印度的部队

巴黎 13 日

英国政府已经下令，将三个团派回印度。其中，一个是骑兵团，一个是炮兵团，另一个则是从印度前往清国的工兵团。

19010513－2

在北京的美国人

巴黎 13 日

一封发自北京的电文称，美军已经撤离了他们占领的地区，他们已被英军与德军取代。

19010514－1

俄国与清国

战争赔偿

华盛顿 13 日

《先驱报》报道称已收到美国政府的一份正式照会，其中提到了俄国在清国进行的谈判。

俄国改变了其所有承诺，特别是关于满洲的承诺。俄国宣称，反对针对清国的瓜分计划，以及除支付适当的战争赔偿以外的任何形式的报复。（发自法布拉通讯社）

19010514－2

新的阴谋

巴黎 14 日

上海方面发电文称，现已确认形成了一个新的反动组织，而该组织是欧洲人的敌人。

这一消息引起了列强代表深切关注。

19010515－1

一份清国照会

伦敦 15 日

今天上午收到的一封从北京发来的电报称，清廷已向列强代表发出了照会，称清廷接受各国全权代表提出的赔款金额及偿付方式，并于昨天宣布必定会在三十年内偿清全部赔款，可用海关厘金偿还。

然而，清廷要求列强将赔款总额减少到 10 亿法郎。（发自法布拉通讯社）

19010515－2

2000 名回国的法军士兵

巴黎 14 日

在今天在爱丽舍宫举行的部长级会议上，德尔卡塞先生宣布从清国远征军中撤回 2000 名士兵。

一旦清廷遵守集体照会的最后条款，尤其是偿付战争赔款方面的条款，其余部队便会尽快撤出清国。

部长会议已一致同意，建议国会在下周初就一项关于工人退休的法案进行讨论。

19010517－1

另一次远征

伦敦 17 日

《泰晤士报》于今日刊发了一封来自北京的电报。电报称，德国总参谋部已邀请联军指挥官协同参与瓦德西元帅准备消灭占领正定南部的义和团的远征行动。

到目前为止，尚无关于指挥其他列强部队的将军们是否响应德国总参谋部邀请的消息，也没有人质疑他们参与这次行动的意义。唯一已知的是，法军推迟了他们从北京撤离的行动。

19010517－2

被拒绝的提议

巴黎 17 日

英国报刊称，列强拒绝了清政府提出的为期 30 年支付 4.5 亿两白银的方案。

19010518－1

一次借款

巴黎 18 日

新闻界刊发了发自北京的电文，电文提到了外国代表赞成法俄两国在列强的担保下就清国问题提出的借款方案。

19010518－2

一次哗变

伦敦 18 日

《标准报》驻上海的记者称，清国禁卫军的一些士兵哗变。

记者补充说，鉴于此，清廷已遣散哗变的士兵。

19010520－1

在奥匈帝国国会

巴黎 20 日

部长会议主席塞尔先生在奥匈帝国议会上就在天津占领的领土上发表了声明。声明总结如下：

他说，获得该领土是经过他同意的，并补充说这不是征服行为。但是，由于奥匈帝国不得不在华北建立总领事馆，因此有必要按照惯例在清国获得要建立总领事馆的土地。

这位奥匈帝国的内阁负责人称，为达到此目的，要获得的领土面积为60 万平方米。

19010520－2

在奥匈帝国国会

巴黎 20 日

美国报刊对新任的英国驻清国舰队指挥官①的声明发表了评论。

英国海军司令哈里斯②果断宣称，列强间就清国问题产生冲突已迫在眉睫。

19010520－3

在南京的英国人

巴黎 20 日

上海方面发来电报称，英国驻南京领事正在与总督一起处理英军在该城的登陆行为，列强代表打算反对这些行为。

19010521－1

关于清国东北的条约

巴黎 21 日

《泰晤士报》刊发了一则声称具有权威性的信息。其中指出，俄清关于东北的条约是在现在的事情发生之前完成的，这只是俄国与清国议和与见证友谊的密约的一部分。

---

① 即塞普利安·亚瑟·乔治·布里奇爵士(Sir Cyprian Arthur George Bridge，1839.3.13—1924.8.16)。

② 即罗伯特·黑斯廷斯·彭鲁多克·哈里斯(Robert Hastings Penruddock Harris，1843.10.12—1926.8.25)，英国爵士，海军上将，后任皇家海军学院院长。

19010521－2

恢复的通信

巴黎 21 日

上海方面发来电报称,上海与天津和北京之间的通信已经恢复并得到保障。

19010522－1

清军

巴黎 22 日

发自北京的一封电报称,联军撤离后,山东巡抚将派出 3000 名清军前往首都,以便收复直隶省。

19010522－2

关于清国的黄皮书[①]

巴黎 22 日

在卢贝先生主持的爱丽舍宫部长会议上,外交部长瓦尔德克·卢梭先生宣布即将出版有关清国事件始末的黄皮书。

清国议和全权代表已经对各国代表确定和提议的北京外交使馆区的分界线表示接受。

19010522－3

一份瓦德西伯爵的电文

伦敦 22 日

伦敦的一些报刊刊发了一份发自北京的电文,称瓦德西伯爵已告诉清

① 黄皮书是法国政府公开发表的外交文件。

廷，德国军队直到清廷回京皇帝接见他之时才会离开。

19010522－4

一份诏书

伦敦 22 日

有人从上海向《每日新闻》发文称，清帝国发布了一份诏书，诏书命令清国议和全权代表李鸿章启动缔结和约的事宜，以便清廷可以返回北京。

19010523

清国的赔偿

伦敦 22 日

《科隆报》刊发了一封昨天发自北京的电报。电报称，在列强代表举行的一次会议上，最终同意不接受减少清国必须支付的赔款。在表决时，除了一位外交官反对外，其余外交官都对此表示赞同。（发自法布拉通讯社）

19010524－1

一次战斗

巴黎 24 日

一封发自北京的电报称，在德国人和清国人之间的战斗中，有 100 名清国人死亡。

19010524－2

在清国的一次遭遇战

柏林 24 日

瓦德西伯爵发电报称，本月 22 日，德国人在保定府与清国人发生多次遭遇战，110 名清国人丧生。

19010524－3

在英国国会

伦敦 24 日

在下议院会议上，战争大臣布罗德里克称，在南非的军事行动中，英军袭击了 23 名土著车夫和 14 名士兵。

汉密尔顿先生称，正在设计一种专门颁给清国远征军的国际勋章。

19010524－4

使馆区的护卫

巴黎 24 日

北京方面发电报称，法国、俄国、英国和德国分别留有 300 人保卫使馆，意大利和奥匈帝国部署了 200 人，而美国则部署了 150 人。

19010525

美军的撤离

巴黎 24 日

一份发自北京的电报称，本月 22 日，查飞将军和他的参谋部以及美军第九步兵团离开北京。

联军全体将军在火车站送别美军。

19010526－1

回国的德军

巴黎 24 日

今天的报纸刊发了昨天发自北京的几封电文。

电文称，今日将有 2000 名德军士兵离开北京。

由于需要确保对铁路和基督教传教团的保护，法国军队的行军计划推迟了。

当清国皇室向首都出发时，瓦德西伯爵才同意撤离北京。（发自法布拉通讯社）

19010526－2

一条命令

伦敦 26 日

《标准报》刊发了一封发自上海的电报。电报称，清国相关机构已收到登船赴津的命令，必须向天津输送财赋。

该命令暗示了清廷即将返回北京的事实。

19010527

发现武器

巴黎 27 日

天津方面发电报称，英国人已找到埋藏在葛沽的 18 门克虏伯炮与 4000 发炮弹。

19010528－1

列强之间

伦敦 28 日

北京发来的电文称，一个美国哨兵威胁了一名军官，并炸伤了一名德国士兵。

19010528－2

撤离北京

伦敦 27 日

北京发来的消息称，联军军事当局已为下一次撤离北京城做好准备。瓦德西伯爵将在 6 月中旬离开。

只要列强军队能立即撤出北京，清国皇帝就能做好回銮的准备。

19010529

列强之间

巴黎 29 日

一份发自北京的电文称，清国议和全权代表已通知各国公使，清廷同意支付 4.5 亿两白银的赔偿，但拒绝 4%的分期偿付利率。

19010530－1

欧洲人在清国

伦敦 30 日

《经济学人》认为，对清国的远征是一次真正的失败，只有俄国利用这一机会在清国东北确立了自己更加牢固的地位。而且，唯有上帝知道俄国何时会撤离。

19010530－2

赔款

科隆 30 日

《科隆报》证实了昨天的新闻报道，今天刊登了一份昨天发自北京的电文。电文称，清廷发布了一封诏书，其中承认清国有义务支付 4.5 亿两白银的赔款，年息为4%，并未拒绝支付利息。

19010531－1

一份诏书

柏林30日

人们无时无刻不在等待诏书的发布，该诏书旨在解除清国最高指挥官的职务，并会使德国远征军减少到仅剩一个混成旅。

柏林30日

《帝国镜报》今天刊发了已颁布的诏令，以上条消息中描述的方式减少了德国在清国远征军的数量。(发自法布拉通讯社)

19010531－2

回国

巴黎31日

一封电报称，大批法国军队从清国回国的时间已被推迟。

1901 年 6 月

19010601－1

清国的冲突

外国军队返程回国

伦敦 31 日

天津方面发来的电报提到 18 艘运输舰到达大沽以及其他几艘运输舰正在驶来的路上，以便运送远征军回国。

目前所有的伤病员都已登船。

意军的撤退——分两步

巴黎 1 日

从罗马发来的电报称，意大利政府已下令撤回一部分清国远征军。

据信，返程部队将在 7 月上旬到达那不勒斯。

意大利远征清国的实际成果是在天津附近获得了一个重要区域。该地区条件优越，有利于发展意大利在清国的贸易。（发自法布拉通讯社）

19010601－2

瓦德西和美国人

巴黎 1 日

在瓦德西伯爵接受美国照会的时候，所有美国军官都向他敬礼致意。

19010603

回国

巴黎 3 日

消息灵通的人士称，如果列强联合起来迫使英国命令其部队撤离清国，这并不令人感到奇怪。

19010604－1

在法国国会

巴黎 3 日

在众议院。

德斯图尔内勒先生就清国问题向政府提出了一个问题。

外交部长德尔卡塞先生表示，他非常希望远征军能够在短期内回国。

清国政府已经对首恶者进行了惩罚，并对各使馆的问题进行了安排，以保证使馆未来的安全。

赔偿问题依旧复杂，外交部长仍然不知道解决方案是什么，但他希望不久之后就能得到方案。（发自法布拉通讯社）

19010604－2

清廷

巴黎 4 日

伦敦收到的一封电文称，皇帝将在雨季之前返回北京。

皇太后仍将留在河南至明年秋天。

19010605－1

清国的消息

伦敦 5 日

今晨，伦敦的报刊刊登了北京发来的一些有趣的电报。

根据这些电报，占领直隶省南部的无数拳民引起的无序状态仍在直隶省继续蔓延。

电报称，李鸿章企图重赏那些成功抓住拳民领袖的人。

电报还提到，列强代表就联军撤离北京出现分歧。

大多数公使赞成立即撤军，以加快清廷重返北京的步伐。

19010605－2

北京的公共行政

巴黎 5 日

北京方面发文称，联军的将军们决定将北京城的公共行政移交给清国官员。

19010607－1

北京的火灾

柏林 6 日

发自北京的电文证实，大火使宫殿严重受损。

日军与美军在宫殿被烧毁部分周围拉起警戒线，以防皇宫被洗劫。(发自法布拉通讯社)

19010607－2

拳民

巴黎7日

来自远东的最新消息称，直隶拳民的新动乱愈发严重。

19010608－1

屠杀囚犯

巴黎8日

在北京的意大利公使已经收到官方的消息，称端郡王的支持者在蒙古南部杀害了15名牧师。

19010608－2

在清国

巴黎8日

北京方面发电报称，李鸿章已命马将军率领1000名士兵前往直隶省与拳民作战。

19010608－3

一次内斗

伦敦7日

各报均刊发了一封今天发自北京的电报。电报提到了周三在天津发生的本地士兵[①]与法国士兵的一次新的交火。

前者首先开火，打死两名法军士兵，打伤五人。（发自法布拉通讯社）

---

① 即英国的华勇营。

19010610－1

拳民

巴黎10日

根据今晨收到的发自北京的电报，拳民的动乱加剧，特别是在直隶省，拳民的规模已令人警惕。

清国正规军缺乏足够的力量来镇压暴乱的拳民。

因此，早已离开一些城镇的法国人被迫重新占领正定府以及其余地点。(发自法布拉通讯社)

19010610－2

返京的朝廷

伦敦9日

一封发自北京的电文称，李鸿章总督收到了一条来自西安府的非官方信息：清廷将于8月底前往北京。(发自法布拉通讯社)

19010611

在英国国会

伦敦11日

下议院——昨晚举行的会议。

印度事务大臣汉密尔顿勋爵回答了与英国宪兵和一些法国士兵在天津发生的事件相关的问题。他说，根据盖斯利将军发来的公文，情况如下：

> 由于英国宪兵先前下令查封一栋先前有违法记录的房屋，法国士兵对此感到不满。不满的法军开始暴动，对英国宪兵拳脚相加。英国宪兵五人受伤，法军则死亡三人，受伤四人。此外，三名德国人和两名日本人亦受伤。

公文补充称，英国宪兵表现出最大限度的耐心，直到被迫自卫的时候才开枪。

该公文确认，大量士兵加入了法国士兵那边，但德国宪兵与日本宪兵为恢复秩序做出了贡献。

最后，该公文保证道：现在已恢复秩序。国会要求盖斯利将军提供有关该事件更多的报告。

19010612－1

德国人在清国

伦敦 12 日

下议院——昨晚的会议。

外交部常务次官格兰伯恩在回答与远东事务相关的问题时表示，他有理由怀疑德国将维持其目前在上海的驻军。（发自法布拉通讯社）

19010612－2

赔款

伦敦 11 日

北京方面发电文称，各国公使十分愿意接受清国提出的 4.65 亿两白银的赔款，因此他们反对就此向海牙国际法庭提出上诉。（发自法布拉通讯社）

19010612－3

德国人与法国人

巴黎 12 日

上海方面发文称，德国人已在上海购买了土地，欲建造一个能容纳 800 人的兵营。

法国人打算在上海保留一个步兵营。

19010613－1

致谢电报

巴黎13日

根据德国报刊的报道,奥地利皇帝给瓦德西伯爵发电报,对他向参战的奥匈远征军的亲切关怀表示由衷的感谢。(发自法布拉通讯社)

19010613－2

抗议

巴黎13日

上海方面发电报称,商会抗议将天津的行政权归还清政府。

19010614－1

从清国撤离

巴黎12日

法国驻华部队指挥官伏隆将军在昨天的电报中称,法军撤离到Honalu和Telsengting。

在所有清国官员在场的情况下,清国军队向法国国旗庄严地行注目礼。

民众的态度再正确不过了。

清国官员向这位法国将军致谢,感谢其为维护国家的秩序与安宁做出的努力。

19010614－2

在英国国会

伦敦 13 日

下议院召开会议。

汉密尔顿先生宣布，盖斯利将军发电报否认在天津发生的第二起与士兵有关的私斗事件。

当政府询问德国在清国保留军队的问题时，张伯伦先生称，列强代表认为有必要将约 6000 名士兵部署在华北。英国无意派遣士兵前往胶州。

19010614－3

没有提出抗议的美国

华盛顿 14 日

美国政府没有抗议，也没有打算抗议德国在上海大规模驻军。

19010614－4

被拒绝的提议

纽约 14 日

《先锋报》刊登了一封发自北京的电文。电文称，各国公使已拒绝美国就赔款分配问题提出的方案。

19010615

在英国国会

伦敦 14 日

(于 15 日收到该信息)

外交部常务次官格兰伯恩勋爵回答了一个向政府质询的问题[①],称关于清国的英德协定与德国在上海驻军没有任何关系。

19010617

赔偿

巴黎 17 日

列强代表在北京拒绝了美国关于赔偿的提议。

看来,英、德两国的提议将被采纳。

---

① 该问题是:"I beg to ask the Under Secretary of State for Foreign Affairs whether the occupation of Shanghai by German troops is inaccordance with the terms of the Anglo-German Agreement, and, if not, whether His Majesty's Government will invite the German Government to withdraw at an early day all German troops from the British sphere of influence in China。"(我请问主管外交事务的常务次官,德国军队占领上海是否符合英德协定? 如果不符合,国王陛下是否会请德国政府尽早从英国在华势力范围内撤出所有德国军队?)提问者是詹姆斯·约瑟夫·奥凯利(James Joseph O'Kelly,1845—1916.12.22),英国下议院议员。格兰伯恩勋爵的回答是:"The Anglo-German Agreement is directed to securing freedom of trade for all nations in the rivers and littoral of China, and to maintaining the territorial integrity of China, and has no relation to the subject of the hon. Gentleman's question。"(英德协定旨在确保两国在清国河流及沿岸贸易自由,以及维护清国领土完整,与阁下的问题无关。)

19010618－1

新的勋章

巴黎 18 日

德皇威廉二世已经完成勋章[①]的设计。该勋章旨在奖励参加清国战役的德国军队。

19010618－2

德国远征军在加迪斯

柏林 18 日

德皇命令海因里希亲王指挥舰队前往加迪斯，迎接从清国返回的战列舰舰队。

19010619－1

德军的伤亡

巴黎 19 日

在清国战役中，德军死亡、受伤与失踪的人数共计军官 18 人、士兵 287 人。

---

① 该勋章为德国侵华纪念勋章(China-Denkmünze)，1901 年 5 月 10 日由德皇威廉二世亲自构思设计。该勋章图样由肖特(W.Schott)教授绘制，交由斯图加特的威廉迈耶(Wilheilm Mayer)工厂和弗兰茨威廉(Franz Wilheilm)工厂定模制作。

19010619－2

德皇的另一场演说

柏林 19 日

威廉皇帝在库克斯港(汉堡)的演讲非常重要。他说:"未来,我的任务将是平静地播种,这些种子必定会发芽。"

皇帝在提到未来的海上贸易可以带给德国利益时,表示希望凭借联军在清国建立的伙伴关系来维持长久的和平。

19010619－3

进入北京

巴黎 19 日

铁路管理者收到了准备将 3000 名清军士兵运送至北京的命令。

19010621－1

在谈到清国事务时,普林内蒂[①]称,列强代表达成的协议标志着出现了朝着和平方向稳定发展的重大进步。

19010621－2

英国人和德国人

巴黎 21 日

《汉堡新闻报》报道说,德国政府同意在上海驻军,这给英国人带来了既令人震惊又让人惊讶的消息。这将威胁到英国对长江流域的影响力,也表明德国正决心在清国获得尽可能多的商业优势。

---

① 即朱利奥·尼科洛·马尔凯斯·普林内蒂(Giulio Nicolò Marchese Prinetti,1851.6.6—1908.6.9),1901—1903 年担任意大利外交部长。

该报补充道，英国的主张违反了协定。根据英德协定，两国均承诺不行使专有权。该报称："如果英国向上海派兵，就没有理由拒绝德国享有同样的权利。"

19010622－1

新的勋章

巴黎 22 日

俄国皇帝已为清国战役设计了一款纪念勋章。

19010622－2

在清国

巴黎 22 日

北京方面发来的电报称，昨晚一整晚，清国的基督徒继续遭受野蛮的虐待。

据称，四名被董福祥的士兵杀害的比利时传教士是最近从暹罗漂洋过海来到清国的传教士。

清国混乱的现状以及暴行发生的地点与北京距离遥远，是无法派遣部队救助被谋杀的传教士的原因。

19010622－3

一道上谕[①]

巴黎 22 日

一道上谕命令军机章京返回北京。

① 该上谕为光绪二十七年五月二十二日上谕。

19010622－4

训示

伦敦 22 日

发自北京的电文称，清国皇帝发布上谕，宣布他将于 10 月从保定府前往北京。

19010624－1

训示

巴黎 24 日

一封发自北京的电报说，在列强代表给清国议和全权代表的最终照会中，赔款金额定为 4.6 亿两白银。

列强尚未就该问题的细节最终达成一致。

19010624－2

清国皇帝回銮

巴黎 24 日

官方声明，清国皇帝将于 10 月从保定府乘坐火车回銮北京。

19010625

清国现状

巴黎 25 日

天主教传教士的来信表明，惩罚拳民的法令除欺骗外国人外没有其他效力，因为拳民持续犯下罪行却仍未得到惩罚。

19010626

清国事务

伦敦 25 日

天津发来的一封电报称，叛军首领董福祥打算向太原府进军。

山西巡抚已在寻求外国军队的支持。

19010627－1

清国事务

伦敦 25 日

柏林方面发电报称，在清国战役中，德国海军有 165 人死亡、132 人受伤，陆军则损失了 300 人，伤亡总数为 587 人。

19010627－2

奥匈帝国军队撤离回国

巴黎 27 日

维也纳方面称，政府已下令防护巡洋舰“凯瑟琳-伊丽莎白”(Kaiserin - Elisábeth)号与“岑塔”(Zenta)号从远东返回，并将北京公使馆的警卫人数减少至 100 人。

19010629－1

瓦德西去职

柏林 28 日

《军事杂志》于 6 月 21 日发布了德皇在基尔发出的命令，解除了瓦德西伯爵驻清国联军司令官的职务。(发自法布拉通讯社)

19010629－2

又是端郡王

巴黎 29 日

从上海收到的一封电报称，端郡王已经率领大量蒙古骑兵过横城，前往北京。

该消息引起了轰动。

19010629－3

关于清国

伦敦 29 日

《泰晤士报》与《标准报》今日刊发了一封上海的电报，电文称吉林省已完全陷入动荡之中。

电报还称，暴乱者焚烧了大量村镇，并杀害了成百上千的居民。

电报结尾提到俄军不足以恢复当地的秩序。(发自法布拉通讯社)

1901年7月

19010701

在清国东北

巴黎1日

上海方面发电报称，大量清国溃兵遍布东北，在奉天与朝鲜边境之间，而该地区的俄军不足以遏制他们。

19010702－1

参谋部

巴黎1日

奖金——鉴于陆军中校加斯帕·特诺里奥·雷柏略完成了巨作《清日战争》，现授予其二级白色十字勋章。特批其每月工资的10%作为额外的奖金，直至下一次升迁为止。

19010702－2

撤出北京的英国人

伦敦2日

北京方面发来的电报称，英军撤离了他们占领的北京区域，并将此地交给了清国管理机关。

19010703－1

黄皮书

巴黎 3 日

今天,关于清国问题的黄皮书已开始发行。

其中的文件涵盖了 1900 年 10 月 18 日至 1901 年 6 月 12 日的所有内容,并记录法国军队军纪严明,这一点得到清国及清国人民的充分赞赏。

最新的文件提到了战争赔款问题。

19010703－2

新的帝都

巴黎 3 日

上海方面发文称,皇太后已知会军机处,未来帝国的首都将定于河南开封府。

19010704－1

大十字勋章

巴黎 3 日

法国政府已同意将为军官设置的大十字勋章颁发给巴约将军和库尔瑞斯[①]将军,以表彰二人在清国战役中的杰出贡献。

① 即查尔斯·路易斯·蒂博尔德·库尔瑞斯(Charles Louis Théobald Courrejolles,1842.2.5—1903.3.29),1901 年担任法国远东舰队司令。

19010704－2

贷款通过

巴黎 9 日

参议院毫无争议地批准了 8000 万的附加贷款，用于支付远征清国的费用。（发自法布拉通讯社）

19010704－3

在清国东北

巴黎 4 日

北京方面发电称，清政府已经接受了恢复东北原有秩序的五个条件。

19010704－4

一次演说

巴黎 4 日

在北京开会的各国公使会议商定，在联军回国之际，清国官员将对人民发表一次演说，就议和条款做出说明。

19010704－5

关于北京

巴黎 4 日

北京发来的消息称，法国已将联军占领北京时由法国托管的事务与清国官员交割。

19010705－1

回国

马赛 5 日

今天早晨 5 点 30 分,“米索”号运输舰到达马赛港下锚并停泊,上面装载着从清国返回的第一批部队,聚集在舰桥上的所有官兵都热烈欢呼。

海军上将贝松带领大量军官在船舷处欢迎他们。

归国军人为 1271 人,其中 120 人患病。

归国军人于早上 8 点开始登陆,官兵们在人群的夹道欢迎中前往兵营。

19010705－2

在清国东北的一次战斗

巴黎 5 日

天津发来的一封电报称,穆斯林与辽阳的当地人之间发生了一场重要的战斗,被击败。

19010709－1

清廷返京

巴黎 9 日

柏林方面发电文称,清廷已开始着手皇帝回銮的准备工作。

19010709－2

一次抗议

巴黎 9 日

为对列强代表的要求表示让步,李鸿章抗议朝廷对罗丰禄的任命。

19010710

永久守卫

巴黎 9 日

上海方面发电文称，法国军事当局已正式通知清国官员，法军将永久保卫北京至保定府之间的铁路。

19010712

拳民的一次胜利

巴黎 12 日

北京方面发电报称，拳民已在保定府南部击败了清国军队。

19010713－1

关于清国

伦敦 13 日

《每日邮报》今日刊发了一份发自北京的电报，电报称在京的各国公使已通过了一项方案，同意清国分期向各国支付赔款。

通过该方案，清国将于 1934 年之前分期偿付完所有赔款。（发自法布拉通讯社）

19010713－2

有继承权的亲王

伦敦 13 日

上海方面发电文称，目前有继承权的醇亲王已与端郡王在山西会晤。端郡王在山西组织了一支大军，用来对抗外国人。

19010715

醇亲王

伦敦 15 日

醇亲王已从上海启程前往柏林。

19010716－1

德国舰队的行动

柏林 15 日

(于 16 日收到)

一封来自基尔的电报称,德国第一舰队在海因里希亲王的率领下将于本月 22 日出发,从不来梅港前往加迪斯。

在加迪斯,第一舰队将与从清国返回的第二舰队会师,届时两支舰队将重组为新的德国第一舰队,

19010716－2

醇亲王

巴黎 15 日

清国亲王醇亲王已启程前往欧洲拜访德皇,这次旅行着实重要。

19010716－3

一次灾难

伦敦 16 日

报刊刊发了一封发自上海的电文,称由于近日连日大雨,香港附近发生洪灾。

许多人遭受损失,死者达数百人。(发自法布拉通讯社)

19010718－1

清国人准允

巴黎 18 日

清国官员已同意法国、意大利与奥匈帝国提出的在北京城区与使馆区街道设立中立区的条件。

19010718－2

清国形势

柏林 17 日

《北德意志报》认为，英国报刊就清国现状的严重性刊发的消息服从于政治倾向而非实际政策。

根据柏林方面收到的报告，与清国的谈判有望在近期取得突破性进展。

19010719－1

将会发生战争

巴黎 19 日

天津方面称，所有欧洲的官员公开发表意见，称不久之后联军将会返回清国，以保护清国的基督徒与外国人。

19010719－2

最终的赔款

北京 19 日

各国公使今日最终就赔款达成一致。各国向清国索求的战争赔偿为 4.5 亿两白银，若分期偿付，利率则为 4%。

19010720－1

清国问题

巴黎 19 日

哈瓦斯通讯社驻北京的记者发文称，清国的统治阶层已将清国警察部署到北京。北京目前十分平静。

撤离清国首都的工作将在一个月内完成，仅保留保护使馆和铁路所需的必要力量。中心省份南部出现了一些暴动。

和谈仍陷于停顿状态，因为尚未就提高关税达成协议。（发自法布拉通讯社）

19010720－2

德军回国

巴黎 20 日

北京方面发文称，所有德军已接到命令，8 月初将撤离北京。

19010723

清廷返京

巴黎 23 日

柏林收到的一份电文称，法国人延长了太原至正定的铁路，以便清廷能够利用该铁路返回北京。

19010724

一份声明

伦敦 24 日

下议院召开会议。

外交部常务次官格兰伯恩勋爵表示，由于最近的动荡局势，日、德、法三国军队在上海的出现只是临时举动，不会影响清国对英国在长江流域利益的保证。

19010726－1

一位将军的返程

巴黎 25 日

拉尼桑部长已向伏隆将军发送了一封海底电报，授权他在将驻扎于清国的法军指挥权移交给苏西良[①]将军后，可乘坐于 8 月 15 日离开清国的军舰返回法国。(发自法布拉通讯社)

19010726－2

清国问题

伦敦 26 日

在下议院，就关于清国问题的诘问，格兰伯恩勋爵表示，大英帝国没有理由相信法国、德国和日本试图在上海永久驻军。(发自法布拉通讯社)

19010727－1

俄国人的失利

巴黎 27 日

一封发自上海的电报确认，俄国人在清国东北地区的东南部遭遇了一次失败。

清国人已摧毁了当地的电报线。

---

① 苏西良(Sucillon)，法国陆军上校，八国联军侵华战争期间担任法国远征军参谋长，后晋升为陆军准将。

19010727－2

清国委员会

巴黎 27 日

清国负责向德皇威廉陈述杀害克林德男爵之理由的政府代表团目前已在那不勒斯候命。

该代表团由醇亲王和两名助手[①]组成。

德皇威廉的特使到达那不勒斯接待该代表团。

19010730

关于清国

伦敦 30 日

《泰晤士报》发出的一份发自北京的日期为昨天的电报称，各国公使代表已就关于战争赔款的最终协议正式通知清国议和全权代表。

① 这两名助手为张翼与荫昌。

1901年8月

19010801

清国人的战争

巴黎1日

一份上海的英文报纸称，在战胜李鸿章的军队之后，拳民蠢蠢欲动，士气大振。

19010803

关于清国

伦敦2日

外交部常务次官格兰伯恩伯爵在下议院宣布，定于本月15日联军完全撤离北京。

19010805

为了清国的和平

巴黎5日

上海方面发电报称，各国外交使团已同意在北京附近驻扎3000名清军士兵，以遏制义和团并安抚国人。

19010806

清国的信息

巴黎6日

一封发自远东的电报称，董福祥仍然在山西统率着他的军队。

19010807－1

关于清国——备战

巴黎7日

天津方面发电文称，山东巡抚已命令当地建设厂房来生产武器与无烟火药。

19010807－2

英国公使未签字

巴黎6日

根据北京发来的电文，今天本应是列强公使们签署和约的日子。然而，英国公使在没有告知原因的情况下，通知其余公使他不能签字。鉴于此，公使会议被推迟，尚未确定新的会议日期。

19010808－1

战争典藏馆已授权将由总参谋部加斯帕·特诺里奥·雷相略陆军中校撰写的《清日战争》投入印刷，印刷费用由战争典藏馆负责。

19010808－2

关于清国

巴黎 8 日

发自天津的电报称，尚不清楚清廷返回北京的日期。基于该事实，我们有理由相信清廷为返回北京做出的所有保证只是为了迫使列强早日离开清国。

19010809－1

占领清国

巴黎 9 日

一位高层人士证实，兰斯多恩先生在下议院宣布，1800 名士兵将留在清国以保卫使馆，3000 名士兵将占领京津之间的战略要地。

19010809－2

克林德男爵的遗体

巴黎 9 日

在北京被清国人杀害的克林德男爵之遗体已运抵不来梅港。

19010809－3

瓦德西元帅

巴黎 9 日

维提希将军向瓦德西元帅宣读了德皇谕令，授予他功勋勋章[①]，并授予第九野战炮团“瓦德西团”的称号。

---

① 又称蓝马克斯勋章、大蓝徽十字勋章，是普鲁士和德意志帝国军队最高勋章。

瓦德西元帅在回应汉堡市长的欢迎问候时说，德国士兵赢得了所有国家，特别是清国的尊重，这是值得注意的，因为亚洲人只尊重实力超过他们的人。最后，为了德国的贸易，元帅表示希望尽快达成必要的和平。

19010810－1

关于清国

巴黎 9 日

苏西良将军，即本月 8 日负责指挥驻清国的法国步兵旅的指挥官，发电报称伏隆将军与巴约将军已率领数位军官前往日本。(发自法布拉通讯社)

德国报刊高度赞扬了瓦德西伯爵回国这一行为。

《北德意志报》报道如下：

元帅带着履行职责的意识以及在执行如此艰巨的任务时，列强对他的极度信任与赞誉归国了。

他证明皇帝和人民在他身上建立的希望是正确的，并与其他列强确立了一种非常谨慎和熟练的方法，为贯彻实现德国对华政策的目标做出了贡献。

(发自法布拉通讯社)

19010810－2

对英国人的抗议

伦敦 10 日

《标准报》刊登了一份发自天津的电文。电文称，列强已就英国人重新占领清国皇帝的夏宫[①]这一事实向英国提出措辞极其强烈的抗议。(发自法布拉通讯社)

① 即颐和园。

19010810－3

撤离北京

巴黎10日

北京方面发文称，除了使馆卫队以及保卫铁路的法军营之外，其余法军已撤离清国首都。

19010812

英国人在北京

巴黎12日

北京方面称，尽管其他列强提出抗议，但是英国人依旧占领着夏宫。

19010813－1

向清国提出抗议

西班牙政府已要求清国赔偿因义和团战争而给我们①的同胞造成的损失。受害者之一是卢汉铁路工程承包商加布里埃尔·庞斯先生。

另一位受害者是卢汉铁路工程师马蒂先生。

19010813－2

签订的议案

法兰克福13日

《法兰克福报》今日刊登了一份发自纽约的电报。电报称，美国驻清国公使发电文称议和议案已被签署。

电报还称，自10月中旬起，海关税率将变为5%。

① 这里指西班牙。

19010814

俄国人在清国东北

巴黎 14 日

俄国的一封发给清国东北百姓的公告称，牛庄受到俄国军队的保护。

19010815

关税

巴黎 15 日

美国驻华公使向美国政府发电报称，从 10 月中旬起，清国关税税率将变为 5%。

19010816－1

关于清国——清廷不回京

巴黎 16 日

我几天前通过电报发来的消息已经确认——清廷不回北京。

在清廷对列强的答复中，清国官员被指控未能很好地参与谈判。据称，在北京有许多外国士兵，因此清廷暂时不会回到北京，而会驻跸于开封府。

19010816－2

关于清国

伦敦 16 日

北京方面发电报称，列强代表昨天签署了议和协议草案，他们相信能够在下周二与清国议和全权代表签署最终协议。

伦敦 16 日

一份发自北京的电文称，法国人已将皇宫归还清国。

19010817

议和协议

伦敦 16 日

上海方面发文称，议和协议的签署已被推迟，因为清国对强加的从上海黄浦到海上航行的条款表示难以实施。

19010819

英国与俄国

巴黎 19 日

圣彼得堡的清国公使向清政府发电文称，英俄两国已签署一份条约，相互承诺互不干涉各自在清国的行动。

19010821

一次任命

巴黎 20 日

马尔尚中校被任命为驻清国的法国旅旅长。

19010824

在欧洲的清国亲王

巴黎 24 日

比利时国王已向醇亲王即清国皇帝的弟弟发送了一封特别邀请函，邀请其自柏林返程时拜访其宫殿。醇亲王前往柏林就是为了就克林德男爵被杀一事向德皇做出解释。

19010826－1

清国的武备

巴黎 26 日

《泰晤士报》刊发的一封发自北京的电文称，清廷推迟签署议和协议的同时，清国工厂正忙于制造武器和弹药。

19010826－2

新任俄国公使

巴黎 26 日

莫斯科方面发电报称，雷萨尔先生[①]即新任俄国驻清国公使已离开俄国首都，通过西伯利亚至东北的铁路前往北京。

19010828－1

德国与清国

柏林 27 日

多家柏林报刊对醇亲王在巴塞尔停留给予格外关注。众所周知，醇亲王前来德国首都是代表清国政府进行一项外交活动。

亲王罹患了某种疾病。但根据观察，他在巴塞尔停留是两国政府间外交关系复杂所致。

报刊还刊文称，醇亲王与德国外交部之间往来电文不断。

---

① 即帕维尔·米哈伊洛维奇·雷萨尔(1851—1905.4.21)，俄国驻清国公使。

19010828－2

一份公文

伦敦28日

《泰晤士报》今晨刊发了一封发自北京的电文。电文称，李鸿章已向列强代表们发送一封照会，其中提到清国议和全权代表已被授权签署议和协议。

因此，李鸿章请各国公使确定签署议和协议的日期。

19010828－3

万众瞩目的诏书

巴黎28日

北京方面发来电报称，李鸿章通知各国外交代表，称本月19日清国皇帝已在西安府发布禁止一些地区举办科举考试以及惩罚有罪之人的诏书。

19010829－1

德国在远东

巴黎29日

柏林方面称，德国政府已同意在清国海域部署一支强大的舰队，并扩大驻华军队规模，以便为维持战争提供一切必要条件。

19010829－2

清国问题

伦敦28日

今日，《环球报》刊发了一封发自上海的电文。电文称，北京方面已向英国发电报，请求派遣新的军队。

19010829－3

对意大利的赔偿

巴黎 29 日

在清国战役中，意大利方面索取的赔偿已增加至 7000 万里拉。

19010830

请求援军

巴黎 30 日

一封英国方面的电文称，北京方面已向英国请求派遣军队。

1901年9月

19010903

改变主意的亲王

巴塞尔2日

由于从北京收到了决定性的电报，该电报也被发送给德国外交部长，醇亲王今晚将前往柏林。

巴塞尔2日

醇亲王启程的时间已被推迟。

德国政府官员明天可能会收到柏林的最后指示。

柏林2日

巴塞尔发来的电报确认，受清政府委托，醇亲王就德国公使克林德男爵在北京被杀害一事向德皇做出说明。为此目的，醇亲王于当晚11点启程前往柏林以完成任务。

19010904

俄国铁路能够运输大量军队前往目的地，以便接替从清国返回的俄军。

19010905－1

德皇威廉与醇亲王

波茨坦4日

今天中午，在德国的王公贵族以及高级官员的见证下，德皇接见了醇亲王。

醇亲王阅读了清国皇帝的信件，检阅了德国的步兵与骑兵。

德皇也向醇亲王致意。

19010905－2

委托醇亲王阅读的书信

柏林 4 日

在回顾了两个帝国之间的友好关系并通过海因里希亲王的回访旅行确认友谊之后，清廷特使醇亲王向尊敬的威廉皇帝宣读了这封信。内容如下：

> 两国关系因皇帝陛下在北京的外交代表被杀而暂时中止。该事实让我方难过，我方由衷感到遗憾，并已承担了责任，我方将为这位杰出的外交官树立一座丰碑。同时，我方派遣我国皇帝陛下的弟弟醇亲王至贵国皇帝陛下处，以向贵国皇帝陛下表达我们由衷的哀痛与真切的悔恨。我们感谢贵国派遣军队至清国，以便重建帝国之和平。

该信以清国皇帝相信德国能够重建与清国的传统友谊结尾。

19010905－3

两次演说

柏林 5 日

(于 5 日收到该内容)

《帝国镜报》今晚刊登了在欢迎仪式上醇亲王与德皇威廉所做的演讲。

清廷特使的演讲就是其君主的书信的翻版。

醇亲王确定地说，皇帝对北京的骚乱一无所知。但按照清国的传统习惯，皇帝应对北京发生的行为负责。

德皇威廉就清国特使的演讲做出激烈的回应。

他强调了对一位外交代表犯下如此严重罪行的重要性。他说："这对那些犯下此种罪行的国家来说是一种耻辱。"

他不认为清国皇帝有责任。但他确实相信，清国皇帝的大臣们是应该去求得宽恕的人，惩处他们，从现在起确保各国的权益得到尊重。

德皇威廉在结尾时说，以这样的方式可以维持之前德清两国和平友好的关系。

19010906－1

在清国东北

巴黎 6 日

连纳维奇将军已在东北所有的城镇与车站建造了碉堡，以便抵御越来越多的清国盗匪。

19010906－2

必要的文件

巴黎 5 日

哈瓦斯通讯社驻北京特约记者称，先前用以确认议和条约签字人员的诏书已经交给各国外交人员，目前被列强代表审阅。

19010909－1

被拒绝的公使

巴黎 9 日

俄国已拒绝清国对其驻俄国公使罗丰禄的任命。

19010909－2

航行委员会

巴黎 9 日

北京方面发电报称，各国公使已同意由在清国的两万吨航行登记吨中每年都有一定配额的列强代表建立一个航行委员会。

19010909－3

关于清国

伦敦9日

一封发自北京的电文提到，昨日在西班牙驻华公使馆官邸，各国公使与清国议和全权代表完成身份核验，以便签署议和条约。

签约仪式由被推举为列强外交使团代表的西班牙公使葛络干先生主持。

在条约签订之后，葛络干先生做了一个简短的演讲。

他称，这份条约的签署意味着清国与参与签订条约的列强的关系开启新的纪元。

他还提到，每个人均应感谢先前为了达至和平所做的工作以及努力。

庆亲王代表清国议和全权代表做出答复。

庆亲王称，他们对能够参与和约的缔结而感到荣幸。

他强调："我不希望清国与签约列强的友好关系再次破裂，因为清国已决定忠实而善意地履行其承诺与义务。"(发自法布拉通讯社)

19010911－1

还有拳民存在

巴黎11日

北京方面称，清政府已派遣军队剿灭流窜于保定府的铁路沿线的拳民。

19010911－2

部长级会议

巴黎10日

今天于爱丽舍宫举行的部长级会议，商定了接待俄国皇帝的最终细节。

到目前为止，法国政府还没有收到有关俄国皇帝可能访问巴黎的任何迹象。

外交部长德尔卡塞先生称已经与清国签署条约。

19010912－1

一本外交绿皮书

巴黎 12 日

意大利政府将要出版一本关于清国事件的绿皮书，其中展示了意大利与其他列强保持高度一致。

19010912－2

清国与日本

巴黎 12 日

清国驻日本公使已会见日本外交大臣，以表明其为清国国书的携带者。

双方认为国书的内容是亲切友好的。

19010914

被惩处的杀人犯

上海 13 日

去年夏天在常山犯下杀人罪行的犯人已被惩处：十四人被处决，九人被流放，七人被监禁五年。浙江巡抚[1]被贬官至偏远地区。

---

[1] 该巡抚为恽祖翼。《清史稿》记载："二十六年，北京拳乱报至，祖翼独起抑阻。匪陷江山、常山，衢民复毁教戕官，英国欲以兵舰赴浙。祖翼亟遴员驰往镇抚，获真犯抵偿，潜消兵衅。"然而，恽祖翼后丁母忧，并非贬官。

19010917

清国的暴动

巴黎17日

北京方面发文称，暴动仍在帝国境内蔓延。

许多秘密社团抗议对列强做出的赔偿。

剿灭拳民的帝国军队目前已被击败。

19010918

战争中的一幕

退休的护卫舰舰长拉图尔先生刚刚在马赛去世。他曾在中法战争爆发时指挥过孤拔司令麾下舰队的一艘鱼雷艇①。当时，拉图尔中尉战果斐然，在福州军火库的围墙下用一枚鱼雷击沉清国炮舰"永保"号。

在战斗中，中尉听到有人对船员组有些许抱怨。

"你怎么了?"中尉向勇敢的艇员问道。

"一条胳膊断了，艇长阁下。"刚刚在抱怨的艇员回答道。

"来，像我一样。"艇长又说道，"我有一只眼睛废了，但我没吭声。"

勇敢的艇长依然坚持在战斗岗位上。直到清国军舰沉没的时候，他才允许别人为他治疗。

就这样，护卫舰舰长拉图尔先生因伤变为独眼。他把夺去其眼睛的清国子弹仔细地保存着，穿上一条绳子，一直带在身上。

---

① 即"拉都"45型鱼雷艇，马江海战中被"福星"号炮艇击伤，曾击沉"琛航"号与"永保"号武装运输舰。

19010920－1

撤离北京

巴黎 20 日

最后的英军已撤离北京。

美军与日军已将其在北京占领的区域交还清国。

19010920－2

一个令人厌烦的请求

巴黎 20 日

北京方面发电报称，山东巡抚已请德军自其境内铁路沿线撤离。

人们害怕这一请求会引发某种变故。

19010925

俄国皇帝的旅行与社会主义报刊

巴黎 24 日

社会主义报刊与改革派的报刊持续对俄国皇帝赴法表示强烈抨击。上述报刊强调称，法俄同盟对俄罗斯帝国有利而对法国一点益处也没有。成百万上千万的法国财富落入俄国之首，使俄国得以修建跨西伯利亚铁路与跨高加索铁路。日清战争期间，俄国因此得以施加其巨大影响力，并借此获得了旅顺口以及在该区域的优势地位。因此，俄国得以在清国东北地区驻扎，同时能够对奥斯曼帝国与德国表现出极大的威慑力。

而对法国来说，一点好处都没有，依然是被一些国家孤立。

19010926－1

清国皇帝

巴黎 26 日

上海方面发电文称，皇帝将不会回銮，而是将首都迁至开封府。

19010926－2

在清国——英国与德国

巴黎 26 日

天津方面发电文称，德军已宣称从马家堡到永定门铁路沿线的领土永远属于德国。

负责修建这条铁路的英国长官在德国人面前设置了岗哨，并记录了发生的事情。

19010927

列强在清国

巴黎 27 日

天津方面发电报称，尽管联军从官方层面撤出了直隶，16000 名外国士兵还会在冬天驻扎在铁路沿线。

19010930－1

清国舰队

巴黎 30 日

上海方面发电文称，目前坊间流传着俄国与清国要进行谈判的传闻。该传闻提到俄国将出售给清国五艘巡洋舰，以便组成北洋舰队。

19010930－2

对一位盟友的赞扬

巴黎 30 日

鉴于德国军队从清国返回德国途中在奥地利受到热情接待，德国报刊对弗朗茨·约瑟夫皇帝高度赞扬。后者决定不惜一切代价维持两国之间的联盟，而这是和平的最好保证。

19010930－3

清国东北问题

巴黎 30 日

德国报纸称，在采访俄皇与德皇时，德皇认为，就东北问题而言，俄国在这片领土上完全享有自由。